史料学散策

史料学散策　目次

第一章　史料が語る古代

第二章　金石文と典籍

付章　史料と人

第一章　史料が語る古代

ヤマトから日本へ
―古代国家の成立と国号―

一　ヤマトと大和

奈良盆地とその周辺部はヤマトと呼ばれ、古代国家が成長し、律令国家として完成したところである。その歴史が現在につながることは、「日本」という国の名称がこの時期に始まることや、明治初頭まで、実態はともかく養老律令が現行法であったことによく表れている。しかし、その歴史の舞台となったヤマトに、広狭複数の意味があることは、案外気付かれていないのではないだろうか。ヤマトはもともと、王権の中心があった奈良盆地南東部、現在の桜井市に属する小さな地域を指す地名だった。今も大和（おおやまと）神社という古い社があるあたりである。王権の支配地域が広がるにつれ、その中心だったヤマトの地名は、次第に奈良盆地全体に及ぶようになる。さらにその支配が、関東から九州にまで広がった時、ヤマトは国の名となったのである。ヤマト朝廷とかヤマト王権という用語も、それを踏まえたものに他ならない。

しかし、こう書くと、なぜヤマトと片仮名を使うのか、大和ではないのかと思う人もあるだろう。そもそも王権や国の名前は、列島に元からあった固有の言葉によっている。それは列島で漢字が使われるようになって、はじめて漢字と結びついた。大和もその一つだが、時代は下がる。列島とその周辺を指す言葉として、中国の史書にまず「倭」が登場する。そこに住むのが倭人、その国は倭国と呼ばれた。これらの言葉は広く行き渡っているので見逃されやすいが、「倭」は漢語である。中国の王朝は、列島の人々の存在を知り、接触を持つようになって、彼らを倭と呼んだ。その人々の国が倭国である。そう呼ばれた側もこれを受け入れ、七世紀まで自ら倭国と称し、場合によってはこれを飾って「大倭」と言うことも珍しくなかった。

倭は中国語なので、列島の人々も音読みしただろうが、ヤマトを指す名称だから、固有の言葉で言えば、倭はヤマトになる。倭国や大倭国をヤマトの国と言うことも、早くから始まったと考えられる。

ヤマトと言えば、三世紀の中国正史『三国志』の魏書東夷伝（いわゆる魏志倭人伝）に出てくる「邪馬台国」にも触れておかねばならない。邪馬台は、ふつうヤマタイと読まれているが、これがヤマトの音写であることは、以前から言われているとおりだろう。この時代は倭国が邪馬台をはじめ多くの小国から成っていたので、総称としての倭とは別に邪馬台（ヤマト）が出てくるわけである。

ヤマトという日本語が三世紀にまで遡るのは、連綿と続く日本の歴史ならではのことだが、その所在地をめぐって大論争のあることはいまさら言うまでもない。その議論に結論めいたことを述べる能力はないが、一つ注意を払っておきたいのは、のちの古代国家が邪馬台国を自らの祖先の国と考えていたことである。『日本書紀』に関しては、あとでもまた触れることになろうが、その神功皇后三十九年条等に、書紀としては珍しく中国史書の引用が見え、邪馬台国の女王、卑弥呼のことが『三国志』（いわゆる魏志倭人伝）によって注記されている。この記事は卑弥呼を神功皇后と同一視することからきたもので、七世紀末から八世紀初めの朝廷が、倭人伝の邪馬台国を自らのことと受け取っていたことが明らかである。

ともあれ、ヤマトが漢字と結びつくのは、中国との関係があったからこそである。つまり我が国には由来の違う二つの国号があり、一つは固有の日本語によるヤマト、もう一つが中国語による倭・大倭などであり、邪馬台はその中間に位置し、ヤマトの王権が列島で広い範囲を支配するようになると、倭に同化していったと言える。倭は、『古事記』の「倭武命」（ヤマトタケルノミコト）を見てもわかるとおり、早くから列島内ではヤマトと読まれてきただろう。

では「大和」はどうかと言うと、「大倭」を書き改めたものである。「倭」の字の意味には諸説あり、「従順な」と解するのがいいようだが、[1] 列島の人々は必ずしも満足していなかった。中国正史の『旧唐書』や『新唐書』などは、倭人が嫌がったとしている。そこで「倭」を「和」に変えたのが「大和」である。いつこの変更が行われたのかは、歴史に漏れていてはっきりしなかったが、古代史学者の故平野邦雄氏は、八世紀の史料に現れる姓氏の「大倭」や「倭」を丹念に追跡し、天平宝字元年（七五七）を境に「大和」「和」に変化していることを突き止めた。[2] この年の正月に、当時政権を握っていた藤原仲麻呂が、祖父の不比等が作った養老律令を始めて施行しており、これを機に大和が採用されたと見られる。

倭の場合と同様、和にも、字そのものにヤマトという意味や発音がないことはもちろんで、源を全く異にする二つの言葉が、たまたま結びついたに過ぎない。ただ平野氏の研究にもあるように、姓氏の大倭は、大倭→養徳(やまと)→大和と変遷しており、大和も和もヤマトと読まれるようになったことはまちがいない。

二　日本という国号の成立

このように大和は、ふつう思われているほど古い用字ではない。大和に先んじて「日本」が国号になっていたと言えば、意外に感じる向きもあるだろう(3)。

実は「日本」号の制定については、近年までさまざまな意見があった。しかし史料を突き合せていけば、制定の時期を決めるのは難しくはない。まず確実なのは、七世紀の後半ごろが、制定時期の一つの目安になることである。それは中国の正史が、日本の扱いを、この時期で区切って変更していることから類推できる。中国の歴代正史は、倭という名称で唐代まで記述しているが、『旧唐書』は、七世紀前半の記事を最後に、倭ではなく「日本国」として記すようになる。さらに『新唐書』では倭国伝をやめ、新たに立てた日本伝で扱うようになった。しかしこれだけでは、「日本」が国号になった大まかな年代が知られるだけである。『旧唐書』も『新唐書』も、唐が滅んでから成立した書物だから、もっと古い史料で考える必要があるだろう。

第一に確認できるのは、六七〇年代までは、「倭国」が使われていたことである。『日本書紀』の天武天皇三年（六七四）三月条には、対馬から日本で初めて銀が産出したことが書かれているが、原文では「凡そ銀の倭国に有るは、初めて此の時に出づ」とある。この「倭国」が地域名としてのヤマトではなく、国名であることは明らかだろう。書紀は国名を「日本」で統一しようとした書物であるが、ここは元になった史料の表記を改め忘れたとみえる。本来なら当然「日本国」とあるべき個所である。たとえこのころ「日本」という国号があったとしても、まだ一般的でなかったことが分かる。

一方、国号として日本が使われた古い確実な例を探すと、大宝元年（七〇一）に制定された律令の一章、公式令にたどりつく。その冒頭には、天皇が発する詔書の書式見本が載せられているが、外国使節に対する詔書の書き出しは、次のとおりである。

　明神（あきつみかみ）と御宇（あめのしたしろしめ）す日本天皇の詔旨（おおみことらま）と云々

これに対して、国内向けに朝廷の大事を述べる時には、次のような書式になる。

　明神と大八洲御（おおやしまくにしろしめ）す天皇の詔旨と云々

外国には「日本」、国内には「大八洲」と使い分けているが、「日本」が国号として用いられていることはまちがいない。

では、六七四年から七〇一年にわたる何時の時点で、「倭国」は「日本」になったのだろうか。この新しい漢字国号の採用は何かの節目に行われたと見るのが自然である。それは国家にとってよほど重要なことでなければならず、それはとりもなおさず律令国家の完成、すなわち大宝律令の制定だったと考えられる。

その七〇一年の翌年、三十年ぶりの遣唐使が派遣され、新しい国号は中国の認めるところとなった。七三六年（唐の開元二四、日本の天平八）にできた『史記』の注釈書『史記正義』（張守節撰）に、次のような記載がある。

武后、倭国を改めて日本国と為す（五帝本紀）
倭国は、武皇后改めて、日本国と曰う（夏本紀）

武后・武皇后は、中国史上唯一人の女帝として有名な則天皇帝（いわゆる則天武后）である。女帝は七〇二年、先の遣唐使を当時の首都、洛陽で謁見した。『史記正義』の文面では、まるで女帝が主導して「日本」と名付けたように見えるが、そうではないだろう。『旧唐書』や『新唐書』では、倭人がその名を嫌って日本に改めたとしているように、改名は日本側から言い出したことで、女帝はそれに承認を与えたのである。

中国から見ると、周辺の異民族は十分に文明化していない蛮族であり、中国の臣下であって、その人々がどういう国号を名乗るかは許認可の対象だった。後に朝鮮半島で高麗が滅び朝鮮王朝が興った時、その始祖、李成桂は当時の明に伺いを立て、国号は「和寧」にするか「朝鮮」にしたものかと、二つの候補を示して諮っている。その結果、明の洪武帝が選んだのが「朝鮮」であった。倭から日本への改号も、日本の遣唐使を通じて上申があったのだろう。それまで白村江の戦以来、中国とぎくしゃくした関係にあった日本は、これで中国を中心とする国際社会に復帰を果たしたと言える。

三　日本と日出処

「日本」は中国から見て東の方を指す言葉で、倭が国号にする以前から存在した。先年、百済の祢軍（でいぐん）という将軍の墓誌が中国で発見され、そこに「日本」が出てくるので、すわ国号かと話題を呼んだ。祢軍は六七八年に亡くなっているから、それが国号とすれば、大宝以前からあったことになる。しかし、墓誌の文章を丁寧に読むと、これは前に触れた中国の東方を指す用法で、日本国のことではない。『日本書紀』には、七世紀末の高句麗僧道顕が著した『日本世記』という本が引かれているが（斉明六年七月、同七年四月の各条）、引用文の内容から判断すると、これも倭に限らず広く東アジアの情勢を述べた史書だったらしい。このような国名とは異なる「日本」の用法は、八世紀になっても中国の詩文で引き続き使われていた。

「日本」という漢語は、太陽が出る始まりのところを言うから、中国の東方を指すのは当然である。倭がこれを新しい国号に選んだのは、自分たちが中国の東の果てにいることを進んで認める意味を持つ。前にも述べたとおり、中国の世界観では、周辺民族は文化の劣った夷狄であるから、東方の夷である倭がその立場をわきまえている印として、「日本」は中国に歓迎されたはずである。

ここで断っておかなければならないのは、かつて遣隋使が隋に持参した国書に見える「日出処」（日出ずる処）と「日本」の関係である。意味はおおむね同じだが、大きな違いもある。隋への国書では、

日出ずる処の天子、書を日没する処の天子に致す、恙なきや。（『隋書』倭国伝）

とあり、「日出処」は「日没処」と対にして使われている。この特徴に注意すると、これは『大智度論』という有名な仏典に基づくものだろう。その巻一〇に、四方を表す次のような言葉が出てくる。

経の中に説くが如くんば、日出ずる処は是れ東方、日没する処は是れ西方、日行く処は是れ南方、日行かざる処は是れ北方なり。

太陽の見かけの運行による四方の名称から、東と西を取り出したのであって、東・西を仏典を借りて修飾したわけである。したがってここに優劣の意味を込める意図はなかったと見られるが、対等を主張した用語であることは確かである。倭の君主を隋の皇帝と同様、「天子」と称したところにも、その意識はうかがえる。中国の伝統的な考えでは、皇帝・天子は天命を受けた唯一の存在である。倭

はこの場合、『金光明経』に見える仏教的な「天子」の例を参照したのだという意見もあるが、[4]『金光明経』はインドの原典そのままではなく、翻訳段階で中国思想も交えられているから、結局これも中国的な天子のバリエーションに他ならないだろう。煬帝は、天下に二人いてはならない「天子」を、東夷の君主が名乗ったことに、激しく反発したとみられる。

なお、この「日出処」等に関するくだりは、『大智度論』が部派仏教（いわゆる小乗仏教）のまちがった説として、批判するために引いているのだから、これが典拠とされるはずはないとする研究者もある。[5]しかし漢文での作文では、しかるべき有名な本に出てくる用語や文句を踏まえることが大切で、東西を表すのに「日出処」「日没処」を取り出してくるくらいなら、それがどういう文脈で使われているかは、なんら問題とはならなかっただろう。この反対説では、「日出処」「日没処」は、漢文以外の言葉で書かれた表現を、中国で漢訳したものだろうというが、この時期の倭には、漢字の使用がすでに定着しており、漢文でない国書を差し出すとは考えられない。

ともあれ「日出処」と「日本」は、似た言葉ではあっても、以上に述べたとおり、背景にある倭の意識は異なる。倭は「日本」を名乗ることで、中国と対等であるという主張を取り下げ、東夷の一国であることを認めたのであった。

四　ニッポン・ニホンとジャパン

こうしてみてくると、日本は漢語として音読されたように思われるかもしれないが、ことはそう簡単ではない。漢語の「日本」は外国向けで、国内では「日本」と書いても、読みはヤマトだった。「日本」を書名に使った最初の本は、養老四年（七二〇）にできた『日本書紀』だが、その巻一、国生みの段には「大日本」の語に対して、「日本、此には耶麻騰と云う。下みな此れに効う」と注が付けてある。「此には」は「ここには」と読み、この地ではの意味である。書紀がヤマトタケルを「日本武尊」と書くのも、その読みの応用である。結局、ヤマトの新しい表記として、日本が加わったのだと言えよう。

ただ国内で「日本」を音読することも、早くからあったに違いない。『日本書紀』の書名なども、その例だろう。原文は基本的に漢文体で、外国に示すことを意識した本であり、書名も音読に堪えるよう考えられたはずである。ただ、その相手は、従来よく言われている中国ではない。書紀では、天皇は明らかに皇帝と位置付けられている。皇帝は唯一の存在とする中国に、このような本を見せられるわけはない。当時独立志向を強めた新羅に対し、神功皇后以来、臣下だったことを見せつけるところに、重要な著作意図があったのだろう(6)。

国号の話になると、「日本」はニホン、ニッポンどちらが正しいかという質問を受けることが多い。日本語の発音は、時代とともにすっかり変化したので、もとの発音は残っていないと言うべきである。むしろマルコ・ポーロが元での発音を聞きとったジパングや、十五世紀にアジアに来たポルトガル人が、華南で聞いて欧州に伝えたジャパンが、まだしも古い発音に近い。これらはそれぞれ「日本国」と「日本」に基づく称呼である。日本は外国からもNipponと呼ばれるべきだという意見も目にするが、すでにJapanがそれなのである。国の内外で国名が同じという地域は世界でも珍しく、これもまた日本の歴史の一貫性をよく物語っている。

注

（1）豊島静英「倭という名のいわれ―古代中国人の倭人観―」（『歴史評論』五二六号、一九九四年）。
（2）平野邦雄「序章　日本の国号」（『角川日本地名大辞典』編纂委員会『別巻Ⅰ　日本地名資料集成』角川書店、一九九〇年）。
（3）日本国号に関する先行研究は、東野治之「日本国号の研究動向と課題」（『東方学』一二五輯、二〇一三年。同『史料学探訪』岩波書店、二〇一五年に再録）参照。
（4）廣瀬憲雄『古代日本と東部ユーラシアの国際関係』（勉誠出版、二〇一八年）。
（5）河上麻由子『古代アジア世界の対外交渉と仏教』（山川出版社、二〇一一年）、同『古代日中関係史』（中公新書、二〇一九年）。
（6）東野治之「『日本書紀』と古代史」（本書第一章所収。二〇一七年初出）。

『日本書紀』と古代史

一　はじめに

奈良時代初めに撰上された『古事記』（和銅五年、七一二）と『日本書紀』（養老四年、七二〇）は、ともに日本の古代を考える上に無くてはならない存在である。しかし、史料としてはそれぞれに複雑な問題を抱えており、一筋縄ではいかないが、いま『日本書紀』について問題点を概観し、若干の私見を記してみたい。なお本書をめぐる参考文献は極めて多く、個々に挙げ尽くすことは難しいので、本稿に関係深いものの内いくつかを、記述に沿って末尾に挙げることとした。ご了解をお願いする。

二　編纂の経緯

『日本書紀』そのものが載せている事実であるが、天武天皇十年（六八一）三月、天皇は川嶋皇子以下十一人の皇族や諸臣に対し、「帝紀と上古の諸事」を記定するようにという詔を下した。十一人の中で最も末席に当たる中臣連大嶋と平群臣子首が、筆録に当たることになったという。ここに見える「帝紀」とは歴代天皇の血筋、家族や事績、「上古の諸事」とはさまざまな伝承や出来事を指すとされる。これより先、推古朝にも天皇記・国記その他から成る史書の編纂が企てられたが、それは六四五年に起きた蘇我本宗家の滅亡によって中絶したと見られるので、ここに新たな修史事業が始まったわけである。この事業が、やがて『古事記』『日本書紀』の形で完成したと見られるが、両書との具体的な関係をめぐって多くの解釈が示されてきた。即ちこれが『古事記』、『日本書紀』のいずれに結びつくことなのか、あるいはどちらにも直接にはつながらず、両書のそれぞれと間接的に関係するだけなのか、と言った議論である。にわかに答を出すのはむずかしいが、これが『日本書紀』編纂の起点になったことは確かであろう。

しかし大規模な国史の編纂が、一朝一夕で成就するはずはなく、その後も史料の収集などが継続したことは推測にかたくない。持統天皇五年（六九一）八月、大三輪、雀部、石上、藤原、石川、巨勢、膳部、春日、上毛野、大伴、紀伊、平群、羽田、阿倍、佐伯、采女、穂積、阿曇の十八氏に命じて、祖先の墓記を奉らせたのは、その一端が記録に残ったものと言えよう。「墓記」は、具体的にどのようなものかは不明であるが、祖先たちの事績を書上げた記録と考えられている。

『日本書紀』の編纂に直接結びつく記事が史上に現れるのは、『続日本紀』和銅七年（七一四）二月の条である。そこに従六位上紀朝臣清人と正八位下三宅臣藤麻呂に詔して、国史を撰ばせたという、その「国史」が、のちの『日本書紀』に当たることについては、諸家の間に異論はない。この二人が書き下ろしたと言うのでは勿論なく、最終段階での執筆、調整に当たったのが、この二人であろう。

こうして完成にこぎつけた『日本書紀』は、冒頭でも触れたとおり、養老四年（七二〇）四月二十一日に奏上された。『続日本紀』は、「是より先、一品舎人親王、勅を奉わりて『日本紀』を修む。是に至りて功成り、奏上す。紀三十巻、系図一巻」と述べている。書名が『日本紀』となっているが、これについては後述する。なお、ここに見える「系図一巻」は、残念ながら早くに失われて伝わっていない。

編纂が長期にわたり、編纂者の顔ぶれも当然入れ替わりがあったに違いないため、『日本書紀』の内容は、統一が取れた完全なものとはいいがたい。そのことに関しては、以下に述べるところを見ていただきたいが、とりあえず確認しておきたいのは、山田英雄氏が指摘されているとおり、氏姓の表記が、天武天皇十二年（六八三）に制定された八色の姓を反映していないことである。天武朝までの材料が基本にあることは、これで明らかであろう。勿論、大化改新の詔が大宝元年（七〇一）制定の大宝令文により修飾されていること、欽明天皇十三年（五五二）の仏教公伝記事が、八世紀初頭に唐で訳された金光明最勝王経の文を用いて潤色されていることなど、撰上に近い時期の情報が反映されていないわけではないが、決して最新の書き下ろし本でないことは、『日本書紀』の性格を考える際に注意されるべきである。

三　書　名

『続日本紀』に、「日本紀」とあることは前節で見たが、書名をめぐっては、すでに平安時代から多くの議論が積み重ねられてきた。大別すれば「日本紀」が本来の書名であるとする説、逆に本来は

「日本書紀」であったとする説に分かれる。『続日本紀』が「日本紀」と記しており、後続の正史が『続日本紀』『日本後紀』『続日本後紀』であることを踏まえれば、「日本紀」説が正しいようにも見えよう。ただ『続日本紀』は、最終的に八世紀末に成立した書であり、その記事の文字が八世紀初頭のままであるかどうかは保証できない。それに対し「日本書紀」の方は、天平十年（七三八）ごろにできた大宝令の注釈書『古記』に、この名前で引用されている。奈良時代に「日本書紀」の称があったことは疑いなく、両方の書名が同時に行われていた可能性が高い。

そもそも『日本書紀』は、天皇の代毎ではあるが、出来事を時代順に並べた編年体の史書である。中国の用語では「紀」というのがふさわしい。その意味で「日本紀」は自然な名称であるが、「日本書紀」はいささか不可解な書名と言わなければならないであろう。本来は中国の正史のように、紀伝体の『日本書』として構想され、年代順に出来事を挙げる「紀」のほかに、「伝」や「表」「志」なども編纂されるはずであったが、「紀」だけに止まったため、『日本書』の「紀」ということで『日本書紀』になったとする解釈があるのもそのせいである。そのほか日本伝来の漢籍に『後漢書紀』という言い方が古く見えているので、それに倣ったとする研究者もある。ただ『日本書』の構想があったと言う明証は見つからないし、『後漢書紀』も決して一般的な書名とは言えず、『日本書紀』と言う名称の由来は、今のところ不明としておくほかなさそうである。

むしろその問題よりも重要なのは、この本が原則的に漢文で書かれ、その書名に「日本」が冠せられていることである。この「日本」は国号と考えられるが、日本国号が定まったのはそう古いことではない。制定時期に関して種々の説があるものの、少なくとも唐に告知してその承認を得たのは、大宝二年（七〇二）のことであった。おそらく大宝律令の制定時に、それまでの倭ないし大倭に替えて採用されたと考えられる。もともと固有の言語（大和言葉）による国号はヤマトであり、これには漢字による当て字表記はあっても、漢語ではない。一方、倭は、中国側から付けられた漢語の国号であって、これを和訓でヤマトとも読むのは、本来別の言葉同士が結びついたものに過ぎない。「日本」が正式な国号と定まると、これにヤマトが結びついたことは、『日本書紀』神代上（大八洲誕生）の注に、「日本」を「耶麻騰」（やまと）と読むと言っていることからも明らかである（本書一一頁）。これ以降も一貫して使い続けられる固有言語の国号ヤマトに対し、倭や日本といった漢語の国号が定められたのは、中国を中心とする当時の国際社会で、漢字による国号が必要とされたからに他ならないであろう。その対外向けの「日本」が書名に入れられたのは、『日本書紀』が外国を意識して編纂されたことを明瞭に物語ると言える。文体も当然『古事記』とは異なり、漢文でなければならなかった。

そこで『日本書紀』は、唐に示すために作られたとする解釈が出てくるわけであるが、それはいかがであろうか。実は大宝律令に関しても、大宝二年（七〇二）の遣唐使が唐に持ち渡り、日本の律令国家としての完成を唐に誇ったと言う意見が出されたことがあった。

しかし大宝律令の国家体制は、中国の皇帝に相当する天皇を頂き、自国を中華と位置づけるものであったから、到底唐の承認を得られるはずはなく、これを提示すれば、むしろ紛争の種となりかねない。同様に『日本書紀』も、天皇歴代の歴史であり、雄略七年紀などにも見えるように、自国を「中国」とする姿勢で書かれている。とても唐に見せるための史書とは考えられないであろう。

『日本書紀』編纂の際、直接念頭にあったのは、朝鮮半島の新羅ではなかろうか。『日本書紀』が取り上げた対外関係では、中国の諸王朝よりも朝鮮諸国の比重が圧倒的に大きい。スサノオが新羅に渡ったという話はともかく、神功皇后のいわゆる三韓征伐や、任那問題、百済救援の経過など、対朝鮮半島関係の詳しい記述に比べれば、倭の五王による中国南朝との交渉にはほとんど触れるところがなく、対隋唐関係の記事も特にウエイトが大きいとは言えまい。新羅との関係は、八世紀前半以後、次第に円滑さを欠くようになり、遂に決裂するに至るが、『日本書紀』もその流れの中において考える必要がある。『日本書紀』は一般に、中国や外国の文献、史料を引くことが少ないが、その中にあって、亡命百済人の整理になると見られる『百済本記』『百済新撰』などの引用が少なくないのも、新羅向けと考えると自然に理解できるように思われる。七世紀後半、百済の滅亡時に帰化した百済の王族は、「百済王」という氏姓を賜わり、天皇の臣下となる。百済は倭の一部という主張が誇示されたとしてもおかしくない。

四　構　成

『日本書紀』は、捏造と潤色の塊のように言われることも少なくはなく、史書としての価値に疑問を抱く向きは多いが、一概にそのような評価に従うことができないのは勿論である。その分析のために、これまでも紀年論や区分論、出典論などが重ねられてきた。

紀年論というのは、『日本書紀』がどのような原理に沿って、編年体の姿を組み立てたのかという研究である。神代から人間世界へという流れを描くのはいいとして、その境界を暦年上のいつに置くかは、編纂に当たって最大の問題であったはずである。日本での漢字の使用が体系化するのは、ようやく五世紀ごろと思われるので、それ以前について、まとまった記録があったとは考えられない。初代天皇の即位をどこかの時点に設定し、それに合わせて材料を間配り、記事の少ないところは増補せざるをえなかったであろう。現在のところ、初代の神武天皇の即位年は、中国の讖緯思想に基づき、推古天皇九年（六〇一）から一二六〇年遡った辛酉の年に置かれたとする説が有力と思うが、なお異論もあり、検討してゆかなければならない課題である。

また『日本書紀』を読み進めると、用語や書き方に小異のあるのに気づく。その違いは巻ごとというわけでもなく、いくつかの巻が同じような特徴を共有しているので、その観点から、全三十巻をグループに分けることが可能になる。これを論じるのが区分論である。諸説相違点はあるものの、大まかに言えば、次の五群に分かれると言っていいであろう。

1　巻一・二　神代
2　巻三〜十三　神武〜安康
3　巻十四〜二十一　雄略〜崇峻
4　巻二十二〜二十七　推古〜天智

5　巻二十八～三十　天武・持統

近年では、日本語の発音を表すのに使われている漢字の特徴を捉え、さらに精緻な区分論も現れている。区分論の深化で、編纂分担者の癖や、最終的な統一作業の結果が明らかになったと言えるが、編纂事業が何次にも亘ったとするなら、原史料の持っていたさまざまな特徴が、重なりあって残ることもありえる。いずれにしても区分論だけで『日本書紀』の成立を論ずることはむずかしいと言うのが実情であろう。

五　出典論

すでに見たとおり、『日本書紀』は国外に示すための本という側面があったので、当時の国際言語である漢文で綴られた。日本の固有言語を基礎とする材料を漢文化するのは、編纂者の大変な努力を必要としたであろう。『古事記』の序文が、固有言語を漢字で表す困難さを説いているのは有名であるが、漢文にするという仕事も、その苦労は並大抵ではなかったと思われる。しかもこの作業には、古い時代ならではのむずかしさも存在した。それは文章表現に典故が求められたことである。即ち、中国の古典や過去の優れた詩文の表現を踏まえ、それを織り込む形で語句や表現を作ることが要求されたのである。この規範は格式の高い文章ほど強く働くので、『日本書紀』のような正史ともなれば、凡庸な作文は許されない。

事実、『日本書紀』の漢文には、中国の古典に基づく込み入った表現がかなり多用されている。したがって『日本書紀』がどのような中国古典を踏まえて作文したかは、早くから学者の関心を引き、その出典を細かく調査した研究も、すでに江戸時代に現れていた。その結果を見ると、『日本書紀』編纂者の学識が極めて高かった印象を受ける。

しかしこのような作文には、それを助ける便利な手段が存在した。あるテーマについて書かれた名文の一節が抜き出され、部類別に見ることのできる本が、中国ですでに何種類も編纂されていたからである。格式高い文章や詩に典故のある表現が求められたのは、むしろまず本家本元の中国においてであり、優れた詩文の表現を簡単に見る手立ては、早くから用意されたのである。記事が部類別に配列されたこのような書物を「類書」と呼ぶ。『日本書紀』が編纂される頃には、日本にも類書を利用することが知られていた。ただ第二次大戦後まで、『日本書紀』の利用した中国書のほとんどは、学者たちが独自に参照したものとして怪しまれなかった。

そのような中、類書の利用を初めて確認したのは、国文学者の小島憲之氏である。小島氏は、一見多数の書物を見て作文したように見える文章でも、そのテーマを類書で探し、そこに引かれたいろいろな典籍を参照すると、容易に『日本書紀』の文章が綴れることに気付いたのである。小島氏は『日本書紀』の編者が利用した類書は、現存する類書で考えるなら、唐の初めにできた『芸文類聚』であろうとした。

現に『日本書紀』巻十七、継体紀に出てくる逆臣磐井を征伐するくだりなど、『芸文類聚』の武部、征伐の項を開き、そこに挙げられた種々の古典の一節を適宜つなぎ合わせれば書けることが誰にでも了解できる。もっとも誤解のないように断っておくと、これは『日本書紀』の編纂にかかわった学者たちのレベルが低かったということではない。たとえ個々の典籍を学んでいても、文章の作成には、中国の文人と同様に、類書を利用したということである。

『日本書紀』が『芸文類聚』を利用しているという推定は、これ以後、現存する類書で考えた場合という保留条件を抜きにして、定説化した。ただ利用された類書が、本当に『芸文類聚』であったかどうかについては問題が残る。中国では南北朝時代以降、清代に至るまで、多くの類書が編纂されたが、唐までの類書は、今は滅んで見ることのできないものも少なくない。しかも類書の編纂は、独自に材料を集め直さずに先行の類書の内容を踏襲することも多く、実際の引用文にわずかな違いが生ずるだけということも珍しくなかった。近年では、すでに滅んだ類書の内容を推定したり、残されたわずかな逸文と比較したりすることで、唐の『修文殿御覧』や南朝梁の『華林遍略』が参照元ではなかったかという説が提起されており、なかでも『華林遍略』説が有力といっていいであろう。

ともあれ小島氏の研究により、『日本書紀』のどの箇所が類書によって作文されているかはほぼ明らかとなり、その結果は一般向けの注釈にも反映されるようになった。類書を使った部分が、史実を知るための役に立たないことは言うまでもない。ただ、そのような箇所は、『日本書紀』の中でも巻十八あたり以前の古い部分に多く、それ以降になると、類書を用いた大幅な作文箇所は姿を消す。これは『日本書紀』が、先に述べたような紀年に基づき全体を組み立てた結果、年数が相当に引き延ばされたことと関係があろう。初期の天皇の寿命が不自然に長いことはよく話題となるが、天皇の治世は延長できても、その間を埋めるには、記事を作ってはめ込むことも必要であった。そのための一つの手段が類書による作文であり、それが古い時期に多くなる結果を招いたと考えられる。

六　史料価値—結びにかえて—

前節まで、『日本書紀』が抱える種々の問題を概観してきた。『日本書紀』だけでなく『古事記』も含め、そこに史実を求めるのは誤りで、一個のテキストとして読むべきであるという主張も近年出てきているが、歴史学の研究者から見れば、各部分の史料批判を重ねて史実を求める試みが無意味とは思われない。ここではその観点から、大雑把ではあるが『日本書紀』の史料価値について、思いつくままに感想を記しておこう。

最も大きな問題は、『日本書紀』の記述が、政治権力によって、どれだけの影響を被っているかということであろう。『日本書紀』が、誕生して間もない律令国家の正史であり、その成り立ちを振り返った書とすれば、それが政権の正統性を裏付ける方向に傾くことは大いにあり得よう。それに合わせて記事の再構成、歪曲などが起こっておかしくない。この点を重視すれば、『日本書紀』は極めて信用のおけない官製の史書ということになる。『日本書紀』といえば、まず疑ってかかるという風潮も、その意味では理解できないことではない。

しかし『日本書紀』が、徹底して律令国家の意図に沿って仕上げられているかといえば、それには疑問を感じざるを得ない。例えば神代の巻に頻出する「一書に曰く」は、いかがであろうか。神代巻が、全体として皇室の起源と正当性を述べようとしていることは確かであるが、個々の伝承について見ると、「一書に曰く」として、場合によっては煩瑣なまでに異伝が示されている。もし政治的なメッセージとして打ち出すのなら、『古事記』のように、どれか一つの伝承に絞った方が、はるかに効果的であろう。天照大神が皇孫に対し、列島の統治を任せた、いわゆる天壌無窮の神勅などは、その目的に直接かなう伝えであるが、それは『日本書紀』本文ではなく、「一書に曰く」として現れるだけである。焦点のずれたこの扱い方は、修史のために集められた材料を、むしろできるだけ客観的に列挙しようという意思の表れと解するほかないであろう。

また律令国家成立期に当たる七世紀代の巻々になると、功臣藤原氏による歪曲があったとする意見も根強い。八世紀初頭の権力者、藤原不比等が、『日本書紀』の筋書きを作り上げたという極端な説もある。確かに皇極朝の蘇我氏誅滅事件に関しては、藤原鎌足を主役とする藤原氏の伝承が、主な史料になっているであろう。したがって蘇我氏の専横ということも額面通りには受け取れないが、反面、不比等の存在感は『日本書紀』ではほとんど無く、わずか二回、官職への任命と資人授与の記事が見えるにとどまる。そこから不比等が天武持統朝に不遇であったなどというのは、かつて考察したように見当違いであろう。不比等の意向次第では、なお盛り込める功績はあったはずであり、登場する際の名前も「史」ではなく「不比等」という美称に変えるのはたやすかったに違いない。それが行われていないのは、不比等が『日本書紀』の全体にわたって、自らや政権に都合のいいよう、史書の記述を改めることはなかったことを裏付けると言うべきである。

こう見てくると、『日本書紀』からはまだまだ掘り起こすべき事実が少なくないことを感じるが、たとえば『日本書紀』の潤色によって覆われた古い用語の発掘も、その一つではないかと思う。これもかつて論じたことであるが、斉明紀の蝦夷征討記事に見える「郡領」「主政」は、簡単に考えると、大宝令制下の行政区画や官職の名を使った架空のもののようであるが、出土量を増した木簡の用語などを勘案すると、実際にはその当時存在した職階のカミ、マツリゴトヒトを令制の用語で置き換えたものに他ならないことがわかる。少なくとも八世紀初めまでは一般に和語による呼称が優勢で、これに対応する漢字、漢語が固定していく過程にあった。皇族の呼び方も、『日本書紀』はすべて天皇、皇后、皇子などに統一しているが、それらはオオキミ、オオキサキ、ミコを漢語で潤色したものである。今や使えなくなった「任那日本府」なども、古訓はミマナノヤマトノミコトモチで、任那に派遣された倭国の使節達をいう古語を漢字化したものといってよい。時代的にありえない漢語の称があるからと言って、それらをまるで根拠のない記事と切り捨てるのは早計である。

このような和語と漢語の対応に着目して、早くに鋭い解釈を展開して見せたのは本居宣長であったが、彼が示唆した「大極殿」の問題も、その方向で再検討する余地が、なおありそうに思える。宣長は、オオヤスミドノ（大安殿）という古語に漢字を当てたのが「大極殿」と考えた。現在では、考古学的な調査が進展し、大安殿は内裏の中心建物、大極殿は政庁の中心建物とする解釈が優勢であるが、たとえ平城宮ではそうなったとしても、遡れば宮の殿舎を広くヤスミドノと呼ぶことが一般的で、その中心がオオヤスミドノであったと考えるべきではなかろうか。内裏と朝堂という区分も、七世紀代を通じて明確になっていったわけで、中国の都城と対応させる中で、未分化だった大安殿が、大極殿と大安殿に分離していった可能性は無下に否定できない。『日本書紀』の史料批判にとって、このような例も一つの研究課題といえるように思う。

参考文献

小島憲之他校注・訳『新編　日本古典文学全集　日本書紀』1―3（小学館、一九九四―九八年）。

山田英雄『日本書紀』（教育社歴史新書、一九七九年）。

粕谷興紀「「日本書紀」という書名の由来」（荊木美行編『粕谷興紀日本書紀論集』燃焼社、二〇一一年）。

遠藤慶太『東アジアの日本書紀―歴史書の誕生―』（吉川弘文館、二〇一二年）。

東野治之「日本国号の研究動向と課題」（『史料学探訪』岩波書店、二〇一五年）。

同「藤原不比等伝再考」同上書。

同『長屋王家木簡の研究』（塙書房、一九九六年）。

森博達『日本書紀の謎を解く』（中公新書、一九九九年）。

池田昌弘「『日本書紀』と類書」（『日本研究』一五輯、釜山大学校日本研究所、二〇一四年）。

福山敏男『大極殿の研究』（平安神宮、一九五六年）。

遠藤慶太他編『日本書紀の誕生―編纂と受容の歴史―』（八木書店、二〇一八年）。

初期の四天王寺と『大同縁起』

一　はじめに

四天王寺と法隆寺が、ともに聖徳太子創建の伝えを持つことは今さら述べるまでもないであろう。しかし法隆寺は、残された夥しい文化財や文献史料、考古学的調査の所見などから、飛鳥時代以来の歴史が詳しく検討できるのに対し、四天王寺では度重なる火災のため、多くの史料が失われたばかりでなく、有名な創建縁起譚の存在が却って災いし、創建や飛鳥時代の状況に関して不明の点が多い。本稿では、法隆寺とも縁の深いこの四天王寺について、これまでの諸説を吟味しつつ、創建から八世紀に至る四天王寺の様子について改めて検討を加え、聖徳太子伝承との関わりを探ってみたいと思う。

二　四天王寺の創建と移建説

伽藍の検討に入る前に、四天王寺といえば必ず話題となる移建説について、まず考えを述べておこう。四天王寺の創建は、通常『日本書紀』に基づき、推古天皇元年（五九三）に置かれる。しかし

『日本書紀』には見えないが、四天王寺が創建された場所から移されて、現在の地に建立されたという伝えが、平安時代前期に成立した『上宮聖徳太子伝補闕記』に残っている。その記事は以下のようなものである。

覆奏於玉造之東岸上〈在東生郡〉即以営為四天王寺、始立垣基
（玉造の東の岸の上〈東生郡に在り〉に覆奏す。即ち営を以て四天王寺と為し、始めて垣基を立つ）

この記事は、用明天皇二年（五八七）、物部守屋征討が勝利に終わった段階で、そのことが本営のあった玉造の東の岸の上に報告奏上されたことを記したものである。その時の営が四天王寺にされたというのであるが、この前段には、太子の祈願によって、この征討が蘇我氏や太子側の勝利に帰したことが記されているので、この「営」は太子の本営と考えられよう。この文の後段には、「四天王寺、後遷荒墓村」（四天王寺は、後荒墓村に遷る）とも見え、これらの記事をもとに、四天王寺は最初、用明天皇二年に摂津の玉造の東の岸のほとりに創建され、のち現在地の荒陵に移転したとする説が有力であった。しかし反面、創建の地と見られる地域に、時期的に適合する寺院跡が存在しないこと、四天王寺の創建について記す『日本書紀』には、移建のことが全く見えないことなどから、これを疑問視する説も早くからある。移建は果たして事実であったのであろうか。不思議なことにこれまで注意されたことがないが、先の『補闕記』の記事は、始めて「垣

基」、即ち外囲いや基礎を置いたことを記すだけで、玉造で伽藍が建立されたと述べているわけではない。この「営」というのは、事実か否かはともかく、前述のように、聖徳太子が守屋討伐の拠点とした軍営とみられる。『補闕記』の文を素直に読めば、その軍営の跡を寺にしようとして、なんらかの基礎工事がなされたということに他ならない。しかし、そこに寺が建設されたと言っていないことに注目すべきであろう。即ち『補闕記』からは、玉造に四天王のための寺を建てる計画がなされたという以上のことを読み取ることは妥当でない。『補闕記』後段の「後荒墓村に遷る」は、寺地の変更を言うだけで、たとえ当初、玉造で造営の計画があったとしても、それは結局基礎工事だけに終わり、実際に造営が行われたのは、現在地の荒陵であったと読むべきであろう。このように移建説は、『補闕記』の「始めて垣基を立つ」という記事を無視し、「四天王寺と為し」の部分にのみ注目して、倉卒に理解した結果生じたものと言わざるをえない。結局、史料的には『日本書紀』推古天皇元年（五九三）是歳条にある次の記載が、創建の年次を示すこととなろう。

是歳、始造四天王寺於難波荒陵

（是の歳、始めて四天王寺を難波の荒陵に造る）

『補闕記』がなぜ移建を唱えたのかは不明であり、「玉造の東の岸の上」が持ちだされた由来も明らかでない。太子の本営が、物部戦争の地からかなり遠いこの場所にあったとするのは、簡単には信じがたい。あるいは四天王寺の寺領との関係かとも思われるが、それを確実に裏付ける史料は見当たらないようである。思うに『補闕記』の所伝には、四天王寺の創建を守屋討伐戦争に結びつける意図があったのではあるまいか。移建説は、創建の年代を遡らせ、守屋征討に関係づけるために創出されたのであろう。戦闘の最中に太子が四天王の造立を発願し、それが四天王寺の建立となったという話は、征討時の太子の年齢が数え年十四歳と若く、史実とは認めがたいとして、これを四天王寺由来の縁起譚とする解釈が有力である。[1]確かにそれはもっともであって、創建を遡らせる『補闕記』の所伝自体、四天王寺の縁起に基づくとする説を、改めて追認しておきたい。なお、これも推測になるが、このような縁起の遡上がなされたのは、四天王寺の資財に物部守屋の旧領やその奴婢などが含まれていたからではなかろうか。これらの資財の由来そのものは事実と考えて矛盾はなく、[2]没官されていた資財が、四天王寺の建立に際して、その財源として施入されたことが考えられる。縁起は太子伝の展開の中で、それを戦勝の直接的な結果に改変したのであろう。『補闕記』に見える征討の将軍名やその職階の書き方は、七世紀代の事実をかなり反映しているとみてよく、[3]縁起の成立は、遅くても八世紀初めを降らないのではないかと判断される。

なお、四天王寺の寺名について一言しておくと、当初から法号として「四天王寺」があり、地名由来の「荒陵寺」と併用されたとみるのが妥当であろう。奈良時代までの寺は、和風漢風両様の寺号を持つことが珍しくなく、元興寺―飛鳥寺、法隆寺―斑鳩寺、興福寺―山階寺・藤原寺のような例が挙げられる。初期寺院に中国風の名がなかったとする説が出たこともあるが[4]、明確な根拠は認められない。『日本書紀』天武天皇八年（六七九）四月乙卯条に「定諸寺名也」（諸寺の名を定るなり）とあるのを、この時、漢風の寺号が一斉に制定されたと見るのは、日本に伝来した仏教が、本来的に漢語の仏教用語の使用を前提としていることからしても疑問である。設置理念を示す法号は、各寺院の創立時からあったと考えるのが自然であろう。この記事は、寺の名が朝廷によって、制度的に把握されたことを示すと解すべきである。

さて、上述した四天王寺を推古天皇元年の創建とする書紀の記事も、一応の目安にはなるにせよ、これが伽藍の完成の歳であったと見ることはできない。造営の進行状況については、別に考える必要があり、節を改めて述べてみよう。

三　四天王寺の創建と『大同縁起』の逸文

四天王寺の創建をめぐっては、すでに説かれているとおり、考古学的な調査の結果が重要な示唆を与えてくれる。第一の重要な手掛かりは、四天王寺創建に使用された瓦とその笵傷である。創建の瓦には、法隆寺の創建瓦と全く同一の文様を持つものがあるが、実物の比較によって、それらは同じ笵型から作られたものと判明している。注目すべきは、その笵に傷が生じていて、その進行状況からすると、笵は法隆寺から四天王寺に渡ったと判断できる。法隆寺の創建は、若草伽藍跡の発掘調査結果や金堂薬師像光背銘などから、六〇七年ごろと推定されており、四天王寺は当然それより遅れて七世紀前半の造営となろう。[5]

それと関連して注意されなければならないのは、かつて行われた四天王寺境内の発掘調査で、南大門・中門・講堂などの造営が七世紀半ば以降と判明していることである。[6] これより先、主要部である塔や金堂は、先行する法興寺・法隆寺などの造営が進捗した後に着工され、七世紀前半に完成を見たと考えてよいであろう。全体的な完成はそれ以降のことであり、難波遷都に伴う都城的景観の整備や、百済救援の戦勝期待とも関係しつつ、七世紀後半に完成を見たものと考えられる。[7]

そうなれば、塔・金堂をこの順に中軸線上に配置する伽藍配置を、四天王寺式と呼んできたのも、問題と言えないことはない。この伽藍配置は、四天王寺に先行する創建の法隆寺で採用されていた。しかし、四天王寺はこの配置を守って再建を繰り返し存続してきたのであり、四天王寺式の名称も、それはそれで意味のあることである。再建法隆寺に先んじ、吉備池廃寺（推定百済大寺）が法隆寺式伽藍配置をとっているからといって、一三〇〇年以上存続する法隆寺の伽藍配置を、その名で呼ぶのを否定するのはいかがなものであろう。歴史的な前後関係を認識した上で、従来の名称を使うのは、何ら問題ないと思う。

ところで、四天王寺の初期の姿を伺う上に重要なのが、『天王寺秘決』に引用されている『大同縁起』である。『天王寺秘決』は、太子伝研究書としては現存する最古のもので、鎌倉時代の初頭に、四天王寺関係者によって撰述されたとみられるが、[8] その中に『大同縁起』からの引文がある。これはもともと四天王寺の堂塔・仏像・宝物・不動産などを記載した詳しい帳簿で、末尾に延暦二十二年（八〇三）の年紀と三綱らの署名があったらしいから、その時点における四天王寺の流記資財帳であったと判断される。すでに言われているとおり、延暦二十二年は作成の年で、それが官に提出されたのが大同年間に入っていたため、『大同縁起』と称されたのであろう。[9] この史料は、創建から奈良時代に至る四天王寺の様相をうかがえるまたとない文献であり、早くから研究上注目されてきた。従ってすでに福山敏男氏による復原案があるが、その後公刊された尊経閣文庫本『天王寺秘決』（正応四年、一二九一年書写）によって、疑問点は残るものの、補正できるところがある。ここにその私案を示しておこう。

【『大同縁起』逸文】

大同縁起云、

小塔殿一宇　　轆轤作小塔二万基〈官納〉

上宮太子聖霊檜皮葺大殿一宇四間　　仏堂一宇八間〈檜皮葺〉　細殿一宇八間　板敷　廻廊八十間

五重塔一基〈内、安置天宮一具〉

亀甲合子一合　其内有金瓶　安置舎利一枚

又瑠璃瓶一基〈内、安置舎利五枚〉　困（因カ）畏不開　奉坦婆羅門六躯

小四天四口　安倍大臣敬請者
大四天王四口　右　奉為越天皇敬造　請坐御塔四隅
二重金堂一基
阿弥陀三尊　右　恵光法師　従大唐請坐者
弥勒菩薩一躯　蓮華坐　右　近江朝庭御宇天皇御世請坐
金泥銅千仏像
小塔一基　六重　未(末カ)小破　内有白銅壺一合　重十三両　壷内　置舎利金筥一合　重一分　等軽
　奉安置舎利弐枚
大四天王像四口　右　聖徳法王本願
小四天王四口　右　上宮大后本願　大小栖(柄カ)以金銅厳　在四天王御手
純金太子像一躯　高一寸九分　太子蘭(菌カ)一具〈在（无カ）物　銀鏃一枚　置(重カ)一分　僧孝便等時　銀
鏃失〉
　　延暦廿二年　三綱寺主云々　【第七七項】

……………………………

大同縁起云、獣尾〈文〉　【第一一二項】

……………………………

天皇寺金堂中尊、大同縁起、弥勒注　【第一六五項】

大同縁起云、施薬院地五段、伏見村云々　【同右】

……………………………

（訓読）

大同縁起に云わく、

小塔殿一宇。　轆轤作りの小塔二万基〈官納む〉。

上宮太子聖霊の檜皮葺き大殿一宇。四間。

仏堂一宇。八間〈檜皮葺き〉。　細殿一宇。八間、板敷き。廻廊八十間。

五重塔一基〈内に天宮一具を安置す〉。

亀甲合子一合。其の内に金瓶有り、舎利一枚を安置す。

又瑠璃瓶一基〈内に舎利五枚を安置す〉。畏きに困（因カ）り開けず。担い奉る婆羅門六躯。

小四天四口。安倍大臣、敬みて請ずるなり。

大四天王四口。

右、越天皇（斉明）の奉為に、敬みて造り、御塔四隅に請い坐す。

二重金堂一基。

阿弥陀三尊。

　右、恵光法師、大唐従り請い坐すなり。

弥勒菩薩一躯。蓮華に坐す。

右、近江朝庭御宇天皇の御世に請い坐す。

金泥銅千仏像。

小塔一基。六重。未（末カ）小破す。内に白銅壺一合有り、重さ十三両。壷の内に舎利の金の筥
　一合を置く。重さ一分。等しく軽し。舎利弐枚を安置し奉る。

大四天王像四口。

　右、聖徳法王の本願。

小四天王四口。

　右、上宮大后の本願。大小の栖（柄カ）、金銅を以て厳る。四天王の御手に在り。

純金太子像一躯。高さ一寸九分。太子の蘭（茵カ）一具。〈在（无カ）物、銀鏃一枚。置（重カ）

一分。僧孝便等の時、銀鏃失う〉。

　　延暦廿二年　三綱寺主云々　　　　　　　　　　　　　　　　　　【第七七項】

……………………

天皇寺金堂の中尊は、大同縁起に、弥勒と注す。　　　　　　　　　【第一六五項】

……………

大同縁起に云わく、獣尾〈文〉　　　　　　　　　　　　　　　　　　　【第一二二項】

大同縁起に云わく、施薬院の地五段、伏見村と云々。　　　　　　　　【第一六五項】

……………………

逸文の本文に関しては、尊経閣本（榊原史子『『四天王寺縁起』の研究』勉誠出版、二〇一三年所引）をもとに、福山敏男氏の校訂（「初期の四天王寺史」、注7前掲）を参照しつつ私見を加えた。適宜改行、空白を設け、読点を付してある。第一六五項の文は、『大同縁起』に金堂本尊を「弥勒菩薩」としていることを注しているだけで、引用文とは言えない。

『大同縁起』を用いて創建四天王寺の姿を論じた研究としては、早くに福山敏男氏[10]や田中重久氏[11]の論考があり、改めて屋上屋を重ねることは避けておきたい。ここでは先行研究に見える事柄は努めて簡略に扱い、それらに漏れた若干の点について、次節に考察を加えておこう。

四　『大同縁起』管見

まず先の逸文の性格について確認しておくと、最もまとまっているのは、第七七項に引用された文であるが、これまでも言われてきたように、二行目・三行目は別院の記事、四行目以降は伽藍中心部の記事であって、資財帳本来の姿は、この二つが逆転した形であったろう。別院の記事が冒頭に置かれたのは、小塔殿が称徳天皇発願の百万塔を安置する施設、上宮太子聖霊殿が聖徳太子の絵伝を収めた建物であって、皇室や太子との関係を直接に示す意味があったからと考えられる。

そこで伽藍の中心部であるが、金堂の前面にある五重塔に関しては、諸家の説かれているところに譲って詳説はしないが、金瓶や瑠璃瓶に入れた舎利が祀られていたこと、大小二組の四天王像があり、小四天王は大化の右大臣安倍内麻呂の請坐にかかり、大四天王は越天皇（斉明天皇）のために安置されたもので、塔の四隅に一体ずつ祀られていたことなどが分かる。四天王の安置事情から考えて、塔が七世紀の中頃に最終的に整備されたらしいことも、従来の研究で言われているとおりである。

また二重金堂の条によれば、安置仏の筆頭には「阿弥陀三尊」が挙げられ「右は恵光法師、大唐より請い坐すなり」とある。既往の研究にもあるように、のちの時代とは異なり、八世紀まではこれが本尊であったと考えられる。推古天皇三十一年（六二三）には、入唐留学僧恵光が帰国しており、彼が請来した阿弥陀三尊が本尊とされたとみられる。前年に聖徳太子が没しているから、四天王寺の創建が、すでに太子と結びつけて考えられておれば、太子追善の意味を含んでいたかもしれない。ただ、四天王寺の造営が、金堂について早く進行していたとすると、これ以前に別の本尊があった可能性もないとは言えない。法興寺に関して、そのような場合が考えられることは、かつて論じた(12)。

阿弥陀三尊に次いで見える「弥勒菩薩一躯」は、のちの金堂本尊で、その尊格が現代まで引き継がれていることは、すでに説のあるとおりである。「右、近江朝庭御宇天皇の御世に請い坐す」とあるから、あとから入った像であり、「近江朝庭御宇天皇」は、いうまでもなく天智天皇である。いつ本尊が交代したかは明らかでないが、寛弘四年（一〇〇七）頃のものと見られる『四天王寺御手印縁起』では本尊とされているので、平安時代前期に変化が生じたのであろう。『大同縁起』で「弥勒菩薩一躯」の前に恵光請来の阿弥陀三尊が見えるのは引用の粗放によるもので、少なくとも八世紀以来、こちらが本尊であったと見る説も一部にある。[13]しかし、一寺の本尊として菩薩像が適切であったとは思われず、太子を観音の化身とする太子信仰が浸透するにつれ、菩薩半跏像が太子を表したものとされるようになったのが、交代の原因と思われる。

金堂所在の仏像では、「聖徳法王の本願」という「大四天王像」の存在も注意される。これが聖徳太子創建という伝承に結びつく像であろう。それと対をなすかのように、「上宮大后本願」の「小四天王像」が挙がっているが、「上宮大后」は晩年を太子と過ごした膳菩岐々美郎女とみられる。太子の母、間人皇后とする解釈もあるが、[14]「上宮」を冠して間人皇后を呼ぶ例は、管見に入らない。「后」の称は、法隆寺金堂釈迦三尊像の光背銘にもあるように、令制の整うまでは、皇后以外のキサキにも尊称として用いられたから、膳菩岐々美郎女が大后と呼ばれるのは、なんら不思議ではない。

小四天王像の条下に見える「大小」云々の文には、何らかの誤脱があるらしく、原文のままでは理解しづらいが、「大小」はその直前の大四天王像と小四天王像を指し、その持物に関する文ではなかろうか。また「栖」では意味不明で、あるいは「柄」の誤りではないであろうか。持国天などが持つ大刀の柄が金銅で飾られていて、それが四天王の手にあるということであれば、一応理に適うであろう。

金堂安置の「小塔一基」は、白銅壺に入った金筥に舎利二枚を入れて奉安したもので、六重であった。仏塔は通常奇数階から成り、六重塔は異例であるが、その説明として「末小破」とあるのは、あるいは「末、小破」の誤りで、その末端、七層目が欠けていたのであろうか。裳階付きの五重塔が六重塔と呼ばれるのは不審で、そのように解する方が自然に思われる。

金堂条の最後にある純金の太子像というのは、先学の言われたとおり、その寸法から見て灌仏会用の釈迦像（悉多太子）と見られる。[15] それには茵一具が付属していた。問題はその次にある双行部分であるが、引用の末尾でもあるため、資財の項目とそれに対する追筆の書入れが合体して、太子の茵の注記のように書写されてしまったのではないであろうか。即ち「銀鏃一枚　重一分」が本来の項目で、その実物が紛失しているので、「无物」と注記がなされ、さらに僧孝便らの時に失われたと、事情が付加されたのであろう。「在物」の「在」は「无」の誤写と見る。この「銀鏃」は、金堂に安置されていた以上、それなりの由緒を持つ品であったと思われる。考えられるのは、聖徳太子が物部守屋を討つ時に放ったとされる「四天王の矢」（『上宮聖徳太子伝補闕記』）に関係するのではないかということである。銀製ではもとより実用にはならないが、伝説的な宝物としては、かえってふさわしかったかもしれない。その場合、法隆寺に伝わり、現在は法隆寺献納宝物となっている弓や矢が、鎌倉時代には物部守屋討伐を前提とした太子の所持品とされ、近世になると、その内の六目の鏑矢が、守屋を射殺した矢との伝えを持つに至っていることが[16]想起される。一案として付言する次第である。

『大同縁起』に載せる資財という点では、第一二二項に「獣尾」が見える。この単語のみが拾われているので、安置場所や由来などは不明であるが、僧侶の威儀具としての麈尾である。『天王寺秘決』は、「一、麈尾事」と題してこの語を引用しており、天平宝字五年（七六一）の『法隆寺東院資財帳』にも「獣尾二枚」が載せられていて、その内の一つは、記載された形状から、現在法隆寺献納宝物として伝来している麈尾に比定されるから、『大同縁起』の「獣尾」も麈尾であることは確実である。先述のように由来不明の品であるが、献納宝物となっている法隆寺伝来の麈尾は、遅くとも鎌倉時代半ばには、聖徳太子が勝鬘経を講じた際、使用した麈尾として伝わっていた(17)。四天王寺の場合も、『天王寺秘決』が作られた鎌倉時代初頭までには、同様な伝承が付随していた可能性が考えられよう。

以上のような仏像や宝物以外に、逸文には「施薬院の地」が見える。これは施薬院の敷地ではなく、「五段」という面積標示や伏見村所在という記載からすれば、資財帳に記載された地目の記事の抜粋であって、施薬院の運営に供する何らかの土地の記載が残ったのであろう。四天王寺における敬田・悲田・施薬・療病の四箇院からなる構成は、『四天王寺御手印縁起』に出て名高いが、施薬院を始めとするそれらの存在と活動が、少なくとも奈良時代まで遡るであろうことは、別稿に述べておいたので、参照をお願いしたい(18)。

五　おわりに

本稿で述べようとしたことは、ほぼ以上に尽きるが、これまでに触れなかったことがらに言及して筆を擱くこととする。それは、近年の調査で飛鳥時代に遡ることがほぼ確定した亀井堂の流水施設についてである。この施設は明日香村で出土した亀形石に酷似した流水施設で、明日香村のそれは、近傍の酒舟石とともに、斉明朝の同時期のものと判断されるに至った[19]。文献史料を欠いているため起源は明らかでないが、いまのところこれについての最古の史料として挙げられるのは、『御手印縁起』冒頭の次の記事である。

麗水東流、号白石玉出水
（麗水、東に流れ、白石の玉出の水と号す）

従来指摘はないが、実はこの表現は『千字文』の「金生麗水、玉出崑岡」を下敷きにして、原文では固有名詞である「麗水」を、単なる水の美称に読みかえて使用している。『御手印縁起』は現在の亀井堂の流水と明言してはいないが、金堂の地下から湧くという、その水にふれた文であることは、まずまちがいないであろう。それが七世紀、斉明朝の導水施設と酷似しているとなれば、想起されるのは、『大同縁起』に見える天智天皇施入の弥勒菩薩像や斉明天皇の為に作られた四天王像の存在である。唐や新羅の侵攻が懸念されたこの時期、外敵調伏の寺院として、四天王寺が重視されるのは当然であり、斉明・天智朝は四天王寺の造営上、総仕上げの時期といっても大きな誤りはあるまい。設置当初、いかなる役割が付せられたのか、その解釈は難しいが、そうした施設がこの時期に難波の地に設けられたのは、偶然ではなかったと考えられよう。

注

(1) 福山敏男「四天王寺の建立年代」(『日本建築史研究』墨水書房、一九六八年)。
(2) 田中卓「四天王寺御手印縁起の成立を論じて本邦社会事業施設の創始に及ぶ―聖徳太子と四天王寺四箇院―」(『古典籍と史料』国書刊行会、一九九三年、一九五一年初出)。
(3) 東野治之「四等官制成立以前における我国の職官制度」(『長屋王家木簡の研究』塙書房、一九九六年。一九七一年初出)。
(4) 福山敏男「法隆寺問題管見」(注1前掲書)。
(5) 法隆寺昭和資財帳編集委員会編『昭和資財帳15　法隆寺の至宝　瓦』(小学館、一九九二年)三四～三五頁、網伸也「古代の四天王寺」(石川知彦監修『聖徳太子と四天王寺』法藏館、二〇二一年)、谷﨑仁美「出土瓦からみた飛鳥・奈良時代の四天王寺」(同上)。
(6) 村田治郎「四天王寺創立史の諸問題」(『聖徳太子研究』二号、一九六六年)。
(7) 福山敏男「初期の四天王寺史」(『寺院建築の研究』上、中央公論美術出版、一九八二年)、同「四天王寺伽藍の歴史と金堂の復原」(同上)、網伸也「古代の四天王寺」(注5前掲)。
(8) 東野治之「法隆寺と『天王寺秘決』」(法隆寺編『平成三年　法隆寺夏季大学』二〇二一年)。
(9) 福山敏男「四天王寺の建立年代」(注1前掲、一九三五年初出)。
(10) 同右。

（11）田中重久「四天王寺創立の研究」（『聖徳太子御聖蹟の研究』全国書房、一九四四年）。
（12）東野治之「法興寺の造営」（元興寺・元興寺文化財研究所編『日本仏教はじまりの寺 元興寺』吉川弘文館、二〇二〇年）。
（13）福山敏男「初期の四天王寺史」（注7前掲）。
（14）同右。
（15）田中重久「四天王寺創立の研究」（注11前掲）。
（16）顕真『太子伝古今目録抄』（東京国立博物館編『古今目録抄』1、法隆寺献納宝物特別調査概報XXXV、二〇一五年）三八頁、法隆寺蔵版『御宝物図絵』（天保十三年〔一八四二〕、東京国立博物館編『特別展 法隆寺献納宝物』一九九六年）。
（17）顕真『太子伝古今目録抄』（注16前掲）一六頁。
（18）東野治之「法隆寺と『天王寺秘決』」（注8前掲）。
（19）佐藤亜聖「四天王寺亀井堂の亀形石槽」（石川知彦監修『聖徳太子と四天王寺』法藏館、二〇二一年）。

平隆寺と施鹿園寺

一　平隆寺の別名としての施鹿園寺

奈良県三郷町に所在する平隆寺は、早くに堂塔を失って後世の堂を留めるのみであるが、発掘調査の結果、塔跡の遺構が確認され、出土遺物などから、七世紀前半に創建された寺院であることが判明している[1]。この寺が聖徳太子建立四十六寺の一つに数えられる平隆寺に当たることは、その立地と平安後期の信貴山寺資財宝物帳（第二章一九一頁）の記載によって確実であるが、ほかに施鹿園寺という名称も、この寺の別名として行われてきた。早く保井芳太郎氏は、それに疑問を呈しているが[2]、史料の解釈が十全とはいえず、今日ではほとんど顧みられることはない。このような現状を踏まえ、平隆寺と施鹿園寺という二つの名称の関係について再考し、両寺が別個の寺であることを明らかにするのが、本稿の目的である。

まず平隆寺の別号として施鹿園寺が見える比較的古い史料を挙げると、次のようになる（平隆寺、施鹿園寺に関する史料の大半は、注1文献に集められているが、引用の誤りや、脱漏もある）。イは原本の所在が明らかでないので、石田茂作氏の引用に拠った[3]。なお、『太子伝古今目録抄』（聖徳太子伝私記）に施鹿園寺と平隆寺が併せて載せられていることは有名で、別号の史料として扱われているが、それについては後段で取り上げるので、ここでは触れない。

イ　和州平群郡西勢野村寺社惣堂除地改帳

和州平群郡西勢野村

一除地　施鹿恩寺金堂屋舗　境内四畝拾弐歩
右ハ聖徳太子御開基ノ由、申伝候へ共破却仕、唯今ハ古跡ニテ御座候。両勢野村立会支配仕候。
一除地　施鹿恩寺講堂屋舗　境内壱畝弐拾六歩
右、同断。
一除地　施鹿恩寺塔屋舗　境内壱畝歩
右、同断。
一借リ地　融通念仏宗摂州平野庄大念仏寺末寺、平隆寺。
道場、桁行四間半、梁行三間
右ハ施鹿恩寺金堂屋舗之内、借地仕、六拾弐年以前造立候。両勢野村立会支配仕候。
元禄十五年五月

西勢野村庄屋　八郎左衛門
同　村年寄　勘右衛門

源右衛門

御代官様

ロ　並河永『大和志』巻四　享保十九年（一七三四）序

施鹿恩寺。一名平隆寺。在西勢野平隆寺邑。

イは西勢野村の庄屋と村年寄が代官に提出した元禄十五年（一七〇二）の文書で、「施鹿恩寺金堂屋舗」「施鹿恩寺講堂屋舗」「施鹿恩寺塔屋舗」と称する土地を、六十二年以前に借地して、平隆寺が建立されたことを記す。記載をそのまま認めるなら、寛永末年（一六四〇年頃）に、平隆寺が施鹿園寺の旧寺域内に造立されたことになり、平隆寺と施鹿園寺が、同一寺院である根拠となろう。ロはそれより降った地誌の記事であり、その伝承が定着していた様を示すものとなる。史料名は通称を用いて『大和志』としたが、正式な書名は『日本輿地通志』畿内部で、『五畿内志』ともいう。施鹿園寺と平隆寺の同一説は、主としてこれらの記事に基づくと言ってよい。しかし、この両寺が同じ寺であることを記す史料は、管見の限りではあるが、これ以前に遡らない。それは施鹿園寺関係の史料を見てゆけば明らかである。

二　施鹿園寺の史料

施鹿園寺と平隆寺の同一性を証明する史料として、古くから必ず挙げられてきたのが、鎌倉時代の法隆寺僧顕真によって著された『太子伝古今目録抄』（聖徳太子伝私記）の次の記述である。

施鹿薗院寺〈法隆寺北山在之〉　（表面）
或云平隆寺〈此寺勢野郷太子安息、平群臣等之香花供養時所也〉　（裏面）

本書表面の「施鹿園院」云々の記事に対して、裏面の「或云」云々は、その裏書とされ、施鹿園院（施鹿園寺）の別名が、平隆寺と解されてきた。しかしこの写本の実物について見れば明らかなことであるが、裏面の記事は表面の記事と、位置において離れており、ほぼ折本の一折分は隔たっている。[4]「或云平隆寺」云々を、施鹿園院の別名を注記した裏書と解するのは妥当でない。「或云平隆寺」の直前に、長琳寺と泰平寺の項があり、長琳寺には「四十六个内也」、泰平寺には「四十六个伽藍之内」とあり、いずれも太子建立四十六寺の内であることが記されるので、これら三寺は、表面に記載された太子建立寺院を補う目的で、裏面に言及されたと考えられる。平隆寺に関して、直接、四十六寺についての言及はないが、その解説中に聖徳太子との関係が触れられているから、三寺が一体のものとして、注記されたと見て誤りあるまい。即ち顕真の著作が撰せられた鎌倉時代中期には、施鹿園寺と平隆寺は別寺と認識されていた。これが顕真独自の認識でなく、中世を通じて一般的なものであったらしいことは、室町時代、文安五年（一四四八）に成った『太子伝玉林抄』に、鹿恩寺と平隆寺についての所伝が、次のように、独立して異なる巻に掲げられていることから明らかである。(5)

A　同伝記云、太子四十三、春三月、河内国へ行幸時、於信貴山北山辺、一鹿、犬咋死。太子知過去因、痛現在果、其跡建立一宇伽藍。鹿薗寺是也。（巻十七）

B　一伝云、到于勢益之原、一人信女、可建小寺〈文〉。口伝云、一人ノ信女ト者、推古天皇也、云々。此時ヨリ以後、経十年、崩御也。彼寺之縁起ニ見エタリ。仲範云、治統天皇之事也。平隆寺ナリ。私云、信女者、推古ト云ヒ治統ト云。二義也。小寺ハ異説無之。（巻十九）

即ちA鹿恩寺の伝承は、『聖徳太子伝暦』推古天皇二十二年三月条に出る鹿と犬の闘争譚に因むもの、B平隆寺の縁起は、持統天皇ないし推古天皇の建立とする。延宝九年（一六八一）の『大和名所記』では、なお『玉林抄』に基づいて、平隆寺の解説がなされているから、双方が結びつくのは、あるいは近世に入ってからであったかもしれない。いずれにせよ、前掲イの和州平群郡西勢野村寺社物堂除地改帳に見える古い地名は、元来「施鹿園寺」を冠しない「金堂屋舗」「講堂屋舗」「塔屋舗」であったと考えるべきであろう。

三　施鹿園寺の建物の移建

このように見てくると、改めて施鹿園寺はどこに所在したのかが問題となる。これについての直接的史料としては、先に引いた顕真の「法隆寺北山に在り」という短い言及しかないが、取り上げられることは稀ながら、法隆寺僧良訓の『古今一陽集』東の部に見逃せない記事がある[6]。それは次のような記事である（原文は和風漢文。句読点、西暦、括弧を加えた。〈　〉内はもと細字注）。

元亀年中、金光院堂再興の事
上棟銘簡に曰わく、法隆寺金光院堂再営修造、〈元亀三年壬申、潤正月七日卯尅〉右の堂院、堂は推古廿二年〈甲戌〉、太子四十三、宮池鍛師家の牧犬、鹿の脛を齚み折る。其の弔いの為、施鹿園寺を建立す。其の以後、土御門御宇、承元四年〈庚午〉（一二一〇）、五百八十年に当たり（注略）、彼の寺の本堂を当寺に引き移さる。其れより今の元亀三年壬午（注略）は、三百六十一年に当たる。

この記事は、これより遡って、顕真の『太子伝古今目録抄』（聖徳太子伝私記）に見える次の記事と併せ考えるべきものである[7]（原文は和風漢文）。

此の院は、昔は西郷の桜に有り。中昔、当時の所に移し造る。（上巻表36折裏）西門は久円威儀師の別堂の時、榎並庄を売りてこれを造る。〈即ち長暦年中（一〇三七〜一〇四〇）と云々〉。（上巻裏36折表）

この二つの記事によれば、施鹿園寺の本堂は、鎌倉時代初め、承元四年（一二一〇）に金光院に移建された。金光院は、はじめ法隆寺西郷の桜にあったが、やがて法隆寺内に移り、子院の金光院となる。良訓は、寺内に移る前の金光院に関して、次のように付言している。

私に云う、西郷の桜池の坤の角に当たり、林中に一宇の堂有り。金光寺と号す〈俗に上の堂と曰う〉。是れ則ち本の金光院の旧跡也。

このように元の金光院は、江戸時代まで、西里のはずれにある桜池のほとりに、その旧跡を留めていた。そこには平安時代後期の作になる千手観音像が伝わっており、明治三十八年（一九〇五）になって法隆寺に寄進され、現在は西円堂に安置されて重要文化財に指定されている。(8) 一方、法隆寺に残る開浦（さくら）院関係の文書によって、平安時代後期に金光院の前身の開浦院が創始された事情も、ある程度うかがい知られるので、かつて一応の私見を述べたこともあるが、(9) なお検討すべき点が少なくない。ただ金光院の歴史そのものは、本稿の主題から外れるので、ここでは詳説を控えておく。

ともあれ、施鹿園寺の本堂が西里に移ったのであれば、寺はほぼ廃絶したはずで、平隆寺との関係などは全く考えなくてよいであろう。鎌倉時代中期の『太子伝古今目録抄』が、施鹿園寺は「法隆寺北山に在り」と記すのも、この種の記録として、ありうることである。ただ開浦院関係の法隆寺文書も、施鹿園寺について触れるところがない。従って移建に関し、古い史料に確かな裏付けを得られないのは遺憾であるが、『古今一陽集』の撰者の良訓は人も知る学僧であり、引用された元亀三年の棟札を疑うべき理由は見出せない。またそこに記されていた内容も、その価値を一概に低く見るべきではなく、何らかの基づくところがあったと認めるべきであろう。

しかも、このように平隆寺と施鹿園寺を別寺としたとき、これまであった違和感が、完全に消失するのは看過できない。即ち『太子伝古今目録抄』には、前記のとおり、施鹿園寺が法隆寺の北山にあったとあるが、現在平群郡に所在する平隆寺を、法隆寺の北山に在りと表現するのは、あまりに地理的に隔たっていて、何としても不審である。これに引きかえ、その本堂が西里に移されたという伝えからは、施鹿園寺が法隆寺の近在にあったことが推測できよう。建造物の移建が、さほど遠隔地からなされるとは考えられないからである。また、百歩譲って、先の移建伝承が事実でなかったとしても、そのような伝承が生まれるからには、施鹿園寺が、ある程度、法隆寺の近在になくてはならないであろう。かくていずれにしても、施鹿園寺と平隆寺との関係は認めがたい。平隆寺を施鹿園寺と同一とする伝えは、鹿と犬との闘争譚の舞台が、中世以降、大和・河内を結ぶ交通路の北側、信貴山北山のあたりとされたため、それに付会されて生じたものと判断される。

四　法隆寺裏山の野山廃寺

そこで改めて施鹿園寺の所在地はどこかということになるが、想起されるのは、法隆寺の近傍に古い寺院の遺址が存在することである。かつて法隆寺の西北方、直線距離で一・七キロの山中で、奈良時代の古瓦を出土する遺跡が見つかり、仮に野山廃寺と命名されたことがある。[10]字白石畑にあるこの寺跡は、丘陵の頂上近くに立地している。斑鳩町の青少年野外活動センターを設置するための事前調査で発見され、本格的な発掘は行われなかった。そのため、一、二の台地状の部分や緩傾斜地に堂舎が営まれたと推測されるだけで、伽藍の規模や配置の詳細は明らかでないが、創建は遺物から八世紀前半と考えられ、一種の山地寺院であったことは確かであろう。斑鳩町文化財活用センター参事の平田政彦氏によれば、出土する軒平瓦の文様は、法隆寺で見つかったものと同笵であり、また、この遺跡で採取される瓦の年代は、平安時代を下限とするとのことである。法隆寺系の寺院であったことが類推でき、出土瓦の年代に関しても、先に想定した施鹿園寺の廃絶年代と矛盾しない。元来、法隆寺僧の山林修行のため、奈良時代に造営された寺院であったと推定できよう。

平隆寺が施鹿園寺に当たらないことは、すでに述べて来たとおりであるが、私は今のところ、この野山廃寺が施鹿園寺の跡として最も可能性の高い遺跡ではないかと考えている。「野山」は恐らく「堂山」が転訛したものであろう。ただ、平田氏らのように、瓦の検討から行基寺院と考える解釈もある。[11]幸いに機会に恵まれて野山廃寺が詳しく調査され、その実態が明らかになることを願ってやまない。

注

（1）奈良県立橿原考古学研究所編『平隆寺』（一九八四年）。
（2）保井芳太郎『大和上代寺院志』（大和史学会、一九三二年）。
（3）石田茂作『飛鳥時代寺院址の研究』（聖徳太子奉讃会、一九三六年）平群寺の項。寺名中の「恩」は「薗」「薗」に通じる。
（4）東京国立博物館編法隆寺献納宝物特別調査概報『古今目録抄』3・4（法隆寺献納宝物特別調査概報XXXⅦ・XXXⅧ、二〇一七・二〇一八年）。
（5）法隆寺編・飯田瑞穂解説『法隆寺蔵尊英本　太子伝玉林抄』下（吉川弘文館、一九七八年）。
（6）法隆寺昭和資財帳編纂所編『法隆寺史料集成』十三（ワコー美術出版株式会社、一九八三年）八一頁。
（7）東京国立博物館編『古今目録抄』1・2（法隆寺献納宝物特別調査概報XXXV・XXXⅥ、二〇一五・二〇一六年）。
（8）法隆寺にはこの寄進に関係する文書が伝えられており、寄進者が法隆寺西里の西川松太郎氏であったことも分かる。これらの情報については、法隆寺史編纂所の山内都氏から教示を得た。
（9）東野治之「平安仏教と子院の成立」（法隆寺編『法隆寺史』上、思文閣出版、二〇一八年）二六四頁以下。
（10）関川尚功「斑鳩町法隆寺字野山の奈良時代寺院址」（『青陵』六七号、一九八八年）。
（11）平田政彦・白木原僚太「斑鳩町法隆寺白石畑地区において採集された瓦について―奈良時代の斑鳩における山岳寺院的様相についての予察―」（『斑鳩文化財センター年報』九号、二〇二〇年）。

聖武天皇の伊勢国行幸
―遷都と大仏造立への一階梯―

一　はじめに

天平十二年（七四〇）十月二十六日、聖武天皇は、藤原広嗣の謀反を平定するため九州に出征中の将軍、大野東人らに、「朕、意う所有るに縁りて、今月の末、暫く関東に往く。其の時に非ずと雖も、事已むこと能わず。将軍、之を知りて、須らく驚き怪しむべからず」と勅して、東国への行幸に出発した[1]。その後、二か月余りの旅を経て、天皇は出発地の平城宮には戻らず、山背国の恭仁に至って遷都を宣言し、翌天平十三年の正月をそこで迎える。周知のとおり、これを契機に奈良朝の歴史は、天平十七年の平城還都まで、激動の時期を迎えることとなった。かつて北山茂夫氏は、広嗣の乱に狼狽した天皇が、東国への逃避を試みたと考え、これを聖武天皇の「彷徨五年」と名付けたが[2]、この評価は研究者にも広く受け入れられ、その影響は今に至るも根強い。確かに『万葉集』には、「大宰少弐藤原朝臣広嗣の謀反して軍を発すに依りて、伊勢国に幸したまひし時に」として、この行幸にまつわる和歌が収録されている[3]。

しかし近年、この見方にも見直しの動きが現れてきた[4]。評価の転機となったのは、滋賀県大津市の膳所城下町遺跡における大型掘立柱建物跡の発見である。この建物群は、時代や所在地から見て、聖武天皇の行幸に使用された頓宮跡と推定され、行幸がかなり前から準備した上での行動であった可能性が高くなったからである。現在、行幸は計画、準備されたもので、広嗣の謀反に慌てふためいた天皇の脱出行ではなかったというのが共通理解となって来ているが、本稿もそのような視点に立って、改めて行幸の経過と意義を検討し、その後に続いた遷都や大仏造立との関連を明らかにしようとするものである。

二 行幸の経過

最初に行幸の行程を簡単に振り返っておくと、天平十二年（七四〇）十月二十六日、天皇は冒頭に引いた勅を発して行幸の途に就き、次のような経路をたどって伊勢国に至った。

十月二十九日　堀越頓宮（大和国）
十月三十日　名張郡（伊賀国）
十一月一日　安保頓宮（伊賀国）
十一月二日　河口頓宮（関宮　伊勢国）

この河口頓宮での滞在は十日に及んだ。その後の日程は以下のとおりである。

十一月十一日　河口頓宮出発
十一月十二日　壱志郡（伊勢国）

十一月十四日～二十二日　赤坂頓宮（同右）
十一月二十三日　朝明郡（同右）
十一月二十五日　石占頓宮（同右）
十一月二十六日　当伎郡（美濃国）
十二月一日～五日　不破頓宮（同右）
十二月六日　横川頓宮（近江国）
十二月七～八日　犬上郡（同右）
十二月九日　蒲生郡（同右）
十二月十日　野洲郡（同右）
十二月十一日～十三日　禾津頓宮（同右）
十二月十三日　志賀山寺（同右）
十二月十四日　玉井頓宮（山背国）
十二月十五日　恭仁宮

先述のように、聖武天皇は伊勢から還京するのではなく、さらに足を伸ばして美濃、近江を経、十二月十五日、山背国の恭仁に至って、そこを都とすることを宣した。恭仁京の大極殿は未完成であったが、元正太上天皇や光明皇后も到着し、ここで正月を迎えた。その後、宮や京の造営が進むと、翌々年には、さらに新しい宮の地を求める動きが具体化してくる。

天平十二年の行幸を逃避行ではなく、明確な意図に基づく計画的な行幸と見る契機になったのは、先述した滋賀県での発掘調査結果であった。ここで検出された大型掘立柱建物を備えた施設は、具体的には天皇が十二月十一日から十三日にかけて滞在した禾津頓宮の跡と推定された。現在はその名称で滋賀県の指定史跡となっている。先の諸先学も認めるとおり、その造営には相当の日数を要したはずで、行幸計画が急遽思いつかれたものでないことは確かであろう。建物規模からみて、五か月以上前、夏ごろから、準備が行われたとする考えも示されている。

しかし、関係方面の夏季は、まさに農繁期に当たる。多くの民衆を駆使しなければならない建設工事を、その時期に設定することはあり得ないのではあるまいか。持統天皇が、その六年（六九二）二月に伊勢国行幸を提起した時、農繁期と重なる民衆の苦しみを挙げ、二度に亘ってこれを諫めた大三輪高市麻呂の行動（『日本書紀』同年二月、三月）は有名であり、『日本霊異記』（上巻二五縁）にも再話されるほど、のちまで語り継がれていた。農繁期の労役徴発は避けたとするのが妥当であろう。現に行幸の出発も、冬に入った太陰暦の十月になってからである。そうなると、行幸の計画は、早ければ前年十一年の冬ごろから、準備に入っていたと考えられる。この見通しは、恭仁宮建設の側からも支証されよう。恭仁宮の大極殿は、平城宮のそれを移したことが有名で、仮拵えの宮という印象が強いが、年末に天皇はじめ元正太上天皇や皇后が到着して正月を迎えたわけで、大極殿はともかく、居住のための諸施設は、すでにかなり整えられていたと考えねばならない。

三　行幸の目的

このように逃避行でないとすれば、行幸の目的はどこに存したのであろうか。まず確認しておきたいのは、これが漠然とした東国への行幸ではなく、伊勢国への行幸であったという点である。十月二十六日の勅に見える「関東」は「関の東」、即ち伊賀と伊勢の国境にあった川口関の東方の意であって、東国を指すわけではない。また、行幸に先立つ十月十九日には、行幸のために頓宮を整える造伊勢国行宮司が任命されているが[5]、これも行幸先を明示したものと解すべきであろう。『万葉集』も、挙げられた行幸の理由に問題があるとはいえ、明確に「伊勢国への行幸」とする。この行幸の目的が見えにくくなっているのは、帰途が往路とは全く異なり、しかも天皇が出発地の平城宮に戻らなかったことにある。すでに言われているとおり、帰途は壬申の乱における天武天皇の行軍路を、改めてたどる意味があったと考えられ、それは行幸の付属的な部分であって、本来の目的地は伊勢国であったとみてよいであろう。

そこで伊勢国での天皇の行動を見ると、まず関を越えて河口頓宮に十日間滞在する。この滞在が大きな意味を持っていたのではないかと思われるのは、『続日本紀』が「関宮に停まり御しますこと十箇日」と、河口頓宮での滞在日数を特記しているからである。他の頓宮でそのような記載はなく、ここにだけ出てくるのは、河口頓宮がやはり何か特に意味のある場所であったからであり、この頓宮に着いて直ちに行われた伊勢の神宮への奉幣が、今回の行幸における主要な関心事であったからであろう。『続日本紀』は、この奉幣について、河口頓宮到着の翌日、十一月三日条に次のように記す。

少納言従五位下大井王幷びに中臣、忌部らを遣わし、幣帛を大神宮に奉る。

この奉幣は広嗣に対する戦勝祈願とされることが多いが、乱が起こった直後、九月十一日には神宮に奉幣使が派遣されており、これこそ戦勝を祈っての奉幣使派遣と解されよう。しかもこの十一月三日、大宰府から広嗣捕獲の一報が届いている。その先後関係は明らかでないが、奉幣のことは捕獲の報告より前に記され、広嗣の乱との関りには全く触れるところがない。この奉幣には、戦勝祈願でもなく、報賽でもなく、別の特別な意味があったのであろう。奉幣使に少納言が選ばれているのも注意される。職員令に規定されるとおり、少納言は侍従の一員である。天皇の側近として、その意思を戴しての使いであったと見られる。

その使命について想起されるのは、かつて田中卓氏が提起した興味深い解釈である。[6] 田中氏は、『大神宮諸雑事記』に見える次の記述に着目した。

天平十四年辛巳十一月三日、右大臣橘朝臣諸兄卿、伊勢の大神宮に参入す。其の故は、天皇、御願寺を建立せ被る可きの由、宣旨に依りて祈り申さ被る所なり。而して勅使帰参の後、十一月十一日の夜中を以て、示現せ令め給う。天皇の御前に玉女坐し、即ち金色の光を放ちて宣わく

「本朝は神国なり。神明を欽仰し奉る可きなり。而して日輪は大日如来なり。本地は盧舎那仏なり。衆生は之を悟り、当に仏法に帰依すべきなり」と。御夢覚むるの後、御道心弥よ発し給いて、件の御願寺の事を始め企て給えり。

田中氏はこの記述を手掛かりに、伊勢行幸の目的は、大仏造立の可否を天照大神に尋ねることにあったと考えた。記事が『続日本紀』と二年のずれを持つことについては、天平十四年の干支は壬午であって、辛巳は十三年の干支であることを指摘し、係年は信頼できないが、十一月三日という遣使の日付や、神意の示現された十一日が、河口頓宮への二日到着、十一日出発という滞在期間に丁度一致することからすれば、これは十二年の行幸に関わる記事として間違いないとしている。橘諸兄がこの行幸に供奉していたことや、『大神宮諸雑事記』の天平十二年の条に、聖武天皇行幸の記事がないことも、間接的に年紀の誤りを示す傍証とした。

しかし、この説に関しては、これを全面的に肯定する研究者がなくはないものの(7)、そのまま認めるのはためらわれる。すでに一九五〇年代に発表されながら、稀にしか関説されなかったのは、『大神宮諸雑事記』の記載に著しく時代感覚の異なる用語が見えているからであろう。早くこの記事の信憑性を否定する説のあったことは、すでに田中氏も説いているが、たとえば御願寺という用語は平安時代になって一般化するし、教義上、同一とはいえ、盧舎那仏を大日如来とするのも、密教の流布した後であろう。天皇の意向を宣旨と呼んでいるのも、後世的な感が強い。ただ、田中氏の気づいた河口頓宮での滞在日数の一致は看過できない。『続日本紀』が、特にその日数を記しているのも、行幸の中心的な意義がこの間にあったことを示唆する。直接には遣使されなかったが、諸兄も随行していた。もっともそうであるからと言って、この滞在の目的が神宮へのうかがいにあったと証されるわけではないが、上記のとおり単なる戦勝祈願や報賽でないとするなら、他にいかなる目的が想定されるであろうか。細部はともかく、大仏の造立について神意を聞く目的があったとする『大神宮諸雑事記』の記事は、大いに尊重されてしかるべきものと思う。

これに関して参考になると思われるのは、約二十年後に起きた宇佐神宮の神託事件である。その端緒は、皇位継承をめぐり、和気清麻呂を遣わして八幡神の意向を聞こうとしたことにあった。周知のとおり、神話伝承上では仲哀紀などにも例があるが、重大事の決定に神意をうかがおうとする発想は、事実としても遡って聖武朝に、すでに胚胎したのではあるまいか。注目されるのは、今回の行幸や天平十年の伊勢神宮への神宝奉呈に際し、陰陽技術者の高麦太が加わっていることで、後年、神護景雲改元の契機となった瑞雲の出現（神護景雲元年〈七六七〉八月）に際し、神宮と陰陽寮がともに関係していることが思い合わされる。陰陽思想と神祇との接近も、前段階が存在したということであろう。

なお、大和を遠く離れた宇佐八幡の場合とは異なり、天皇が伊勢国の河口頓宮まで出向きながら、直接参詣しなかったことを問題とする向きがあるかもしれないが、奈良時代までの天皇と神祇との関係を考えれば、何ら問題ではない。かつて別稿でも扱ったが[8]、天皇は祭祀する立場ではあっても、自らは現人神であり、人間として神に仕える存在ではない。神社に対しても自身が参詣することはなく、使者を遣わして奉幣するのみで、神宮もその例外ではなかった。その使者に、今回の場合、侍従でもある少納言が選ばれているのは、やはり特別の意味があったのであろう。

以上のように、伊勢行幸の主目的は大仏造立計画に関する神意確認にあったと考えるが、そこで注目されるのが、盧舎那仏とそれを説く華厳経をめぐる動向である。聖武天皇の後半生を特徴づける盧舎那仏への信仰は、天皇・皇后が、この年、河内国の智識寺に行幸し、人々の合力で作られた盧舎那仏を拝して造立を思い立ったとされる（『続日本紀』天平勝宝元年十月九日条）。それは二月に行われた難波行幸の際であった可能性が極めて高い（『続日本紀』天平十二年二月七日条）。この信仰は、盧舎那仏について説く華厳経への関心につながったと見られ、その後、華厳経の講義が開設されるに至った。しかし、それまで華厳経の研究は盛んでなく、後に東大寺別当となる良弁が、新羅に留学した審祥を招いて東大寺の前身、金鐘寺で開講したのが端緒とされている。その年次については二説あり、平安初期に成った『円融要義集』や天長六年（八二九）成立の『華厳一乗開心論』では、この年天平十二年の春からとし、『東大寺要録』巻五に引く『東大寺華厳別供縁起』では、同年十月八日からという。(9)一方は知識寺行幸とほぼ同時、もう一方は伊勢国行幸の直前である。天皇自身、この講説を陪聴したわけではないが、内容は良弁を通じて伝えられたと言い、おそらくこれは天皇の意向を受けて行われたと考えてよかろう。天皇は伊勢国行幸の前から、華厳経に関心を持ち、盧舎那仏への認識を深めていたことは間違いない。後年開花する大仏造立の構想は、すでにこの時点で芽生えていたとして、少しも不自然ではないであろう。

四　その後の行程

前述のように、天皇は河口頓宮からは帰京せず、さらに伊勢国内を北上して美濃、近江へと向かう。十一月十四日に到着した赤坂頓宮以降の道のりは、おおむね壬申の乱時に天武天皇がたどったコースと同じであり、その行動を追体験する意図があったろうことは、すでに多くの研究者が論じてきたとおりであろう。従ってこれ以降については、特に詳述することは省略するが、最後の長期逗留となった赤坂頓宮での動向には興味深い点が含まれるので、それを見ておくこととしよう。

まず注意されるのは、随従した騎兵やその家族にまで及んだ大規模な叙位である。これは明らかにこの行幸に伴う論功行賞であり、行幸の主要な目的が達成されたことをうかがわせるに足る。しかも叙位記事に現れた人々をみると、改めてその充実した顔ぶれに驚かざるを得ない。皇親の筆頭には、後に皇位継承争いにも登場してくる智努王、塩焼王、道祖王がいるし、それ以外の貴族では、右大臣の諸兄と奈良麻呂父子、藤原南家の仲麻呂、北家の八束・清河、大伴祜信備等々、奈良時代後半の政局を彩った人々に事欠かない。当面の広嗣の乱で、広嗣から名指しの批判を受けた下道真備もいる。長期の行幸に年齢の高い人を選ぶことは難しかったという事情もあろうが、若手の実力者に昇叙の機会を与えるという意味も、想定されていたのであろう。将来の朝廷が移動したような観さえあり、今後を視野に入れた布陣であったと言えるのではあるまいか。

なお、広嗣の乱との関係で見落とせないのは、佐伯常人と阿部虫麻呂が供奉していたことである。

この両名は、先に大宰府に遣わされ、十月九日の板櫃川の戦いにおいて、対峙した賊軍に聖武天皇の詔勅を宣した人物であった。両名の帰京がいつであったか、語る史料はないが、板櫃川での捷報が平城宮に伝えられた十三日か、それよりあまり遠くない時点で復命していたものと思われる。広嗣の乱の勝敗を事実上決することになったこの捷報を得ての伊勢国出発であったとすれば、この行幸が「脱出」でなかったことは、いよいよ明らかと言わねばならない。この行幸に関わる研究は数多く、広嗣の乱に言及しないものはないにも拘らず、奇妙なことに、両人の参加と乱との関係に注意した研究はないようである。ただ、すでに早く久米邦武氏は、二人が大宰府から帰って参加していることを指摘しており、別に簡単ながら、恭仁遷都は広嗣の乱以前に定まっていたことも述べている[(10)]。慧眼と言うべきであろう。

また、直接叙位に関係しないが、元正太上天皇や光明皇后が行幸に参加していたとする研究者も少なくない。しかしすでに述べておいたとおり、この二人は年末に恭仁宮で合流したと見るのが正しいであろう。二人の随行をうかがわせる手掛かりとされているのは、『続日本紀』この年十二月十五日条の次の記事であろう。

皇帝前に在りて、恭仁宮に幸し、始めて京都を作る。太上天皇・皇后は後に在りて至る。

「前に在りて」「後に在りて」（原文「在前」「在後」）は、一見行幸の列の前後を言うようであるが、単に「まえに」「のちに」の意に過ぎない（釈大典『文語解』巻二）。これによっても、元正と光明が遅れて到着したことは明らかである。そのことはまた、関連して残された先述の『万葉集』の歌からも分かる。即ち河口頓宮で詠まれたという歌には、次のようにある。

河口の　野辺に廬りて　夜の経れば　妹の手本し　思ほゆるかも（巻六　一〇二九番）
妹に恋ひ　吾の松原　見渡せば　潮干の潟に　鶴鳴き渡る（同　一〇三〇番）

一〇二九番は大伴家持の歌で、京に残してきた女性を偲ぶ。一〇三〇番は天皇の御製で、この「妹」は皇后を指すと見るべきであろう。左注に言うとおり、一〇三〇番歌が詠まれた場所は朝明頓宮（『続日本紀』では朝明郡）と見るべきであろうが、いずれも親しい女性と離れて旅中にあることは明らかで、先の推定を裏付ける。

以上、見てきたように、天平十二年の伊勢国行幸は神意を聞くことを主目的とするもので、そのあと天武天皇のたどった道を追体験するものであった。肯定的な神意が示されることは予め予想されていたであろうが、それを踏まえて、恭仁を最終の到着地とすることも定められていたと考えられる。なぜなら、『続日本紀』天平十五年十二月二十六日条には、「初め平城の大極殿幷に歩廊を壊ちて恭仁宮に遷し造ること四年」とあり、たとえ「四年」が足掛け四年としても、恭仁宮の造営は、天平十二年の年末ではなく、半ばには始まっていたと見ておかしくないからである。恭仁遷都がやがて紫香楽宮の造営につながって行くことを考えるなら、この遷都は大仏造立の好適地を求めるための前段階であったと理解できる。天皇は大仏の造立と、それを具体化する土地への遷都を決意して、平城宮を後にしたと言えるであろう。

五　おわりに

以上、田中卓説を再評価しながら、聖武天皇の伊勢国行幸が持つ意味を改めて検討してきた。盧舎那仏の造立と遷都を既定方針化した上での行幸であったとすれば、この行幸は天皇の生涯を二分する画期的な意義を持つ。様々な災厄を経験した天皇が、盧舎那仏への信仰による国家の安定を選択し、仏に仕える現人神としての自覚をもって、後半生をその実現に捧げることとなったからである。これを促した具体的な要因としては、次の二つを挙げることができよう。一つは天平七年と九年に起きた疫病の大流行である。この内、九年の疫病が天然痘であったことは、まず間違いない[11]。広範な人的被害がもたらされただけでなく、天皇にとっては同じ血につながる藤原氏の四兄弟を一挙に失った。彼らが皇后の実の兄弟であることは言うまでもなく、夫妻の受けた打撃は一通りのものではなかったであろう。

第二の要因として見逃せないのは、長屋王の変の影響である。長屋王夫妻が冤罪によって死に追い込まれたことは、すでに天平十年に判明し（『続日本紀』同年七月十日条）、その子女には天平九年十月に叙位や昇叙が行われている（同書二十日条）。その時期は天然痘の流行時と重なっており、寺崎保広氏が看破したように、長屋王の祟りを恐れての措置と考えるべきであろう。[12] 行幸の終わり近く、十二月十三日に行われた志賀山寺への参詣も、第一、第二の要因と無関係ではなさそうに思える。志賀山寺はもとの大津京の西の山中にある崇福寺であるが、藤原氏四兄弟の一人で、かつて近江守であった武智麻呂が振興に努めた寺であり、また出土木簡によれば、長屋王家の助けを受けた寺でもあった。

これら二つの要因のほか、遡れば聖武夫妻の間に生まれた皇太子の夭折や、近くは身内から起きた広嗣の乱も念頭にあったかもしれない。いずれにしても、甚大な打撃や不安、恐れを解消すべく、仏教への帰依に大きく依存していくこととなったのであろう。

なお、最後に付言しておきたいのは、恭仁京や紫香楽宮の造営を、唐の複都制と結びつける説についてである。瀧川政次郎氏の高唱以来、[13] その見方は定論となった感があるが、それは頗る疑問ではなかろうか。複都制を奈良時代に当てはめる場合、平城京を長安に、恭仁・紫香楽を洛陽に比するのが一般的であるが、平城京と長安はまだしも、恭仁・紫香楽と洛陽とでは、共通して前に川が流れるとはいいえ、あまりに規模が違い過ぎる。恭仁・紫香楽は、現地を見れば明らかなように、ともに山の中の小天地に退くという気分が濃厚であって、到底物流や人的往来の要衝とは言えない。かつて私は、吉野宮や恭仁宮、紫香楽宮は、隋代以来、山間の平地に営まれ、寺院を併設した仁寿宮（唐の九成宮）のような離宮に範を求めた可能性を考えたが、[14] その考えは今も変わらない。複都制の概念を恭仁や紫香楽に適用するのは妥当でないことを再び指摘して、この小稿を終わることとする。

注

(1) 史料の引用は書き下し文とし、『続日本紀』の日付は干支を数字に置き換えたものを使用した。以下これに倣う。
(2) 北山茂夫『萬葉の時代』(岩波書店、一九五四年)。
(3) 『万葉集』巻六、一〇二九～一〇三六番。
(4) 森本公誠『聖武天皇』(講談社、二〇一〇年)、小笠原好彦『聖武天皇が造った都』(吉川弘文館、二〇一二年)、栄原永遠男『聖武天皇と紫香楽宮』(敬文舎、二〇一四年)。
(5) 造伊勢国行宮司という名称は、造営官司という印象を与えるが、前述のように実際の造営はすでに進捗していたとみるべきで、これは実際の使用に当たって必要なことを準備する官司であろう。
(6) 田中卓『神宮の創祀と発展』(神宮司庁教導部、一九五九年)、『田中卓著作集』四(国書刊行会、一九八五年)及び曽根正人編『論集　奈良仏教』四(雄山閣、一九九五年)に再録。
(7) 岡田登「奈良三彩小壺出土の多気町クツヌイ遺跡をめぐって—東大寺大仏造立と伊勢神宮—」(『史料』一六五号、二〇〇〇年)。
(8) 東野治之「現人神の出家」(『大和古寺の研究』塙書房、二〇一一年)。
(9) 堀池春峰「華厳経講説よりみた良弁と審詳」(『南都仏教史の研究』上、法藏館、一九八〇年)。
(10) 久米邦武『奈良朝史』(早稲田大学出版部、一九〇七年)。
(11) 細井浩志「疫病と神仏」(安田政彦編『自然災害と疾病』竹林舎、二〇一七年)。
(12) 寺崎保広「都を震撼させた長屋王の怨霊」(『歴史群像　最新古代史論』学習研究社、二〇〇九年)。
(13) 瀧川政次郎「複都制と太子監国の制」(『京制並に都城制の研究』角川書店、一九六七年)。
(14) 東野治之「隋唐の離宮と古代日本」(金子裕之編『古代庭園の思想』角川選書、二〇〇二年)。

称徳天皇はどこに葬られたか

一　はじめに

称徳天皇は、宝亀元年（七七〇）八月四日、その波乱に富んだ生涯を閉じた。称徳天皇が葬られた場所については、奈良市山陵町にある佐紀高塚古墳がその陵に治定されているが、同古墳は埴輪を持つ五世紀後半の古墳と考えられるところから、本来の称徳天皇陵ではないとする見解が極めて有力で、それが定説と言ってよい。しかし本来の陵となると、その兆域が、西大寺の寺域と密接な関係を有することは大方の認めるところではあっても、具体的に確定されていないのが実情である。これまで重ねられてきた諸家の研究によって、いくつかの案は示されているが、これを一歩進めて確実なものにしてみようというのが本稿の目指すところである。

二　『西大寺資財流記帳』の「山陵」

まず、当初の称徳陵について考察の基本となる史料を挙げれば、次のとおりである（原漢文）。

1　『続日本紀』宝亀元年八月四日条

従三位文室真人大市、（以下、七名略）従五位下太朝臣犬養、六位十一人を以て、御装束司と為す。従三位石川朝臣豊成、（以下、五名略）従五位下小野朝臣石根、六位已下八人、作山陵司と為す。従五位下石川朝臣豊人、外従五位下高松連笠麻呂、六位二人、作路司と為す。外従五位下佐太忌寸味村、外従五位下秦忌寸真成、判官・主典各二人、宮内・大膳・大炊・造酒・筥陶・監物等司各一人、養役夫司と為す。左右京、四畿内、伊賀、近江、丹波、播磨、紀伊等の国の役夫六千三百人を興し、以て山陵に供えしむ。

2　同右宝亀元年八月九日条

正五位下豊野真人出雲に従四位下、従五位上豊野真人奄智に正五位下、従五位下豊野真人五十戸に従五位上を授く。其の父、故式部卿従二位鈴鹿王の旧宅を以て、山陵と為す故なり。

3　同右宝亀元年八月十七日条

高野天皇を大和国添下郡佐貴郷の高野山陵に葬る。

4　宝亀十一年十二月二十五日『西大寺資財流記帳』縁起坊地第一

居地参拾壱町、右京一条三四坊に在り。東は佐貴路を限る〈東北角、喪儀寮を除く〉。南は一条南路を限る。西は京極路を限る〈山陵八町を除く〉。北は京極路を限る。

5　『延喜式』諸陵寮

高野陵〈平城宮御宇天皇、大和国添下郡に在り。兆域東西五町。南北三町、守戸五烟〉

1~3の史料で注意されるのは、山陵経営のために作山陵司が任命されてから埋葬に至るまでの期間が、わずかに十四日程度であったことである。全長一四〇メートルもある現在の称徳天皇陵が、このような短期間に完成されるはずはないとして、治定の不当が論ぜられることもあるが(1)、それは妥当でない。山陵造営のため、作山陵司や山作司が任命された八世紀の天皇・皇后・皇太后等の場合を調べると、元明・聖武・光仁・高野新笠・藤原乙牟漏の例では、八日から十八日の後に埋葬が行われていて、この期間そのものは平均的と言って差し支えない(2)。佐紀高塚古墳の新たな造営は不可能であろうが、もし既にあった古墳が改作、転用されたのであれば、十分可能な日数である。それよりも、当該古墳が称徳陵でないことを明確に示すのが、4『西大寺資財流記帳』(以下、『流記帳』と略称)の記事である。

4の記事をめぐっては、これまで様々な解釈が提起されているが、分注の「山陵」が称徳陵を指すことは疑いなかろう。即ち『流記帳』に示された西大寺の寺地は、右京の一条三坊と四坊の計三十二町から、一条三坊東北角の一町を引いた三十一町である。その他に「山陵八町を除く」という分注があるため、八町を除いた後の寺地が三十一町あったと考え、一条三坊と四坊の周辺まで広げて、当初の寺地を想定した研究者もあるが(3)、すでに指摘もあるとおり(4)、それは当たらない。なぜなら、そう解しては、寺地は「右京一条三四坊に在り」という記載自体が意味をなさなくなるからである。もし、当初三十九町の敷地があったのであれば、当然その範囲が条坊制に則って示されていなければならない。即ち八町の範囲は、寺地が三十一町と定まった後、山陵にかかるため三十一町から除かれることとなり、そのことを、いわば追記したのが「山陵八町を除く」という分注に他ならないと考えるべきである。大井重二郎氏が「除く」は「含む」の意であるとしたのは、矛盾する表現のようではあるが、この趣旨を述べたものと解される。

このように、山陵分八町が後から寺地より除外されたとすると、この山陵の造営は、西大寺の創建から、『流記帳』の作成された宝亀十一年（七八〇）までの間に行われたと見なければならない。舘野和己氏が論じたとおり、[5]この期間に山陵を営まれる人物として該当するのは、宝亀元年（七七〇）に没した称徳天皇だけである。さらに付け加えるなら、『流記帳』が単に「山陵」と称するだけでその名を明記していないのは、寺にとって自明の人物であったからで、即ち称徳天皇の山陵であったことを示すと考える。さもなければ、寺域が割かれることもなかったであろう。過去には大井氏のように、『流記帳』の「山陵」を誰の山陵か不明と考えた論者もあったが、その解釈は考慮しなくてよい。

次の問題は、その八町が西大寺の寺域内で完結するのかどうかである。大井氏などは、長承三年（一一三四）の大和国南寺敷地図帳案（諸寺々領注進案断簡）に「山丁」と書入れのある一条四坊北半の八町を山陵の地と限定する。しかしながら、「山丁」は単に山にかかる区画の意に過ぎないであろう。この説が疑問であることは、別に舘野氏も説かれているとおりである。なにより史料3の存在がそれを裏付ける。称徳天皇の山陵域内に故池田王の邸宅が入ったため、池田王の子らに叙位したというのであるが、その邸宅は西大寺の寺域外にあったはずであるから、寺域内の八町は寺域外に連なって兆域を形成したに違いない。また、すでに直木孝次郎氏が指摘していることであるが、[6]史料5『延喜式』に見える兆域が、十五町と広いこともそれを支証する。『流記帳』に見える条坊制の町と、『延喜式』に言う通常の面積単位の町は混同すべきでないが、兆域が単に八町で収まるものでなかったことは認めるべきであろう。

以上、これまでのことを踏まえ、改めて確認すれば、当初の称徳天皇の山陵は、西大寺の寺地を一部取り込む形で、その周辺に設定されたということになる。問題はその場所であり、節を改めてその検討を行うこととしよう。

三　称徳天皇陵と小字「高塚」

前節の結論は、概ね現在の研究者の共通理解になっていると言ってよいであろうが、いざその兆域をどこに求めるかとなると意見は分かれる。有力な見解としてまず検討しなければならないのは、兆域を西大寺の北ないし西北に求める説である。このような論の提唱者の一人、舘野和己氏は、史料3に現れる山陵の所在地に注目し、「佐貴郷」の範囲を追及している。添下郡の郷の分布から、郡の北から西にあったのは佐紀郷と菅原郷であるとし、佐貴郷（佐紀郷）は、現在も地名として残る奈良市佐紀町近くに求められると述べて、西大寺の寺地であった一条四坊の北半八町と、その北の平城京北辺坊八町の計十六町を山陵の兆域と考えた。これについては、十六町が『延喜式』の十五町と合わないとする直木氏の批判があるが、先にも触れたとおり、『延喜式』の十五町は条坊制の町とは異なるので、決定的な違いとは言えない。舘野説は、一説として十分に検討に値する。一方、井上和人氏も、やはり山陵の地を寺域の北方に考え、寺地や北辺坊の西北が山地にかかることを織り込んで、一条四坊北半や北辺坊四坊の大部分からなる不整形の地に求めている。西大寺の当初の寺地を、北辺坊を入れた形で広く想定する点を除けば、これもまた一説たるを失わないであろう。一条四坊北半と北辺坊四坊の南半に、京外の三町を加えて考える直木氏の説も、同傾向にある。

ただ、山陵の地を寺地の北に求めることには根本的な疑問がある。それは『流記帳』が山陵に関する分注を加えるに際し、それを「西限」の記事の下に置いているからである。この分注は、意味内容からすれば、寺域記載のどこに置かれても不自然ではないが、それが北限ではなく西限の注とされたのは、ことが寺地の西方と関わるからとしか考えられない。即ち山陵の兆域は、寺地の北ではなく西に展開していたと判断され、寺域内では一条四坊の西半の八町となる。寺地の西側が佐貴郷であったかどうか確認するすべはないが、佐貴郷が南の菅原郷までの間、平城京の北から西に跨って広がっていたと考えても、何ら問題ないのではあるまいか。また、山陵の域内に取り込まれた池田王の旧宅も、寺域の西にあったとして差支えはない。現在の西大寺の西北に、中世以来、称徳天皇御山荘跡と伝えられてきた場所があり、発掘調査で奈良時代の邸宅、庭園跡が見つかっている[7]。これを池田王の邸宅跡に擬する舘野氏の案も示されているが、それとても証拠があってのことではない。『本朝皇胤紹運録』が、称徳陵を「西大寺北也」とするのは、同書の最終的な成立が遅れることを考えれば、現山陵を指すと理解したほうがよいであろう。

このように見てきて、あらためて注目されるのが、西大寺の西に存在する小字「高塚」である（図

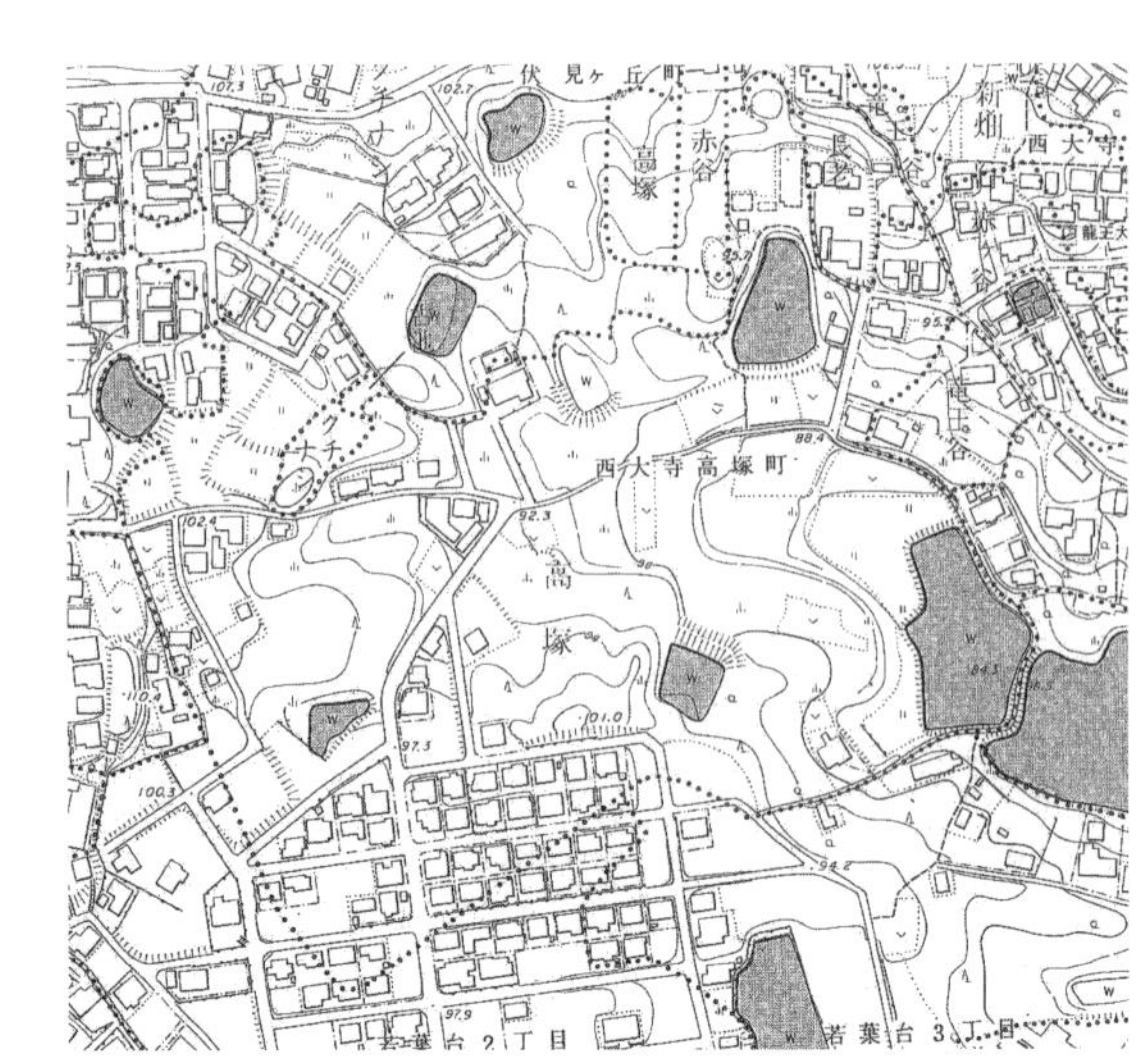

図1　小塚「高塚」（奈良県橿原考古学研究所編『大和国条里復原図』吉川弘文館、1981年による。縮尺約5500分の1）

1）。この墳墓を連想させる小字の存在は、早く上野竹次郎氏が指摘していたが[8]、本格的に立論したのは田村吉永氏であった[9]。田村氏は、西大寺の寺地の西部、平城京の西京極路に相当する南北線で切られる形で、小字「高塚」が存在するのは、称徳天皇山陵の北域の名残であると見て、これが称徳天皇山陵の元の所在地と考えた。田村氏は、一条四坊の西北寄り九町程度とその西方を北域と想定している。田村氏の論は、主として地名の遺存から着想されたもので、その限りでは説得力に乏しいとも見られようが、『流記帳』における分注の位置に注意するなら、史料的にも裏付けを持つといってよい。正確な範囲は、先述した寺域西辺の八町、及びその西方の数町（京外）と修正した上で、これを併せたのが北域と見るべきである。なお、井上説のように、山陵の占地を実際の地形に合わせて考えるかどうかは、議論の前提ともなる事柄であるが、平城京域や西大寺の寺地自体、そのような条件は考慮せず機械的に設定されており、山陵につい

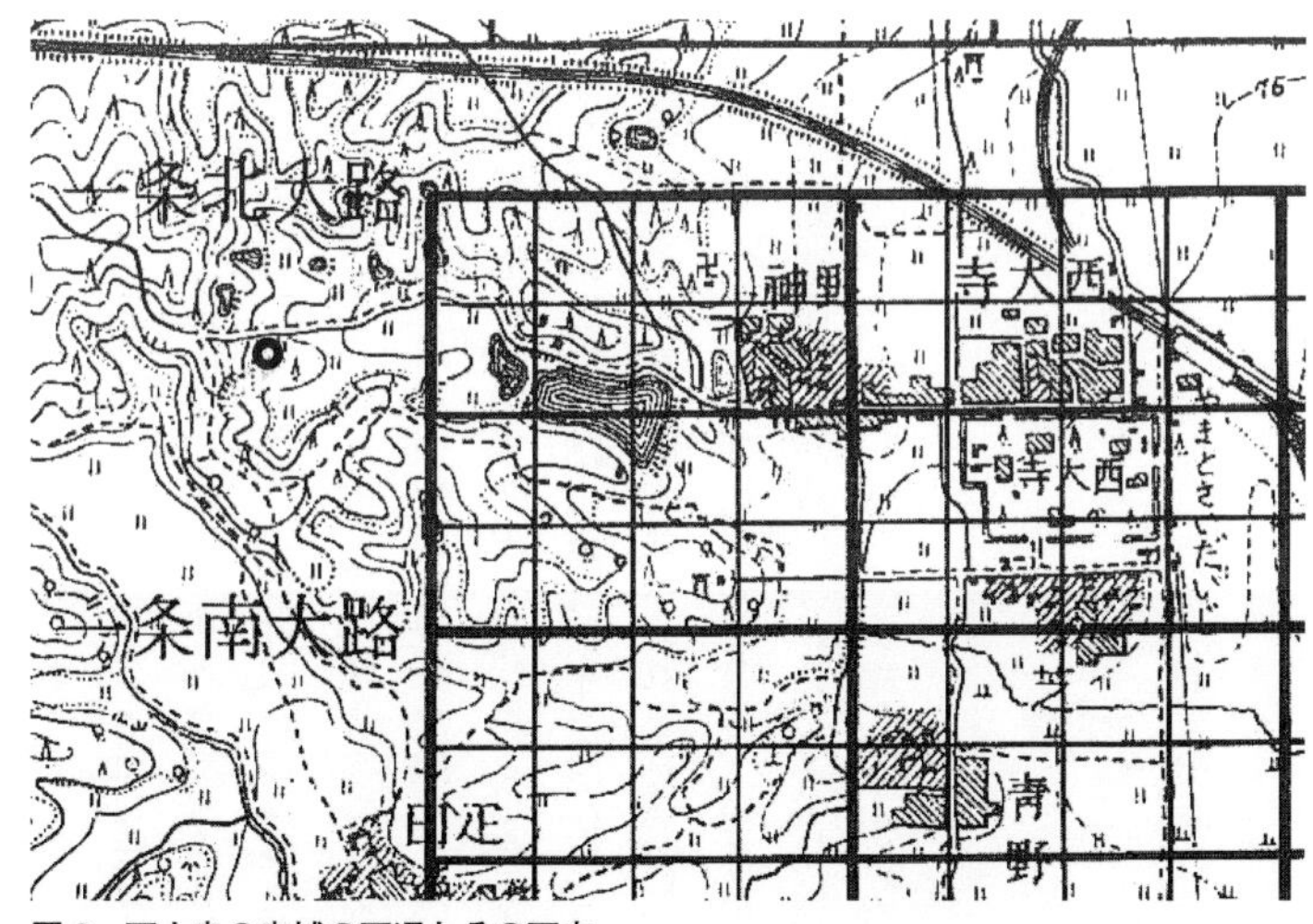

図2　西大寺の寺域の西辺とその西方

（大井重二郎注4前掲書附図「平城京条坊と大和条里図」による。地形図の年代は大正末年。○印は高塚の小丘〔鷹塚地蔵尊祠〕。縮尺約14700分の1）

ても同様と考えてよい。

開発が進んだものの、今も「西大寺高塚町」の中央には標高二十メートル弱の小丘があり、この辺りが称徳天皇陵の中心部であった可能性を、改めて考えてみるべきであろう。一体、これまでの研究を振り返って感じるのは、なぜ『流記帳』における分注の位置が問題にされなかったのかという点と並び、どうして候補地の地形がほとんど考慮されてこなかったのかという疑問である。北域の範囲を、西大寺の寺地の北部から北方に求める説が有力なことは先に見たとおりであるが、その辺りは現地形からもある程度推し量れるように、西ないし西南から小丘陵が複数張り出して小さな谷や低地を作っており、東に向かって傾斜する地形となっている。このことは、開発以前の旧地形を見れば瞭然である（図2）。前記御山荘跡の調査で平安初期の小規模な火葬墓が発見されているとはいえ、一条四坊の北半や北辺坊四坊の南半などで、山陵にふさわしい広い用地を見出すことはほぼ不可能である。この観点を導入して考えるならば、小字高塚の微高地を措いて、山陵に適当な地はありえないと言っても過言ではない。

ここで一言しておきたいのは、この高塚の地が古墳ではなかったかという直木氏の意見についてである。上述の小丘の周囲、字の境界をたどると、あたかも西向きの前方後円墳のような図形が浮かんでくる。しかし、古い地図に現れた地形に照らせば、古墳にふさわしい起伏は見いだせず、古墳とは考え難い。従って山陵が古墳を転用して営まれたと見ることはできないと判断される。

また、先の御山荘跡の西に接する旧伏見村畑山（畠山とも。現西大寺宝ヶ丘町）から開基勝宝三十一枚が出土しており、直木氏はこれを称徳陵に納められた厭勝銭かと推定するが、前述のとおり出土地は兆域外で、しかも伴出遺物を含め火中の痕跡があり[10]、副葬品と認めるのは困難である。通説[11]のようにここを鋳造ないし鋳銭遺跡と見ると、見つかった金銀の遺物は原材料として集められたものとなるが、開基勝宝がヤスリがけした完成品ばかりで、失敗作を含まないのは疑問であろう。出土品の種類が全体として鎮壇具や舎利荘厳具に通じることに着目すれば、西大寺の堂塔の屋上などに納置されていたそれらの品が火災に遭い、不祥として廃棄されたと考えるのも一案ではなかろうか。出土層位が黒灰色というのも、火災との関連を示唆する。西大寺の西塔跡では、基壇から開基勝宝や神功開宝等が出たことから、地中に舎利荘厳具が埋められたと考えられるが、『流記帳』からは、薬師金堂の大棟中央に、金銅製の火炎を置き、その中に、蓮台に載った茄形の置かれていたことがわかる。近時発見された当麻寺東塔上の舎利容器などを想起すれば、西大寺の堂塔の上部に荘厳具等があったと見ても、全く無稽の想像とは言い切れないであろう。

さて、本来の山陵がいつ現在の地に変更されたのかは、これを語る史料がない。少なくとも十三世紀、西大寺と秋篠寺の所領争いに関係して作成された幾つかの古絵図に、現在の称徳天皇陵が「本願御廟」として現れてくる以前に、本来の山陵は退転していたと考えられるだけである。その間どのような事情があったかは全く不明であるが、中世の西大寺が北方への所領拡大を目指していることを考慮すると、あるいはこの目的と絡む意図が働いた可能性も否定はできないであろう。即ち西方にあった山陵を北東に比定し直すことで、西大寺本願ゆかりの地が北方に広がっていたことを示す狙いがあったのではなかろうか。前述した本願天皇（称徳）の御山荘跡なるものが現れてくるのも、現存史料の限りではあるが、やはりこれらの絵図が最初であるのも注意されよう[12]。もし「高塚」という呼称が早くから生じていたとすれば、同じ名前を持つ「佐紀高塚」古墳は、山陵を移すのに好都合な墳墓とみられたかもしれない。天皇陵の歴史の上でもかなり早い時期に、称徳陵の場所が変化したことについては、こうした事情も含んで考えていく必要があると思う。

四　おわりに

称徳天皇の山陵が当初どこにあったのかを巡り、これまでの諸説を顧みながら検討した結果、その兆域が西大寺寺域の西辺から西方に亘っていたと考え、埋葬地を小字高塚の地に比定するのが妥当と判断した。先述の小丘の頂上に立つと、東方には三笠山、東大寺に至るまで広々とした眺望が開け、眼下正面には平城宮跡や天皇勅願の西大寺を望むことができる。[13] 称徳天皇の眠る地として、これほど打ってつけの場所は、他に考えられないと言えよう。

思えば、称徳天皇のような比較的新しい天皇の山陵について、当初と異なる治定がなされているにも拘らず、原所在地や変化の経緯が今日に至るまで未解明で来たのは驚きであるが、天皇陵に関わるだけに、踏み込んだ論議が避けられてきた嫌いがあるように思われる。田村吉永氏は戦前にこの問題に関して、口頭での発表を行いながら、論考としての詳しい発表は、「事皇陵に関するの故を以て」差し控えたという。[14] そのような自主規制が不必要となった現在、その解明のための検討は一層深められねばならず、この小文がいささかでもその作業に役立つことを願って、筆を擱くこととしたい。

注

（1）原田憲二郎「称徳（孝謙）天皇陵（佐紀高塚古墳）」（水野正好ほか『「天皇陵」総覧』新人物往来社、一九九三年）。

（2）天平宝字四年（七六〇）六月七日に没した光明皇后に関しては、その埋葬の日付干支「癸卯」が六月に存在しないことから、新日本古典文学大系（岩波書店）の『続日本紀』三では、「七月癸卯（十六日）」の可能性を唱えるが、そうなると埋葬まで一月以上を要したことになる。しかし、他の諸例から見るとその解釈は疑問で、むしろ『日本紀略』や『扶桑略記』の干支「乙亥」（六月十七日）を採るべきであろう。

（3）田村吉永「称徳天皇高野陵考」（『史蹟と美術』二四六号、一九五四年）、井上和人「平城京右京北辺坊考」（佐藤信編『西大寺古絵図の世界』東京大学出版会、二〇〇五年）。以下、井上氏の所説はこの論文による。

（4）大井重二郎「京北条里の起点と大和国添下郡京北班田図について」（『平城京と条坊制度の研究』初音書房、一九六六年）。以下、大井氏の所説はこの論文による。

（5）舘野和己「西大寺・西隆寺の造営をめぐって」（注3前掲佐藤信編『西大寺古絵図の世界』）。以下、舘野氏の説はこの論文による。

（6）直木孝次郎「称徳天皇山陵の所在地」（『応神天皇と日本古代史』塙書房、二〇一五年。二〇〇六年初出）。以下、直木氏の所説はこの論文による。

（7）奈良国立文化財研究所編『平城京右京一条北辺四坊六坪発掘調査報告』（一九八四年）。

（8）上野竹次郎『山陵』上（公文書院、一九二五年。一九八九年、名著出版復刻）。

（9）田村吉永注3前掲論文。

（10）偶然の発見であるため詳細な報告はないが、石田茂作「開基勝宝等発掘現場視察概報」（『考古学雑誌』二八巻三号、一九三八年）のもとになった同「開基勝宝等発掘概報」（東京帝室博物館蔵、未公刊）がやや詳しい。

（11）山川均「西大寺畠山の開基勝宝」（『出土銭貨』一四号、二〇〇〇年）など。

（12）橋本義則「古代の文献史料と「称徳天皇御山荘」」（『平安宮成立史の研究』塙書房、一九九五年）。

（13）高塚の地を、地図上で知るのみで訪れたことがなかった筆者に、その立地環境を教示された西大寺の佐伯俊源清浄院主と、現地踏査に協力下さった武智功・真弓夫妻に感謝する。

（14）田村吉永「西大寺の居地」（『大和志』八巻一〇号、一九四一年）。

遣唐使に見る日本の対外交流

本稿は、二〇二〇年正月十四日に行われた講書始の儀において、御進講した原稿の全文である。ふりがなも元の原稿のままとした。この文章は、宮内庁のホームページから閲覧可能であるが、原文には、その性質上、記述の根拠は示すことができなかった。ここに注と挿図を付して公表しておきたいと思う。テーマの選定は進講者に委ねられていたが、約十五分で読み上げられる分量で、単に研究成果の紹介にとどまらず、研究の背景となる基礎知識や、学説の発展の歴史的な経過、今後の展望なども述べるよう要請があり、それに沿う形でまとめた。原稿は、進講者控に内定した二〇一八年十二月上旬に提出したが、進講者として本年の講書始に臨むにあたり、二〇一九年末にごく少字数の加筆を行っている。

日本の歴史が様々な外国の文化を取り入れながら今日に至ったことは、改めて申すまでもない事実ですが、古代の日本において主要な通路となったのは、唐に派遣された外交使節、遣唐使でした。本日はこの遣唐使について私の研究を振り返り、その歴史上の意義を述べさせていただきます。

まず始めに遣唐使の歴史について概略を申し上げますと、大陸との直接的な外交が、約百五十年ぶりに隋との間で復活した後を受けて、舒明天皇二年（六三〇）に第一回の遣唐使が派遣されました。

その後、承和五年（八三八）に最後の遣唐使が出向くまで、ほぼ二百年にわたり前後十六回の使節が渡航しています。この二百年は、使節の性格によって三つの期間に分けることができます。第一期は七世紀の末までで、日本（当時は倭と称していました）が朝鮮半島を巡って唐や新羅と対立し、遂に日本の敗戦によって使節派遣を取りやめる時期です。この時期の使節は、朝鮮半島を経由する航路をとり、船は二隻、二百人ほどの規模でした。

このあと約三十年の空白を置いて、大宝二年（七〇二）に派遣が再開され、以前とは違って良好な関係のもと、留学者の派遣や文物の輸入を通じて、唐文化が大きな影響を与えます。航路は東シナ海を横断するように変わり、船も四隻に増え、五百人から六百人が渡るようになりました。それが八世紀の終わりごろまで続く第二期です。第三期は、それに続く九世紀前半で、短期の留学者が増え、使節の派遣間隔も間遠になり、派遣計画も実行されないまま、遂には断絶状態となってしまいました。こうした経過からは、人の交流を介して唐の文化を受け入れた八世紀までの状況が、次第に物の輸入中心に変化した様子を読み取ることができます(1)。この間、最近も留学生下道真備の書いた墓誌が中国で出て、話題となったように、様々なドラマがあったことでしょう(2)。

このように遣唐使の派遣は国家的な大事業だったわけですが、その研究が盛んであったとはいえません。戦前に木宮泰彦氏や筑波藤麿氏による基礎的な優れた研究(3)が蓄積されたこともありますが、特に戦後は低調な時期が続きました。戦前の業績を利用した森克己氏の通史(4)が出た後は、ほとんどそれが踏襲されたと言ってよいでしょう。

私は研究者となった早い頃から、外国文化の受容の歴史に関心があり、遣唐使の研究も少しずつ進めてきましたが、その過程で、このように重要な研究テーマであるにもかかわらず、なお基礎的な事実が明らかになっていないことに気づきました。[5] 既に調べ尽くされたと思われていたためでしょうが、中国や仏教関係の史料など、埋もれているものが少なからずあり、それらを使って新しい事実を掘り起こすことに努めました。今日のように様々な文献検索の手段が整う前であり、大部な書物を目的無くめくってゆく根気強い作業が必要でした。

その結果分かったことを、三つ挙げさせていただきます。その第一は、唐との外交関係が、初期を除いて基本的に日本からの朝貢であったことです。[6] それまでの通説では、一部に異論はあっても、日本は隋や唐に国書を持参せず対等の関係を貫いたとされていました。しかし私は史料を見てゆくうち、『唐決集』という書物の中に、九世紀初めの唐の僧侶が、日本からの留学僧に便宜を図ろうとして、唐の地方長官に提出した手紙があるのを見つけ、通説の誤りに気付きました。その僧侶は、中国仏教の聖地の一つ、天台山にいた維蠲（ゆいけん）で、日本の円載（えんさい）が帰国するに当たり、希望する書物を持ち帰れるよう、その許可を願い出ます。維蠲はその中で、日本は唐の文化を手本にし、二十年に一度朝貢する約束を結んでいると述べています。一定の年月を隔てて中国皇帝に挨拶に行く制度を年期制と言いますが、日本と唐の間には、二十年に一度朝貢するという年期制が存在したわけです。その始まりは不明ですが、遣唐使の派遣状況を見渡すと、八世紀初め、遣唐使の派遣が三十年ぶりに再開された後は、大体十数年に一度の派遣間隔となっています。おそらく再開後初めての大宝二年の遣唐使が、唐に敵対せず臣下として仕えていくことを明確にするため、こういう取り決めを行ったのでしょう。その結果、第二期以降は、唐と日本との関係が極めて円滑で、当時繁栄した唐の国際色豊かな文化が、日本に流入することとなります。もちろん日本が唐に朝貢したと言っても、実際に唐の政治的な影響が及んだわけではありません。これは唐を中心とする国際秩序に入っていくため必要な方便であり、国内では天皇を皇帝・天子と位置づけていたことからも明らかです。いわば名を捨てて実をとったということです。中国歴代の王朝は、自らを文化の中心とし、周辺の地域や民族を野蛮人とみなして朝貢を求めました。これを認めなければ、唐との円満な外交関係も成り立ちませんでした。

さて、史料を尋ねて分かった第二の点は、遣唐使の唐での行動です。[7] それまでこの方面の研究に主として使われてきたのは、九世紀前半に留学した僧侶、円仁の日記でした。しかし、十一世紀初めに宋で編纂された『冊府元亀』という書物には、八世紀の遣唐使を巡る唐の朝廷の記録が引用されています。たとえば唐に渡った養老元年（七一七）の使節は、唐で外交を管轄した鴻臚寺という役所を通し、孔子を祭る廟や仏教・道教の寺院の見学を申し出ました。外国人が唐の国内を自由に旅行することは禁じられていたからです。朝貢を理由に上京した使節一行は、その点を生かして旅行の許可を得、あわせて都の市場での買物を許されています。このように、政府同士の交流でしか認められない文化輸入の道が開かれたのです。

次に従来埋もれていた第三の史料は、音楽関係の留学者に関わるものです。[8] 日本の中世にできた雅楽の書物『教訓抄』を見ていて、唐の楽曲や舞を学んで帰った留学生の名前や事績に出会いました。音楽や舞踊こそ実地の研修がぜひとも必要なわけで、遣唐使による留学が利点を発揮したと思います。これらの記事は、『教訓抄』の著作年代からすると、はるか昔のことになりますが、その道の家々に大切な情報として伝えられてきたのでしょう。ある曲を舞とともに学んだものの、唐から帰る途中に舞の手を忘れてしまったというような記事もあります。留学による技能習得の状況が具体的に知られるばかりでなく、留学生の無念さがしのばれて胸を打ちます。

こうした日本と唐との親密な関係を念頭に置きますと、日本という国号の成立事情もよく理解できます。[9] 日本国号が定まる前、倭が国号であったことは周知のとおりです。日本国号の成立については、戦前まで多くの研究がありましたが、戦後はそれがほとんど途絶えていました。この問題に関しては、これまであまり注目されてこなかった史料を評価し直す必要があります。それは唐の張守節という人物が著した司馬遷の『史記』の注釈書、『史記正義』に見える記事です。彼は唐の開元二十四年（七三六）にできたその注釈で、則天武后が倭の国号を日本に改めさせたと書いています。これは唐から見た表現で、実際には中国の正史にもあるとおり、倭が日本への改号を願い出たのでしょう。朝貢国が国号をどう名乗るかは、後世まで中国皇帝の承認が必要でした。日本への改号は、倭が中国風に好ましい国名を望んだ結果ですが、これは自分たちが中国中心の世界の中で、東の端にあることを認めたことになり、唐を満足させる効果もあったはずです。則天武后は大宝二年の遣唐使と洛陽で会見しています。この国号が承認されたのは、その時だったと判断できます。日本国号が国内の史料で確認できる最初は、大宝元年制定の大宝律令ですから、律令国家の完成に合わせて、この国号が定められたと見るべきでしょう。なお、「日本」という言葉自体は、朝鮮半島や日本列島を指す言葉として、東アジアで少なくとも七世紀末から使われており、それを国号に取り入れたものと考えられます[(10)]。

このように、遣唐使の研究に携わって来て、今さらながら感じますのは、日本が唐の文化を丸ごと摂取するのではなく、自国にとって有用と判断したものを取り入れていることです。遣唐使の時代、世界的な文明大国であった唐の文化は、古代の日本にとって政治や制度を含め、あらゆる面で学ぶべき存在でしたが、日本はそれを無条件で受け入れたのではありませんでした。たとえば宗教や思想の面では、周知のとおり、仏教の受け入れには極めて熱心でしたが、唐で栄えた道教には冷淡で、道教の僧尼（道士・女冠）を備えた道教の寺院、即ち道観は、遂に日本には入りませんでした。取り入れられたのは、道教の一部であった各種の呪いに過ぎません。道教の祖とされた老子は、唐では帝室の祖先とされていました。従って道教を完全な形で受け入れれば、唐の皇帝の祖先崇拝を持ち込むことになりかねません。日本の為政者は、それを心配したのでしょう[(11)]。

一方、受容した文化要素にも、見逃せない特色があります。たとえば中国語も当然受容の対象となりましたが、それは主として書き言葉でした。唐の都の発音は、日本の漢字を読むときの漢音として定着したものの、話し言葉はほとんど受容されていません[(12)]。遣唐使で渡った人々も、多くは会話ができず、一行の中の通訳がそれに当たりました。筆談をした結果、文章や文字の立派さを称賛された渡航者は少なくありませんが、それは、いわば怪我の功名というべきです[(13)]。遣唐使の時代は二百年も続いたのに、その間、唐やその他の外国から来日した人は、むしろ少数であり、それでは会話能力を必要とする環境は生まれません。延暦十八年（七九九）、南方から参河に漂着した異国人があり、その素性が分からないので、在留の中国人に尋ねて、始めて東南アジアの人だとわかったという事件などは象徴的です[14]。

こうして日本は、唐から地理的に隔たっている条件を生かし、留学者が手に入れた情報や、輸入された書物をはじめとする文物を消化することで、極めて効率的に独自の文化を形成しました。中国文化圏の周辺にありながら、朝鮮・韓国やベトナムのように、人名や地名まで中国風にしてしまわなかったのも特徴的です。それどころか、九世紀には周辺民族のどこよりも早く、仮名という独自の表音文字を漢字から生み出しました[15]。しかも人の交流は、日本から出かける以外は活発でなかったので、外国人が大規模に移住してくることで起こる文化や宗教上の摩擦は、皆無でした。九世紀の前半以降、唐の品物を載せた貿易船が大陸から頻繁に来航するようになり、文物の輸入に道が開けると、留学の意味が薄れた日本にとって、遣唐使を派遣する必要性は低くなります。寛平六年（八九四）に企画された派遣計画は、こうした情勢の下、衰えた唐の治安への懸念もあって実行されずに終わりました。このように外国との関係を自由に切り替えられるのは、地理的な条件に恵まれた日本ならではの特色と言わねばなりません。

遣唐使時代に、唐から日本文化の骨格となる要素を吸収した日本は、その後も必要とするものを選び取る姿勢で外国と接し続けました。中国との間には、室町時代の一時期を除き正式な国交がなかったこともあって、大陸を実地に見た君主や公卿、将軍はなく、官人や大名もほとんどいません。(16) その必要がなかったのは幸いだったと言えるでしょう。ただ今日、交通や情報通信手段の目覚ましい発展によって、かつてのような地理的条件による有利さは享受できなくなりました。改めて遣唐使の時代を顧みて、日本の対外交流の特徴に思いを致すことは、いわば我々の成育歴を認識する意味で無益ではなかろうと思います。

注

（1）東野治之『遣唐使』（岩波新書、二〇〇七年）。

（2）閻焰『日本国朝臣備書丹 褚思光撰文 鴻臚寺丞李訓墓誌考』（文物出版社、二〇一九年）。因みに、この墓誌は唐代の墓誌として何ら不審はなく、「日本国朝臣備」も、下道真備以外に該当する人物は考えにくい。『新唐書』日本伝によれば、留学生の一人が、鴻臚寺で四門学の助教趙玄黙から受講したとあり、この留学生が真備とされているが、李訓と真備との縁は、あるいはこの時に発するのかもしれない。ただ、李訓が鴻臚寺の丞となった年月は不明である。なお、本書第二章、「吉備真備書李訓墓誌と楊貴氏墓誌」参照。

（3）木宮泰彦『日支交通史』（金刺芳流堂、一九二七年）、筑波藤麿（藤麿王）「日唐通交とその影響」（『寧楽』一〇号別巻、一九二八年）、同「日唐関係」（『岩波講座日本歴史』一九三三年）。

（4）森克己『遣唐使』（至文堂、一九五五年十一月）。この著作に使用された基礎的な情報は、注3前掲の木宮氏の著書を超えていない。森氏の著書に僅かに先立ち、同年七月に木宮泰彦『日華文化交流史』（冨山房）が刊行されているが、この書は注3前掲書の増補版である。

（5）東野治之「天平十八年の遣唐使派遣計画」（『続日本紀研究』一五五・一五六合併号、一九七一年）、同「天平十八年の遣唐使派遣計画補遺」（同一五七号、同年）。いずれも『正倉院文書と木簡の研究』（塙書房、一九七七年）に再録。これらは、私が公表した最も早期の遣唐使関係の文章であるが、そこでは天平十八年（七四六）に、実行には至らなかった派遣計画のあったことを指摘した。

(6) 東野治之「遣唐使の朝貢年期」(『遣唐使と正倉院』岩波書店、一九九二年。一九九〇年初出)。

(7) 東野治之「遣唐使の文化的役割」(同右。一九七九年初出)。

(8) 東野治之「『教訓抄』の遣唐使関係史料」(同右。一九八七年初出)。

(9) 東野治之「日本国号の研究動向と課題」(『史料学探訪』岩波書店、二〇一五年。二〇一三年初出)、同「ヤマトから日本へ」(本書第一章、二〇二〇年初出)。

(10) 東野治之「百済人祢軍墓誌の「日本」」(注9前掲『史料学探訪』二〇一二年初出)。祢軍の墓誌に見える「日本」を根拠に、日本国号が七世紀代から使用されたという説を依然として見かけるが(注2前掲書もその一例)、同墓誌では、この拙稿でも述べたとおり、他に王朝名や国号は一切使用されておらず、「日本」のみを国号と解するのは困難である。

(11) 東野治之「遣唐使の文化的役割」(注7前掲)、同『遣唐使船』(朝日選書、一九九九年)。

(12) 東野治之「上代文学と敦煌文献」(注6前掲『遣唐使と正倉院』。一九八七年初出)、同『遣唐使船』(注11前掲)第四章。

(13) 東野治之「書と筆談」(『書の古代史』岩波人文書セレクション、二〇一〇年)。

(14) 東野治之「香木の銘文と古代の香料貿易」(注6前掲『遣唐使と正倉院』一九八七年初出)、同「朝霞錦考」(同上)。

(15) 東野治之「古代の文字世界」(注13前掲、一九八六年初出)。

(16) 注1前掲『遣唐使』終章「日本文化の形成と唐文化」。

遣唐使出発地の古代地名
―美祢良久と美弥良久―

五島列島福江島の北端にある三井楽の地は、奈良平安時代の文献に見える海上交通の要地、美祢良久（みねらく）[1]に相当し、都から遠隔の場所であるにも拘らず、歌枕としても伝えられてきた。二〇一四年、この一帯が「三井楽（みみらくのしま）」として国の名勝に指定されたのも故なしとしない。名勝指定に際して、中世の和歌に詠まれた「みみらくのしま」が指定名称に生かされたのは、歌枕であることもさることながら、「みみらく」が現地名の三井楽と類似し、美祢良久を正面に据えるよりも、その関連を容易に想起させるからであろう。時代を経るにつれて地名は変化することが多く、この場合、歴史的な古代の地名がそのまま指定名称に反映されなかったのも無理はない。

しかし翻って考えると、現在定説となっている美祢良久という名称には、全く問題はないのであろうか。実は現在正しいとされている美祢良久も、かつては美弥良久（みみらく）とされていた時代があった[2]。それが美祢良久に改められるようになったのは、次のような理由からである。

まずこの地のことが記された古い史料としては、『肥前国風土記』（松浦郡値嘉郷）と『万葉集』巻十六、三八六九番歌左注が挙げられる。

1 『肥前国風土記』（松浦郡値嘉郷[3]）

遣唐之使、従此停発、到美祢良久之埼〈即川原浦之西埼、是也〉、従此発船、指西度之

（遣唐の使、此停より発し、美祢良久の埼〈即ち川原浦の西の埼、是なり〉に到り、此より船を発し、西を指して度る）

2 『万葉集』巻十六、三八六九番歌左注[4]

自肥前国松浦県美祢良久埼発舶、直射対馬渡海

（肥前国松浦県美祢良久埼より舶を発し、直ちに対馬を射して海を渡る）

この文中の「美祢良久」について、全ての写本が「祢」に作り、「弥」とするものはない。『肥前国風土記』はいわゆる古風土記の一つで、奈良時代前半の成立と見られるし、『万葉集』のこの歌についても、歌の詠まれた奈良時代前半の表記かどうかはさておいても、『万葉集』成立の八世紀を降る表記ではない。従って奈良時代の地名は美祢良久であったことになる。

その後、平安時代に入って、次の二つの史料がある。

3 『続日本後紀』承和四年（八三七）七月条[5]

遣唐三个舶、共指松浦郡旻楽埼発行

（遣唐三个舶、共に松浦郡旻楽埼を指して発行す）

4　円珍請伝法公験奏状案（園城寺蔵）[6]　貞観五年（八六三）十一月十三日

至本国西界肥前郡松浦県管美旻楽埼

（本国の西界、肥前郡松浦県の管せる美旻楽埼に至る）

3の「旻楽埼」は、「旻」がミンの音を用いたとするとミンラクノサキと読め、ミンラクは美祢良久に近く、その別表記とみなせよう。4の「美旻楽」は一見ミネラクを表すようであるが、すでに太田晶二郎氏が指摘されているとおり[7]、「旻」の右傍に倒置符が付けられており、「旻美楽埼」と正して読む必要がある。この文書は、唐から帰国した円珍その人が記したもので、倒置符も円珍自筆であるから、この訂正は尊重されるべきである。即ち同じく「旻」字が使われてはいても、こちらはミミラクの音を記していると判断される。このことを踏まえ、今日では当初のミネラクという地名が、承和四年（八三七）から貞観五年（八六三）の間に、ミミラクに変化したと考えられている[8]。三井楽（みいらく）は、後世さらにこれが変化したものということになろう。

以上のような根拠に基づいて、現在ではミネラク→ミミラク→ミイラクという三段階の変化が想定されていて、間然する余地のない結論と見えるのであるが、必ずしもそうではなかろう。この変化では、第一段階でネからミへの変化がおきたことになるが、音韻変化の一般的傾向からすれば、唇音ミから口蓋音ニへの変化は起こりやすくても、その逆は考えにくい。それはミからイへの第二段階の変化が自然なのとは好対照である。

それにも増して問題は、たとえミネラクからミミラクへの変化が起きたとしても、それが八三七年から八六三年の間に起き、しかも表記に反映されるのかという点である。こうした変化は、制度的な地名の変更ではない以上、徐々に進行するはずで、新旧の言い方が長期間並存し、その過程で新しい地名が定着して行くと見るべきである。またその事態がこの約二十年の間に起こったとしても、すぐにそれが表記に反映されるとも考えにくい。

そう見てくると、地名はもともとミミラクであったとする方が自然ではないかと考えられてくる。

平宮03085

平京00799

平宮01926

平宮02494

図1　木簡にみえる「弥」（右行）**と「祢」**（左行）
（いずれも注9文献による）

では1や2の記事はどうなるかということになるが、やはり「祢」は「弥」の誤りと考えるべきではなかろうか。文献の校訂において誤字説を持ち出すのが禁じ手であることは十分承知している。しかし今の場合、それが成り立つ余地があることもまた事実である。まず『肥前国風土記』については、現存する最古の写本は鎌倉時代後期に写された猪熊本であり、『万葉集』巻十六の場合は、平安末から鎌倉時代初期の書写と見られる尼崎本であって、決して平安中期以前に遡るような古写本が残っているわけではない。古い時期に誤写が起きたとすれば、それが系統を異にする写本にも踏襲されてしまった可能性は捨て切れないであろう。そこで注目されるのが、「弥」と「祢」の字体が極めて紛らわしいことである。挿図に掲げたのは平城宮跡出土の木簡に現れた「弥」と「祢」であるが、古代の弓偏は示偏と酷似している[9]（図1）。中央の人々になじみの薄いミミラクの地名が、ミネラクに誤写される可能性は高かったと判断すべきであろう。

その点で注意されるのが、『万葉集』巻五、「沈痾自哀文」に見える次のような本文異同である[10]。

然而祢有増苦（然れども弥（いよい）よ苦を増すこと有り）

この箇所における諸本は、神宮文庫本を除き皆「弥」を「祢」に作っているが、文意からすれば「弥」が正しいことはいうまでもない。歌中の語であれば、アカネサスのネなどのように、「祢」が「弥」と誤っていても誤りに気づきやすいが、漢文脈の中での用例であるため、誤りが見逃されたのであろう。ミミラクの場合、これが人口に膾炙した地名なら、事情は異なったかもしれないが、辺境にあるこの地名のなじみの薄さが、誤字をそのままにさせたものとみられる。円珍が自ら経過したミミラクの地名を表記するのに、「旻美楽埼」という表記を採用したのは、「ミミラク」という地名を正確に表そうとする配慮が働いていたのかもしれない。

誤字説をあながち否定できないことは以上で明らかであろうが、誤字説をとるに当たって唯一問題は、『続日本後紀』の「旻楽埼」という表記であろう。これは前述のとおりミネラク説に都合がよい。ただこれについても、別の解釈を取る余地はあるように思われる。この表記は、遣唐使船の消息を中央に報告した大宰府の奏言中に現れている。地名を二字にまとめる意識が働かなかったとは言えないであろう。即ち円珍の文書と同じ「旻美楽埼」という表記が、根底にあったという理解も成り立つ。また現在伝わる『続日本後紀』が極めて錯簡、誤脱の多いもので、よいテキストに恵まれないことも考慮されてよい。[11]あるいは『続日本後紀』の場合も、もとの表記は「旻美楽埼」であったのが、書写の過程で、「旻」と字形に似通ったところのある「美」が脱落したことも想定できよう。いずれにせよ、『続日本後紀』の「旻楽埼」のみをもって、ミネラク説を支えるのは困難といわなければなるまい。あえて美弥良久（みみらく）が当初からの地名であったという説を提唱することとしたい。

注

（1）現在通行の『万葉集』の訓詁による。後掲注8の松田論文では、「祢」は「少なくともN鼻音諸型」で読まれたとする。これが正確かもしれないが、いま便宜上ミネラクとして論を進める。
（2）吉田東伍『大日本地名辞書』（第二版）上（冨山房、一九〇七年）一六一五頁。
（3）本文は神道大系による。
（4）本文は新編日本古典文学全集による。
（5）本文は新訂増補国史大系による。
（6）恩賜京都博物館編『園城寺余光』（中島泰成閣出版部、一九四〇年）図版五五、『平安遺文』九、四四九二文書、三四三四頁下段。
（7）太田晶二郎「肥前国風土記校語」（『太田晶二郎著作集』二、吉川弘文館、一九九一年）。
（8）松田修「みみらく考」（『万葉』七五号、一九七一年）。
（9）奈良文化財研究所編『改訂新版　日本古代木簡字典』（二〇一三年）。
（10）『校本万葉集』四（岩波書店、一九七九年）一六八頁、同上十二（一九八〇年）一〇二頁。
（11）東野治之「『続日本後紀』の錯簡と誤脱」（『史料学探訪』岩波書店、二〇一五年）。

隋唐の離宮と古代日本の宮都

一　庭園と離宮

中国庭園史の概説をみると、邸宅における庭園の他に、庭園の一形態として別荘や離宮に言及するものが珍しくない。(1)確かにこれらの施設は、その立地環境も含め、一つの大規模な庭園としての性格をもつといえよう。今、日本の古代と同時期の例をあげるなら、隋・唐の皇帝が夏期を中心に滞在した仁寿宮(じんじゅ)（九成宮）は、その一つである。こうした離宮・別荘型庭園が日本に影響を及ぼしたのかどうかという点は、これまであまり研究者の関心にのぼっていないように思われる。私は一九九九年に六日間にわたり仁寿宮（九成宮）のあった中国陝西省麟游(りんゆう)県に滞在し、親しくその地と周辺を調査したが、(2)その間、日本と比較して考察する必要を痛感した。ここではそのような視点から、目下考えているところをまとめてみたい。

二　仁寿宮と九成宮

まず、仁寿宮の歴史とその環境について、ひととおり振り返っておかねばならない。なおこの離宮については、隋代の仁寿宮という名称を主として使用し、適宜九成宮、万年宮など唐代の称を用いることにする。

先述のように、仁寿宮はいまの陝西省麟游県九成宮鎮にあり、その県治がほぼその故地に重なるといってよい。唐の九成宮（のち万年宮）も、これを襲った。陝西省の省都西安からは直線距離にして西北西に一一三キロメートル、重畳する山々を隔てた奥地である。(3) 私が訪れた一九九九年には、めざましく道路事情が改善されつつあったが、高速で走る中国の自動車でも、西安から数時間を要した。何故にこの地が選ばれたかはのちにふれるが、最初に離宮が営まれたのは、隋の文帝の開皇十三年（五九三）であった。

文帝は宰相（右僕射）の楊素に命じて多数の人民を動員させ、この僻遠の地に豪壮な宮殿を造営させる。それが完成したのは開皇十五年（五九五）の三月であったが、役民の死者は一万人以上にのぼり、その遺体が山道を埋めたので、楊素にこれを焼かせ取り除いたという（以上『隋書』高祖紀）。その工事の苛酷さが思いやられよう。仁寿宮の遺址は、後に取り上げる唐の九成宮の遺跡と重なっており、一九八九年から九四年にかけ、中国社会科学院が行った発掘調査で主要宮殿跡などが明らかになったという。(4) その成果の公表が待たれるが、後述の九成宮と同様、周辺の地形を利用し景観を取り込んだ変化に富む構成になっていたとみてよいであろう。すなわち現在の九成宮鎮西部にある天台山と呼ばれる小丘を中心に、南に杜水、北に屏山、碧城山、東台山などを望む形をとっていたと推定される。

文帝は、仁寿宮の完成直後から、頻繁にこの離宮に行幸し、長期にわたって滞在することが珍しくなかった。その回数は、開皇十五年から仁寿四年（六〇四）まで六回を数える。ほとんど毎年の行幸だったばかりでなく、一回の滞在期間は六か月から七か月にも及ぶことが珍しくなく、ここで越年したこともあった。普通これらの行幸は「避暑」のためとされ、唐の九成宮の場合も含め、この宮は皇帝の避暑地と位置づけられることが多い。しかしその利用状況からすれば、これを単なる避暑地とみなすのは困難であろう。文帝の場合、多く陰暦四月に西安をたっているのはよいとして、滞在が九月ないし翌年まで及んでいる。私が麟游を訪れたのは現行暦の九月初め、景観は華北とは思われないほど樹木に恵まれ、ススキの穂はすでに十分のびて、秋を感じさせた。朝夕は薄手のセーターを着ねばならないほど気温も下がり、あたかも信州の高原を思わせる気候・風土である。陰暦九月の中旬から下旬ともなれば、もはや初冬の気候であったとみた方がよい。理由はともあれ、文帝時代のこの宮は、皇帝が半年以上も滞在する政務の中心地になっていたわけである。おそらく重要な政策を機密裏に決定、施行する場となっていたのであろう。文帝はこの仁寿宮で病没したが、その意志にそむいて皇位を奪った煬帝は、文帝の死を秘して喪を発せず、他の諸皇子を自尽、毒殺させた上で、この宮に即位した。これは仁寿宮の機密性を象徴する事実といわねばならない。

文帝以降、仁寿宮の使用は跡を絶ったが、唐の貞観五年（六三一）に至り、太宗はこれを新たに修築、翌年三月にここに遊幸する（『旧唐書』太宗紀）。この時の行幸は、明瞭に避暑を目的とすることが述べられているが、それのみでなかったことは、隋代と同様であろう。これ以降太宗は、貞観七年、八年、十三年、十八年と四回行幸している。陰暦四月から六月に到着することが多く、おおよそ避暑にふさわしいが、帰還は九月末が一回のほか、他は十一月の初旬から下旬で、避暑だけが目的でないとみた上述の推定を裏づける。

太宗の子の高宗もまた、この宮を利用した（『旧唐書』高宗紀）。高宗は永徽五年（六五四）三月、妃の武則天とともにはじめて訪れ、九成宮を万年宮と改称させる。その治世中、行幸はこれを含め八回にものぼった。高宗の到着月も陰暦四月が多いが、帰京は九月、十月になることも珍しくなく、中には咸亨四年（六七三）のように十二月末に及んだこともある。このあと儀鳳三

図1　天台山から望んだ九成宮鎮の市街
（著者撮影）

年（六七八）五月の行幸では、大雨があり気温が下がって、衛士の凍死するものが少なくなかったというから、咸亨四年の冬の寒さはただごとではなかったであろう。

唐代の九成宮の遺跡は、今日も現地に数多く見ることができる。宮は現在の九成宮鎮の市街（図1）にほぼ相当する内城と、その北の碧城山をも囲む外城からなるが、内城内には天台山上をはじめ各所に大宝殿その他の宮殿があり、また武器庫や官衙も存在した。天台山上には、精緻な蓮弁の刻出された礎石が残り（図2）、麟游中心部の人民軍軍営内には、永安殿の巨大な版築基壇が遺存している。しかしこの離宮の構造は、これだけに終わらない。むしろ奇を凝らした造園にその特色がよく表

れている。すなわち内城の南面をほぼ東西に流れる杜水の対岸、天台山から南西に当たる場所に高閣を建て、天台山とこの閣をつなぐ橋廊がかけられ、その下には杜水をせき止めて「西海」と呼ばれる小湖が作られていた。その高閣のあとには、現在もこれまた壮大な版築基壇をみることができる（図3）。

以上のような殿舎の壮観や雄大な宮園のさまは、魏徴の撰文、欧陽詢の筆になる有名な九成宮醴泉（れいせん）銘碑（磨損甚だしいが現地に現存）や、永徽五年（六五四）に高宗自身が文を撰び書した万年宮碑銘（九成宮碑とともに保存）に、駢儷（べんれい）体の美文で描写されている。総じて自然景観を大規模に取り込んだ大遊覧地であり、そこが隔離された性格をあわせ備えていたために、政治的機能も発揮したといえよう。

図2　九成宮大宝殿跡の礎石（著者撮影）

図3　九成宮高閣跡（同上）

三　仁寿宮の歴史的環境

では隋代に麟游が離宮の地に選ばれたのは、いかなる理由があったのであろうか。先の碑銘などでは、周漢の故事が引き合いに出されてはいるが、ほとんど文飾の必要上から出ていると

いってよく、必然的な理由とは考えられない。同じ西安付近に都した秦・漢の場合、離宮は全く別の地に営まれていることもあり、決定的な理由は不明とするほかないが、一つの理由として考えられるのは、この地が一種の神仙境ないし聖地とみなされていた事実であろう。周の文王のとき、この地に鳳が現れて鳴いたという伝えや、前漢の元狩元年（前一二〇年）に白麟が捕獲された事件（康熙刊本『麟遊県志』巻一）などは、そのような認識の形成に貢献しているであろう。隋代に関しては、開皇五年（五八五）にやはり白麟が捕獲されているほか、文帝が仁寿宮滞在中に玉女泉へ行幸し、官人たちと宴を開いていることが注目される（開皇十七年）。『隋書』には、「五月、百僚を玉女泉に宴し、頒賜すること各差あり」と見えるだけであるが、これが先例となって唐以降の皇帝もこれを踏襲し、当地の名勝となったとされる。この玉女泉は、現在の九成宮鎮の南五キロメートルにある魚塘峡の淵とされ、玉女潭と呼ばれている。後世には武則天が沐浴した所という伝説も生じたが、隋代にすでに「玉女泉」という名称が存在したことを考えると、仙女水浴

図４　慈善寺石窟全景（著者撮影）

の場という意識が醸成されていたのであろう。

九成宮鎮を東流する杜水は、町はずれで漆水と名をかえ南東に流れるが、その途中には隋から唐代に開かれた慈善寺石窟が遺存する。ここは漆水が大きく湾曲する箇所で、そこに形成された岩壁を利用して石窟が開かれており（図４）、もとは岩壁上方の台地上に慈善寺という寺院が存在した。『広弘明集』巻十七にのせる「慶舎利感応表」に、「仁寿二年六月五日夜、仁寿宮所の慈善寺新仏堂に霊光映現す」とあることや、出土する瓦、塼仏などから、慈善寺が隋の文帝によって創められた大規模な寺院であったことは間違いない。(5) 石窟にも南北朝時代に遡るものがないことからすると、その開創は仁寿宮の造営と無関係でなかったと考えられよう。規模は決して大きくないものの、慈善寺石窟の立地は、眺望する者に清浄で荘厳な印象を強く与えるが、そこに入念な占地の選定があったとみてよい。文帝が、子の煬帝に優るとも劣らない仏教君主であったことを顧みれば、仁寿宮に近く寺院が開かれたのは偶然でなく、この地はまた仏教にとっての聖地とも認識されたのであろう。

四　仁寿宮と日本の離宮

日本の古代には、直接にせよ間接にせよ、中国文化の影響がさまざまな分野に及んだが、これまでみてきたような離宮については、どうだったのであろうか。中国の宮都との関係では、これまでは飛鳥の諸宮から難波宮、藤原宮を経て平城宮、平安宮へ至る過程がもっぱら注目されてきた。しかし古代の日本にも、吉野宮、茅渟（ちぬ）宮、石原宮のように、比較的長期滞在型の離宮がないわけではない。中でもその立地からいって注意されるのが吉野宮である。

吉野宮は、『日本書紀』によると応神朝に初見し、雄略朝の記事が途絶えたのち、斉明朝にまた造営の記事が現れる。政争に敗れた古人大兄皇子がこの宮に移ったのは、この地が人里離れた退隠にふさわしいところと考えられていたからであろう。

しかし吉野宮は、そのように消極的な意義しか認められていなかったわけではない。それをよく示すのが、天武朝から聖武朝前半にかけての利用のあり方である。天武天皇もまた、壬申の乱の前夜、この宮に身を引いたが、即位後は八年（六七九）五月にこの地に行幸、その妻で天武のあとを襲った持統天皇に至っては、即位から崩ずるまでの十三年間に三十二回もここに遊んだ。この間、天武八年五月には、天武夫妻と草壁、大津、高市、河島、忍壁、芝基の諸皇子がこの宮に会し、天武に万一のことがあった場合、皇位をめぐって争わないことを約するという盟誓が行われた。日常世界と切り離された環境で、重大な政治的決定が行われたわけであるが、単に避暑、遊覧のみが目的でなかった点で、ここに仁寿宮との共通点の一端を見出すことができる。

実際、吉野宮と仁寿宮を比較してみると、ほかにも似通うところがある。長年にわたる発掘調査の結果、斉明朝以降の吉野宮は現在の吉野町宮滝の地に比定されているが、ここは山あいから流れ出る吉野川が大きく屈曲し、その北側に接して宮の建物のある南向きの台地が広がる景勝の地である。規模こそ違え、仁寿宮に併設された慈善寺の立地に類似するともいえる。仏教との関連でいえば、宮滝のやや北方にあたって山岳寺院の龍門寺が営まれたが、この寺の草創は、近年の飛鳥池出土木簡によって(6)、天武朝以前に遡ることが明らかになった。

図５　仙女潭（著者撮影）

図６　董永の墓伝承地（同上）

龍門寺の存在もその一例であるが、吉野宮の地が、一種の神仙境、聖地とみなされてきたことも見逃せない。話の全貌は明らかでないが、『万葉集』（三八五番）や『懐風藻』（三一番）に残された記述からすると、昔この地にいた味稲（うましね）という漁夫が柘枝（つみのえ）という仙女と通じ合ったという神仙譚があった。吉野の性格を語る場合、これまで常に言及されてきた重要な伝説である。これに関連して興味深いのは、かなり後世のものとはいえ、麟游でも九成宮鎮の東南東三・五キロメートルにある仙女潭という淵（図5）をめぐり、仙女との交流を語る伝承が形成されていることであろう。

現在、仙女潭に近い古庄子という集落には、孝子として名高い董永（とうえい）の墓と伝える墳丘がある。董永は前漢の人で、家が貧しく、父の葬儀をとり行うのに、身を売って奴となったが、その孝心に感じた天女が天降って妻となり、織物を織ってその負債をつぐなってやったとされる。仙女潭はその天女が衣を洗濯したところ、古庄子から仙女潭の対岸にみえる木は、天女が董永と睦み合った場所というのが、現地に伝わる伝説である。董永を陝西の人とする古伝はなく[7]、仙女潭をめぐる伝説はもちろん、董永の墓というのも、本来全く根拠のないものである可能性が強い。しかしこうした伝説が生じたことによっても、この地が後世に至るまで神仙境と考えられてきたことが推測できよう。ちなみにこの董永墓には、「皇清　漢董孝子永墓」と刻した乾隆時代の石碑が現存している（図6、現在は二つに破断）。

ともあれ、こうしてみてくると、吉野宮と仁寿宮との間に何がしかの共通点があることは認めてよいであろう。聖武朝の行幸は、天武・持統朝を偲ぶという色彩が強いので、しばらく措くとしても、天武・持統朝については特にその感が深い。さきにはふれなかったが、季節を問わない利用や長期滞在という点でも、つながるところがある。ではこの二つを結ぶ直接の契機のようなものは存在するであろうか。

私が注目したいのは、遣隋使と仁寿宮の関係である。遣隋使は、『日本書紀』にも記事のある煬帝時代になってからのものが有名であるが、『隋書』倭国伝には、文帝時代の開皇二十年（六〇〇）の使いがみえる。従来全く注意されていないが、この使いが直接仁寿宮に至った可能性は考慮されるべきである。この前後、文帝は開皇十九年二月に仁寿宮に到着、翌年九月にここをたつまで、実に一年半にわたって滞在した。この間、開皇二十年の正月には、高句麗・突厥の使節が仁寿宮に朝貢したことが高祖紀にみえている。のちの遣唐使の例からしても、朝貢には正月という時期が重視されたとみてよく、ここに名は出ていないが、倭国使もまた仁寿宮に朝貢したと考えるべきではなかろうか。文帝と遣隋使の間には、間接的ながら応答もなされている。かりに正月ではなかったとしても、文帝の滞在は十か月にも及ぼうとするものであり、仁寿宮を訪れた可能性は少なくないといわねばならない。またこの離宮についての間接情報ならば、入隋・入唐した使節や留学者を介したり、朝鮮半島を経由したりする形での流入もありえたことはいうまでもない。八世紀前半、吉野宮や茅渟宮一帯を管する吉野監、和泉監という特別行政区が設けられているが、その名称も九成宮を管した唐の九成宮監を念頭に置くと理解しやすい。

吉野宮については、従来どちらかといえば日本独自の歴史的、地理的背景が優先して論じられてきた。しかし考えてここに至ると、吉野宮の背後に仁寿宮の影響をみるのも、全く荒唐無稽な想像とは言えなくなるように思う。

五　紫香楽宮と仁寿宮

ところで仁寿宮と日本古代との関係は、吉野宮の問題に限られるわけではないであろう。たとえば同様な視点から注目されるものに、紫香楽宮がある。紫香楽宮は、聖武天皇が天平十四年（七四二）に離宮として造営させたのが始まりで、その後、天皇が四回にわたって行幸した。天平十五年、四回目の行幸時には、この地で大仏造立の詔が出され、甲賀寺でその造営が開始されるが、さまざまな事情で計画は未完に終わった。宮の所在地については、現在の滋賀県甲賀郡信楽町の内裏野地区に求められてきたが、近年の発掘調査によって、同町宮町地区から宮にふさわしい建物跡、柱根や木簡などが見つかり、ここにその主体部のあったことが明らかにされている(8)。

聖武天皇が恭仁宮と恭仁京の造営に並行して、なぜこの離宮を造らせたのか、またここに遷都する企てが行われ、大仏造立が開始されたのは何故なのか、宮の所在が確定したいまも謎は多い。従来提出されている有力な説は、天皇が唐の複都制にならって複数の宮の造営と使用を思い立ったというものであろう。大仏造立については、唐の東都洛陽に対する龍門石窟の存在が意識されたとする考えも示されている(9)。

ただ複都制の影響とする場合、唐制の東都（洛陽）、北都（太原）などは、前代以来、交通の要衝を占め、都市として機能してきた所であって、難波はともかく、紫香楽のような山間の未開地とにわかに同一視することはできないであろう。木津川の水上交通と関わり深い地に営まれた恭仁京とも、この点で大きな相違がある。紫香楽選定の理由は、いまだ十分に説明されてはいないと思われる。

この問題の根本的な解明は困難としても、この際、中国の離宮と比較することは視野に入れられてよい。紫香楽宮の存在は、従来の日中の宮都の展開過程からはきわめて理解しづらいが、眼を離宮にまで広げると、たとえば仁寿宮との間には、かなりの類似性が見出せる。河水の流れる山間の僻地が選ばれていること、その近辺に大規模な仏寺が興されたことなどである。仁寿宮とともに開創された慈善寺の第一窟の石像は、高さ五・五メートル余り、龍門奉先寺の大仏には到底及ばないにせよ、相当の規模がある。先に述べた通り、仁寿宮はまた、紫香楽宮と同様、実質的な首都機能を備えていた。聖武天皇は、周辺の山々をも取り込んだ自然環境の中に、仏教的な別天地としての宮を造ろうとしたのであろうが、その着想の根底に一つのモデルとして、同じく仏教君主の営んだ仁寿宮があったのではなかろうか。

本稿では、私自身の見聞に制約されて仁寿宮を取り上げるにとどまったが、古代日本における宮や庭園の機能、文化を考える上に、離宮に着目する意義は決して小さくない。本稿がその端緒となれば幸いであり、今後の展開に期待したいと思う。

注

（1）李浩『唐代園林別業考論』（西北大学出版社、一九九八年）。

（2）西北大学考古専業・日本赴陝西仏教遺跡考察団・麟游県博物館編『慈善寺与麟渓橋　仏教造像窟龕調査研究報告』（科学出版社、二〇〇二年）参照。

（3）麟游県全般にわたる地誌、史料集として麟游県地方志編纂委員会編『麟游県志』（陝西人民出版社、一九九三年）がある。

(4) 『中国文物報』四一九期(一九九五年)、史念海主編『西安歴史地図集』(西安地図出版社、一九九六年)、国家文物局主編『中国文物地図集』(陝西分冊、西安地図出版社、一九九八年)。
(5) 注2前掲書参照。
(6) 奈良文化財研究所『飛鳥藤原京木簡一―飛鳥池・山田寺木簡―』(二〇〇七年)所収一八一号木簡。
(7) 西野貞治「董永伝説について」(『人文研究』六―六、一九五五年)。
(8) 小笠原好彦『聖武天皇と紫香楽宮の時代』(新日本出版社、二〇〇二年)。
(9) 瀧川政次郎『京制並びに都城制の研究』(角川書店、一九六七年)。

古代における真鍮の受容

一　はじめに

アジアにおける黄銅使用の歴史は、いまだ未解明の部分が多く、研究は緒に就いたばかりといっても過言ではない。いくつかの通史的な論述もなされているが[1]、執筆者の専門が、美術史、金工史、考古学、製作実技、科学分析など多岐に亘るため、結果として総合的な視点に欠ける憾みをなしとしない。従って残された課題は少なくないが、とりあえずは分野を越えて、確認できる事実を積み重ねてゆくことが求められるであろう。この小考では、鍮石は自然合金であるとする古来の説と、日本における初期の黄銅合金の輸入について、主に文献史料の面から検討を加えてみることにしたい。なお、これまでの拙稿では、時に応じて鍮石、真鍮、黄銅などの語を混用してきたが、その意味するところが不明確になる恐れもあるので、本稿では金属素材としての銅・亜鉛合金を「黄銅」とし、その他は歴史的な名辞として、鍮石、真鍮を適宜事情に応じ使用することとする。

二　鍮石自然合金説をめぐって

黄銅は早くからアジアで知られながら、中国を中心とする地域では、鍮石という天然の産物（自然合金）であるとされてきた。今日になってみれば、これが誤りであることは明らかであるが、その残滓は一掃されておらず、なおある程度の影響力を保っているようにも思われる。いま研究史を顧みると、こうした理解を示した古い文献として、明の曹昭の『格古要論』が挙げられる。この記事は通行の『格古要論』には見えず、『康熙字典』（戌集上）に次のように引かれている。[2]

鍮石、自然銅之精也、今炉甘石煉成者仮鍮也、崔昉曰、銅一斤・炉甘石一斤、煉之成鍮石、真鍮生波斯国者如黄金、焼之赤色不黒

（鍮石は自然銅の精なり。今、炉甘石にて錬成する者は、仮鍮なり。崔昉曰わく、銅一斤・炉甘石一斤、これを錬して鍮石と成す。真鍮の波斯国に生ずる者は黄金の如し。これを焼けば赤色にして黒からず）

鍮石を「自然銅之精」とする考えは、銅に炉甘石を加えて人工的に作られたものは「仮鍮」（まがい物の鍮石）であり、自然のものこそが「真鍮」であるというところから来ている。このような鍮石に対する認識は、南宋の程大昌の『演繁露』巻七に遡る。即ち程大昌は次のように述べている。

已鍮金属也、附石為字者、為其不皆天然自生、亦有用廬甘石煮煉而成者、故兼挙両物而合為之名也、（中略）夫天然自生者、既名真鍮、則廬甘石所煮者、決為仮鍮矣

（已に鍮は金の属なり。石を附けて字と為すは、其の皆は天然自生ならざる為なり。亦廬〔炉〕甘石を用い煮煉して成る者有り。故に兼ねて両物を挙げて、合せて之が名と為すなり。（中略）夫れ天然自生の者は、既に真鍮と名づく。則ち廬〔炉〕甘石煮る所の者は、決して仮鍮と為す）

これによれば、鍮石の「鍮」は本来金属であり、それに「石」が付くのは、全てが天然の産物ではないからであって、別に炉甘石を混ぜて作られるものがある、それで「鍮」に「石」を付けて呼びならわすのである、天然のものが本当の「鍮」（真鍮）であり、炉甘石を用いて作られるものは仮り（まがい物）の「鍮」（仮鍮）である、という。これまでの論著では、こうした文献中の「真鍮」を、現在と同じように黄銅と同義とされることが多いが、真鍮が黄銅の別名となるのは後代のことであって、古代中世にあっては、「真鍮」には常にこうした天然の産物という観念が伴っていたことを忘れるべきではない。

そのような認識の影響力は極めて強大で、美術史、金工史、考古学などの分野では、疑いを抱きつつも、基本的にはそれを認めるような傾向があった。たとえば、鍮石研究の先駆者でもあった平子鐸嶺氏は、「支那の記載によれば、鍮石はとにもかくにも、自然産の状態にていでたる黄色の銅なることは、暫く信じおかざる可らず。或は古生時代等において、特別なる事態の下に一種合金の作用をう

けたるといふが如き銅鉱の、存在は認めがたきや如何に」と述べて、中国の古書の記載を肯定的に評価しようとしたが、(3)近年、金工史家の加島勝氏が、「天然の真鍮は存在しないことから、自然鉱の銅鉱石で亜鉛を含んだものがあって、これを精錬すると銅と亜鉛の合金、すなわち真鍮が得られると考えられてきた」とされたのは、(4)平子氏の見解を一部修正の上、紹介されたといってよい。一般的な漢和辞典でも、『康熙字典』の影響か、「鍮」に対し「自然銅の精」(『大漢和辞典』)、「自然銅の質のよいもの」(『新字源』)という字義が、今なお示されており、『漢語大詞典』の鍮石の字義に「指天然的黄銅礦或自然銅」とあることからすると、中国においても事情はあまり変わらないようである。しかしかりに偶然の事情で黄銅が生まれることがあったとしても、文献上の例や実例として残る黄銅製品が制作されるのをまかなうだけの産出量があったとは、到底考えられない。

一方、古くから鍮石を人造物とする考えがあったことも確かである。唐の希麟の『続一切経音義』や日本の『倭名類聚抄』に、次のように言うのはその適例である。

埤蒼云、鍮石似金、而非金也、西域以薬錬銅所成(『続一切経音義』)

(埤蒼に云わく、鍮石は金に似て金に非ざるなり。西域、薬を以て銅を錬りて成る所)

考声切韻云、鍮石似金、西域以銅鉄雑薬合為之(『倭名類聚抄』)

(考声切韻に云わく、鍮石は金に似る。西域、銅・鉄・雑薬を以て合せて之を為る)

しかし、「薬を以て銅を練りて成る所」とか「銅・鉄・雑薬を以て合せ」るとかいうのは事実を捕えていない証拠で、黄銅の精錬法が知られていなかったことも確実と言わなければならない。鍮石が西域、波斯の産物という記述も、中国の南北朝時代から明清代の文献まで続くが、中国への輸出元がその地域にあったことから、その知識が核となって形成されたものであろう。輸出元が産地と誤解される例は、古来珍しくない。

このように鍮石自然合金説の影響が根強く残った反面、研究史の早い段階で、古代西欧での黄銅生産と利用が報告されていた(5)。それが浸透しなかったのは不可解な気がするが、これらの報告が、西欧の研究者の所説や西欧古典の記事の紹介など、間接的なものにとどまり、実例を挙げて論じることがなかったことに、その因があるのではないかと考えられる。この問題は、黄銅の地金としての流通と深くかかわるので、節を改めて述べることにしたい。

三　黄銅地金の利用

前節でふれた西欧での黄銅使用は、中国を中心とする世界での黄銅使用と決して無関係ではない。地中海世界では早くから、銅と亜鉛を合わせて黄銅が生産されており、その知識、技術は、西アジアまで広がっていて、古代に西域からもたらされた「鍮石」は、黄銅の地金であったと考えられるからである。西欧での黄銅使用については、すでに見たとおり、これまでの研究でも言及はあるが、黄銅と確言できない記録や伝説的な記事まで取り上げられる傾向があった。その中にあって、最も重視されるべきは、帝政ローマで黄銅貨が発行されていたことである[6]。紀元一世紀、初代皇帝アウグストゥスの時代、ローマの貨幣体系は、上から順に金、銀、銅三種の素材で構成され、アウレウス金貨、デナリウス銀貨に次いで、その下位にセステルティウス、ドゥポンディウス、アス等の銅貨が発行された。アスを基準にすると、その関係は、アウレウス＝四〇〇アス、デナリウス＝一六アス、セステルティウス＝四アス、ドゥポンディウス＝二アスとなる。その銅貨の内、セステルティウスが黄銅製であったことがまず注意される。この貨幣体系は、ネロの末年に改訂され、以後これが少異を加えつつ維持されていったが、そこでは、セステルティウスとドゥポンディウスが黄銅貨となった。この黄銅は、西欧の伝説的な金属名称を取って、オリハルコンと呼ばれた。このように貨幣の素材に黄銅が使われるということは、銅・亜鉛合金を作る技術が存在したことを示すのみならず、黄銅を大量に供給できる体制があったことを裏付ける。この状況は、長い歴史の産物であって、イタリアにおけるギリシア時代の沈没船から、大量の黄銅インゴットが引き上げられているのも当然であろう[7]。

こうした事情を念頭に置くなら、中国の史料に西域から来るとされた鍮石が、特別な自然合金などではなく、合成された黄銅のインゴットであったことは疑いないと言わなければならない。紀元一世紀のローマ人による南海貿易を記録した『エリュトゥラー海案内記』には、紅海西岸南部の港Adulisに輸出された品として、「真鍮」が挙がっているから[8]、明証はないが、インド方面にも黄銅の地金がもたらされたと推定されよう。中国では、おそくとも十世紀前半、五代末から宋の初めごろに、炉甘石を用いた黄銅の製作が可能になったと考えられるが（『日華子点庚法』）、それまでは少なくとも、地金を溶かして各種の器物を作る段階であったとみられる。[9]また朝鮮においても、拙稿で論じたとおり、[10]新羅では鍮石製の装身具や馬具などを八世紀に使用していたが、これらも輸入した地金を加工したものとしなければならない。朝鮮では、慶州天馬塚出土の馬具に黄銅の使用が認められるという分析結果も報告されており、[11]この状態は6世紀代にまで遡る可能性がある。これに対し、このころまでの日本では、地金の加工すら行われた形跡がなく、製品の輸入にとどまっていた。

では、日本への黄銅地金の輸入は、いつごろから始まるのであろうか。前稿で述べたように、[12]少なくとも『延喜式』には全く鍮石の関連記事が存在しないので、その舶載や利用の本格化が十世紀より後であったことは確かであろう。その後の状況に関して示唆深いのは、金字写経における黄銅の使用である。本研究プロジェクトの発端となったこの問題については、平治元年（一一五九）、高野山に奉納された美福門院発願の紺紙金字一切経（荒川経）に、金ではなく黄銅の使用された例のあることを報告した。[13]金の代わりに黄銅を磨り下ろして膠に溶き、書写したものとみられる。日本で黄銅の生産が始まる遥か以前のことであり、この場合、黄銅の地金から黄銅粉が作られたことは疑いないが、勿論、黄銅粉自体が輸入されたこともありえないことではない。しかし、貿易品として考えるなら、より利用範囲の広い地金で取引する方が勝っており、積荷としても地金が扱い易いはずである。従って写経での黄銅粉の使用は、黄銅地金が輸入された結果と解すべきであろう。そうなると、写経における黄銅粉の追跡が重要といえるが、残念ながら書写年次の明らかな金字経は、決して多くない。また豊富な黄金を背景とする奥州藤原氏関連の写経などは、書写年次が推定できても、この場合適切な事例とはなしえないと思われる。その中にあって注目されるのは、平清盛によって発願され、厳島神社に奉納された法華経三十巻を中心とする経巻群である。

平家納経と通称されるこの一具の経典は、長寛二年（一一六四）から仁安二年（一一六七）にかけて完成された。その大部分は長寛二年に奉納されており、以下に取り上げる経巻に関しては、これを製作年代としてよいと思われる。

その平家納経について小松茂美氏は、大幅な補修の行われている巻があることを指摘されている。[14]即ち①開経である無量義経全巻の本紙が表裏二枚に剥がされ、裏側の紙全体に裏打ちが施されていること、②法華経の従地湧出品でも同様な修理がなされていること、③同じく法華経の譬喩品では界線部分に折伏せ紙を当てていることである。これらはみな金泥の界線に生じた傷みを補強するためであって、小松氏はその傷みの原因は、界線に使われた金泥が「銅のような不純物」を含む「鍮泥」であったため、本紙を劣化させたことによるとされた。この不純物を含んだ金泥とは、いかなるものであろうか。後になって錆を生じ紙を傷めるほどの銅を金に加えれば、金泥は相当の赤味を帯びるはずで、そのようなことが行われるとは考えにくい。はじめから黄銅の泥が用いられていたと考えるべきである。界線部分の抜け落ちた近世の鍮泥経は決して珍しくないが、それも黄銅泥を使用した結果であり、[15]そのために「鍮泥」の語も生じたのであろう。平家納経に使われている金泥や截金に関して、科学分析が行われたことは聞いていないが、小松氏の指摘を踏まえれば、平家納経についても、界線における黄銅泥の使用は確実と言わねばならない。荒川経に関して、このような劣化の生じた事実は把握していないが、あるいは料紙が染紙であることと関係していようか。これは今後の検討課題であろう。

ともあれ荒川経と平家納経の書写年代は、ほぼ同時期と言って差し支えないが、それらが共に当時第一級の貴顕によって行われた写経事業であったことは、注目されてよい。両経の出来栄えが物語るように、そこには時代の先端を行く技術と材料が投入されたはずで、黄銅の使用もその一環であったとみなしても不都合ではあるまい。写経を企画した貴顕達の財力からすると、単に費用を節減する目的で黄銅が使用されるとは考えがたい。むしろ黄銅が金属素材として新奇であった時期とすれば、金銀より価値の劣る黄銅が、こうした晴れの写経に採用されることもうなずける。黄銅地金は、十二世紀後半のこの時期、おそらく日宋貿易によってもたらされた珍しい素材であったのであろう。もっとも従来の研究では、日宋貿易の輸入品として、黄銅は知られていない。しかし、古記録の記事や『新猿楽記』が残る十一世紀までと異なり、南宋との交易でもたらされた品物についての具体的史料は、ほとんど見ることができない。黄銅地金が新渡の輸入品であった可能性は、決して低くはないであろう。なお、宋ではなく高麗からの舶載ということも想定できないではないが、新羅と異なり、高麗は海外貿易に受け身であったという指摘があり、(16)日宋関係を主に考えてよいと判断される。また、輸入された黄銅地金が、インゴットの形であったか黄銅粉の形であったかは、にわかに決めにくい。貿易荷物としての扱いやすさから言えば、インゴットであったとも考えられるが、顔料の一種という位置づけならば、黄銅粉であった可能性も捨てがたい。売り手が高価な貴重品として持ち込んだとすると、最初は限られた量の黄銅粉であったと見ておくべきかも知れない。いまのところ古写経の見返し絵を含め、絵画作品の分析例は少ないが、顔料という視点に立つなら、将来的にその例を増やして確認してゆくことも求められよう。

四　おわりに

本稿では、伝統的な鍮石自然合金説の背景を探るとともに、それと関連して黄銅地金がどのように生産、流通したかを瞥見した。本稿での考察結果を要約すれば次のとおりである。

1　西欧ではギリシア・ローマ時代から、黄銅合金が生産、流通しており、その地金の一部が、交易品として西アジアから中国にもたらされていた。

2　黄銅地金から黄銅製品を作ることは、中国・朝鮮では早くから行われたが、日本では、長く製品の輸入にとどまり、十世紀まで変化は見られない。

3　十二世紀後半の写経事業における黄銅泥の使用は、何らかの形で輸入された黄銅地金が、早期に利用された実例である可能性が高い。

大局的に見れば、東アジアで起きた変化は、鍮石自然合金説から人工合成への道程であった。ただ人工的な合成が普及した後でも、「真鍮」の語の生き残ったことが示唆するように、自然合金としての鍮石の存在は、実際にはありえないにも拘わらず、意識され続けたと言えよう。

以上のような見通しが正しいとすれば、日本における黄銅使用の歴史において、製品の輸入から地金使用への転換は平安時代末に起こったことになり、この時期に一つの画期を見出すことになる。僅かながら、これより古い黄銅地金の発掘事例とされるものも報告されているが[17]、十二世紀以前に、黄銅地金が全く舶載されなかったとも言えない。それらが製品の一部でないのかどうか、また黄銅地金であったとして、なぜそれらが広く普及するに至らなかったのか、新たな視点で検討することも必要であろうと思われる。

注

（1）以下で挙げる論考などの他、まとまったものとしては、森本芳行『黄銅の歴史』（私家版、一九八六年）、伊藤博之・小泉好延・原祐一『日本における真鍮の歴史』（私家版、一九九九年）がある。なお後者には前者についての言及はない。

（2）この逸文は、狩谷棭斎『箋注倭名類聚抄』（巻3、珍宝部、玉石類）の鍮石条にも引かれているが、それも棭斎独自の拠り所があったのではなく、『康熙字典』からの引用であろう。本居宣長『古事記伝』における直接的な漢籍引用は、大半が『康熙字典』の孫引きであるとの指摘がある。箋注の引用漢籍を精査した上でなければ確言はできないが、棭斎も宣長と同じ手法を学んでいたとみて不都合はない。宣長の漢籍引用に関しては、千葉真也「『古事記伝』における『康熙字典』」（『相愛大学研究論集』五巻、一九八九年）参照。

（3）平子鐸嶺「鍮石考略」（『増訂 仏教芸術の研究』国書刊行会、一九七六年。一九〇八年初出）。

（4）加島勝『柄香炉と水瓶』独立行政法人国立文化財機構監修『日本の美術』五四〇号、至文堂、二〇一一年）。

（5）小此木忠七郎「黄銅（真鍮）に就いて」（『考古学雑誌』七―六、一九一七年）、坪井九馬三「鍮石に就て」（同上、九―九、一九一九年）、同「鍮石に就て（補遺）」（同上、九―一〇、一九一九年）。

（6）シルヴァーナ・バルビ・デ・カーロ「帝政ローマの貨幣」（イタリア貨幣・メダル展実行委員会編『「イタリア貨幣・メダル展」図録』日本経済新聞社、一九九一年）。なお、早川泰弘、犬塚将英、西山要一の諸氏による分析（西山要一編『古代～中世の「鍮石」「真鍮」の研究』日本学術振興会科学研究費補助金二〇一八年度研究報告、奈良大学、二〇一九年、所収）で、二個のローマ貨幣が分析の対象とされ、ともに黄銅貨と確認されている。これらはセステルティウス貨、ドゥポンディウス貨のどちらかと考えられるが、量目が記されていないため確定できない。

（7）西山要一他「イタリア・シチリア州ジェーラ沖発見の紀元前6世紀の真鍮インゴット」（西山要一編『古代〜中世の「鍮石」「真鍮」の研究』（日本学術振興会科学研究費補助金二〇一九年年度研究報告、奈良大学、二〇二一年）。

（8）村川堅太郎訳『エリュトゥラー海案内記』第六節（生活社、一九四六年）。村川氏の訳では「装飾として、或は切り刻んで貨幣の代りに用ゐられる真鍮」とある。

（9）周衛栄「〝鍮石〟考述」（『文史』二〇〇〇年四期。のち周衛栄他『銭幣学与冶鋳史論叢』中華書局、二〇〇二年に再録）。

（10）東野治之「古代の日本と朝鮮における真鍮の使用」（注6前掲書）。

（11）全相運「新羅銅と高麗銅」（藪内清先生頌寿記念論文集出版委員会編『東洋の科学と技術』同朋舎出版、一九八二年）。

（12）東野治之注10前掲論文。

（13）西山要一・東野治之「東アジアの真鍮と紺紙金銀字古写経の科学分析」（『文化財学報』三三集、二〇一五年）。

（14）小松茂美『平家納経の研究』研究編下（講談社、一九七六年）五五六・五七六頁。

（15）西山要一・清水梨代「紀三井寺（紀三井山金剛宝寺）所蔵の大永二年再建勧進帳の科学分析」（注7前掲書）に取り上げられている勧進帳は、その一例である。

（16）森克己「日・宋と高麗との私献貿易」（『続々日宋貿易の研究』国書刊行会、一九七五年。一九五九年初出）。

（17）西山要一・東野治之注13前掲論文。

第二章

金石文と典籍

庚寅銘大刀の銘文とその書風

一　銘文の内容

福岡県の元岡G6号墳から出土した鉄刀（図1）は、日本列島における新たな銘文入り古代刀剣の発見例として、大きな注目を集めた。その銘文については、研ぎ出しが終わった現在、金象嵌であることが確定し、次のような文字の存在が確かめられている[1]。

大歳庚寅正月六日庚寅日時作刀凡十二果湅

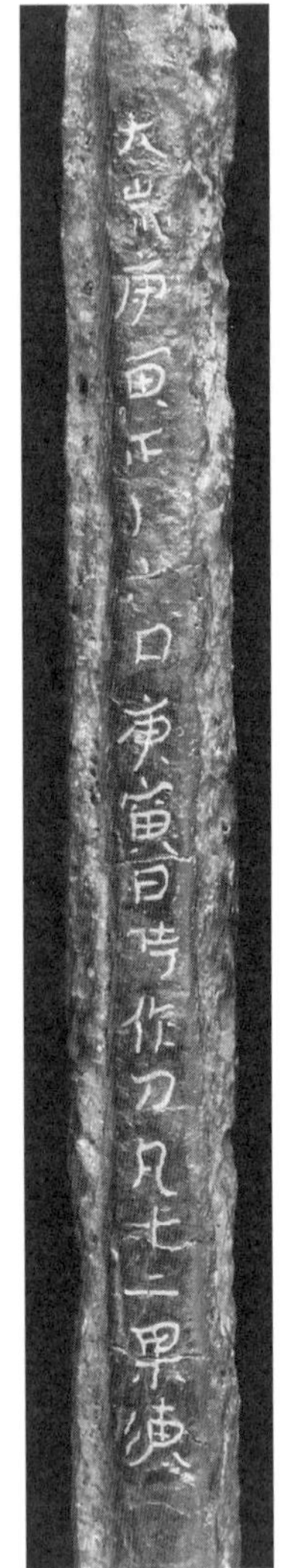

図1　庚寅銘大刀銘文

（注1文献より）

末尾の文字に関しては、他の文字にも見られる象嵌線の欠失を想定すれば、「涷」と釈読してよいであろう。二水偏ではなく三水偏の場合であるが、これと酷似する形で表した例を、後漢永初六年（一一二）銘大刀（中国山東省出土）の「湅」に見ることができる[2]（図2）。このことからもうかがわれるように、この銘文の書風は、楷書完成前の、隷意を交えた古いものであるが（後段参照）、「涷」の最後の二画が縦画から離れる形は、漢の木簡の書に例が多い[3]。また漢代の隷書碑や木簡では、「涷」は「湅」に通用する例が知られている[4]。「湅」と「涷」は字体上区別なく使われるのが普通であり、「湅」は永初六年銘刀では「卅湅」と見え、「練」ないし「錬」の意で使われているから、「涷」は「湅」「練」に通用し、意味は「きたえる」と考えてよいであろう。観智院本『類聚名義抄』などの古辞書では、「錬」にカネキタフの訓が見られる[5]。またその上の「果」は、刀剣を数えた単位のようにも見えるが、刀剣の単位としては違和感があり、『類聚名義抄』の訓「ハタス」「トグ」を生かし[6]、成就するの意と解したい。これを踏まえて全体を読み下すと、次のようになる。

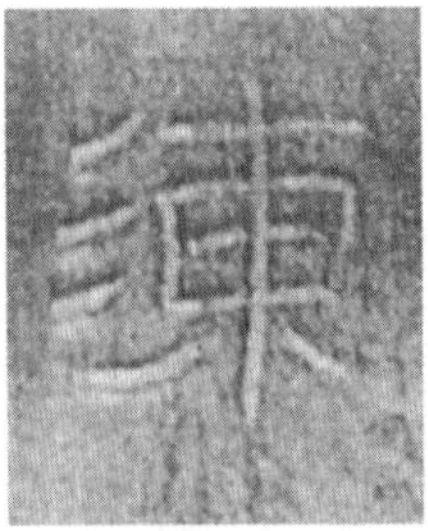

図2　後漢永初6年銘大刀の「湅」（注2論文より）

大歳庚寅、正月六日、庚寅の日、時に刀を作ること凡（すべ）て
十二、果たして涷（きた）う。

後半部の読み方になお検討の余地もあろうが、その結果如何に関わらず、文意はほぼ明らかであり、庚寅年の正月六日庚寅の日に、

刀を総計十二作り、それが完成して鍛えた、ということである。中国南朝の宋で行われた元嘉暦法に拠れば、庚寅の年の正月六日が庚寅に相当する日が実在し、西暦五七〇年に絞り込めることは、すでに坂上康俊氏によって明らかにされている[7]。二〇一五年に行なわれた速報展示の解説では、「十二」を叩き鍛えた回数の多さを表現した形容としているが、既に知られている刀剣銘では、そのような場合、「百練」（東大寺山古墳大刀、七支刀）、「八十練」（江田船山古墳大刀）などとあり、何度も鍛えた回数として、「十二」は少なきに過ぎよう。「凡」（すべて、あわせて）の語があることも考え合わせ、作刀数と解するのが妥当である。

注意すべきは、かつて指摘したように、その年月日が特殊な意味を持つことである。即ち年月日のいずれもが寅と関連する。「大歳庚寅」「庚寅日」は当然として、「正月」もまた寅と無関係ではない。月の名称を、北斗七星の斗柄が指す方向で呼んだ場合、正月は建寅の月となる[8]。この刀は寅の年、寅の月、寅の日に作られたわけで、この特殊な日が意識して選ばれていることは間違いなかろう。

寅の年、寅の月、寅の日に製作されたという、いわゆる三寅剣（実際には刀も含む）は、特別な呪力を持つ霊剣として、中国で古くから尊ばれてきた。そのことに関しては西山要一氏の研究に譲って[9]詳説は控えるが、日本列島に古くから伝来した実例として、長野県所在の三寅剣があることを注意しておきたい[10]。この刀には、棟の鎺近くに銀象嵌で「三寅剣」の文字が表され、刀の表裏にも金銀象嵌で梵字や神王、星宿の図像が表現されている。製作年代や製作地については諸説あって定説を見ないが、おそらく平安時代を降らない時期に船載されたか国内で作られたものであろう。三寅剣についての文献史料は、比較的新しいものが多いが、これによってその古い実例が確かめられるのは貴重である。元岡G6号墳の鉄刀は、年代的にそれより遥かに遡り、文献史料の欠を埋めるものと位置付けてよかろう。なお、作刀数が「十二」というのも俗信との関連を想起させる。即ち月の名称を建寅から始まって、斗柄の方向で呼ぶことは、暦に伴う俗信の一つ、十二直の基本原理である。[11]製作の背景に、広い意味での道教的な信仰があると考えるべきであろう。

ところでこの鉄刀が一種の三寅剣として製作されたとした場合、その年月日が果たして実際の製作年次を表しているのかという疑問もありえないではない。これまでも古代の刀剣や鏡鑑の銘文に見える「丙午」という日付干支に関して、例数があまりに多く、それが火を用いる金工品の製作にふさわしい日付として、実際の日付とは無関係に入れられているという指摘がなされてきた。[12]「庚寅」の「庚」は五行の金に対応し、寅が僻邪の意を有するとすれば、これらもまた架空の年月日である可能性も完全には排除できない。ただ五七〇年という年紀が古墳の年代とも整合的であるばかりでなく、銘文があからさまに三寅剣であることを主張していないことも考慮すると、現実にこの珍しい日付に遭遇して製作されたと考えて差し支えないのではなかろうか。事実この鉄刀が三寅剣であることは、出土当時、私が読売新聞紙上で指摘[13]するまで気づかれていなかった。銘文を前掲のように読めば、文中の「時に」は、「まさにこの時に」の意で、この日付の珍しさが意識されていたことを示すかもしれない。

二　銘文の書風

以上のように、この鉄刀の銘文は、これまでの古墳時代刀剣銘にみられなかった意義を備えているが、その書風もまた、十分に検討すべき独自の特色を有する。この銘文と類似する書風を他の銘文に求めるなら、最も近いのは埼玉県稲荷山古墳出土鉄剣の金象嵌銘[14]や朝鮮の伽耶出土と伝える鉄刀（東京国立博物館蔵）の銀象嵌銘[15]であろう。総体に丸みの強い字形が共通する。しかし銘文の研ぎ出し以後指摘されているように、字画の所々に筆勢が表れている。これは多くの古墳時代刀剣と異なる目立った特徴といってよい。

この相違は、これまでの刀剣銘が隷書の筆遣いに則り、筆の穂先（鋒）を字画の線の中央に据えて引く蔵鋒のスタイルであるのに対し、この鉄刀銘も隷書の影響が強い書風ながら、穂先を字画の端に現す露鋒の筆法を併せ用いることから生じている。蔵鋒は、隷書より古い篆書の時代から受け継がれた筆法で、楷書の完成後はほとんど見られなくなった。文字の右肩で一旦筆を押さえて転折し（三過折）、撥ねや払いを見せる楷書に比べ、隷書の字画が丸みを帯びるのは、楷書がもっぱら露鋒で書かれるのに対し、隷書は蔵鋒を基本とするからである。蔵鋒の書は筆力が内に籠って渾重、露鋒の書は勢いが表面に出てやや軽快である。日本では七世紀代まで隷書の書風が残るので、刀剣銘に限らず丸みのある隷書的な文字が多い傾向がある。

この鉄刀の銘文の書風は、それらとは異質に見えるかもしれないが、これを新しい楷書の影響とみるのは適切ではなかろう。三過折がなく、全体として曲線に富む軟らかい筆画は、この銘の書の基本が隷書にあることを物語っている。注意すべきは、隷書が常用書体であった漢代にあっても、露鋒による書は存在したことである。漢代の碑や木簡には、それが表れているので、一、二の例を挙げておく。図3は『隷弁』に引かれた袁良碑の「刀」である。漢碑の字はおおむね蔵鋒で書かれているが、このように露鋒により、起筆で打ち込みを見せ、字画の末尾で筆を抜く書もあったことがわかる。図4は漢簡の「時」であるが、これを銘文の字と合わせみれば、偏の「日」を左上に寄せて書く特徴なども共通し、双方が同じ系統の書風であることは明瞭であろう。

当然のことながら、蔵鋒で書こうとすれば書く速度は遅くなり、速度を要する書には向かない。木簡の書のような日常の書に露鋒が目立つのは、ある程度早く書くことが要求されたからであろう。この鉄刀銘の書が、完全な蔵鋒で書かれた稲荷山古墳鉄剣の銘などと異なって見えるのは、その下書きがやや速度をもって露鋒を加味しながら書かれたためで、基本はいずれも隷書的な書風にあると言ってよい。ただ言うまでもないが、銘文の書風は完全な隷書ではない。ここに使用されている「庚」は、ほぼ楷書の字形と同じであるが、隷書では第七画を左に曲げず、縦に貫く形が普通である。また

図3　袁良碑の「刀」
（伏見冲敬『隷書大字典』角川書店、1989年）

図4　漢簡の「時」
（佐野光一『木簡字典』雄山閣、1985年）

「寅」の字は、穴冠をいただく形になっているが、この字形は字典を見る限り漢簡には現れず、漢代にはなお一般的でなかったことが推測される。それに対して南北朝時代の碑や造像銘、日韓の金石文では、むしろ穴冠の異体字が一般的であり、そこにこの銘文の書の時代性が表れているといえよう。いずれにせよ、この鉄刀銘の書は、隷書風の銘における多様性を示したものとして興味深い。

三　銘文から見た大刀の製作地

内容と書風の二面から銘文を検討したが、残る大きな問題として製作地がある。この問題にとって書風の特徴は決め手にならないであろうから、有力な鍵の一つとなるのは銘文の内容であろう。この鉄刀が三寅剣として作られている以上、他の三寅剣を含め、製作の背景に広い意味での道教思想があることは間違いない。長野県所在の三寅剣などは、それがさらに仏教と融合したものと理解される。そのような道教思想が日本の古墳時代にどこまで浸透、定着していたかと考えると、五七〇年ではやはり時期尚早という感を拭えないと思われる。五世紀ごろの倭には、すでに暦が伝来していたと考えられ、[16]それと密接につながる道教的な信仰も知られていたであろうが、刀剣の製作動機となるほど、直接的な形で影響力を発揮したとは、考えにくいのではあるまいか。十二本セットで企てられているというのも、よほど進んだ受容段階でなければ理解しがたいように思う。暦法の理解と不可分な天文観測についても、日食記事の初見は『日本書紀』（推古紀）であるし、暦注が実際に用いられた確かな例も、七世紀末の妙心寺鐘銘（六九八年）などを遡らない。[17]六世紀代は、なおカレンダーのみの受容にとどまった可能性が濃厚である。このように考えると、製作地は大陸に求めるのが妥当ということになろう。

しかし製作地の解明には、考古学的な考察を欠くことはできず、銘文のみで決せられるものではない。銘文の持つ上記のような特色に留意しつつ、多方面からの検討が遂げられることを願ってやまない。

注

(1) 福岡市教育委員会編『元岡・桑原遺跡群30』二〇一八年。

(2) 劉心健・陳自経「山東蒼山発現東漢永初紀年鉄刀」(『文物』一九七四年十二期)。なお庚寅銘の場合、象嵌の欠失も見られるので、もと三水偏であったことも一応考えられるが、偏を左上に寄せるこの字の姿からすれば、もう一点を入れる余地はないであろう。

(3) 佐野光一編『木簡字典』(雄山閣、一九八五年)の当該項参照。

(4) 甘粛省博物館・武威県文化館合編『武威漢代医簡』(文物出版社、一九七五年)八七号乙に「治湯火涷方」と見える、その「涷」は「凍」に同じで、通用の一例である。

(5) 観智院本『類聚名義抄』僧部上。

(6) 同右仏部下本。

(7) 坂上康俊「庚寅年鉄刀発見の意義」(『毎日新聞』二〇一一年十月十九日夕刊)。

(8) 日本中世の文献ではあるが、『暦林問答集』上、釈月建第二十四に要を得た説明がある。『群書類従』雑部所収。

(9) 西山要一「東アジアの古代象嵌銘文大刀」(『文化財学報』十七集、一九九九年)。

(10) 同右「三寅劔の象嵌技法とX線透過写真」(同右十三集、一九九五年)。

(11) これもまた『暦林問答集』上、釈十二直第二十二の説明が簡明である。なお十二直については、山田孝雄「妙心寺鐘銘考」

(『古京遺文』宝文館、一九一二年) 参照。

(12) 福山敏男「石上神宮七支刀の銘文」(『日本建築史研究』墨水書房、一九六八年)。

(13) 東野治之「福岡・元岡古墳群出土の大刀」(二〇一一年初出。『史料学探訪』岩波書店、二〇一五年に再録)。なおこの小文では、銘文中の「日時」に関係して、「時」は寅の時を指す可能性に言及したが、この簡単な銘文の措辞にそこまでの意味を求めるのは適切でなかろう。

(14) 埼玉県教育委員会編『埼玉稲荷山古墳辛亥銘鉄剣修理報告書』(一九八二年)。

(15) 東野治之「朝鮮半島出土の単龍文環頭大刀銘」(『日本古代金石文の研究』岩波書店、二〇〇四年)。

(16) 斉藤国治編『小川清彦著作集　古天文・暦日の研究』(皓星社、一九九七年)。

(17) 暦注が用いられた例として、六六六年の年紀を持つ野中寺弥勒菩薩像台座銘があるが、その実年代には疑問がある。東野治之「野中寺弥勒菩薩半跏像銘文論」(奈良県立橿原考古学研究所編『橿原考古学研究所論集』第十八、八木書店、二〇二二年) 参照。

吉備真備書の李訓墓誌と楊貴氏墓誌

一　はじめに

二〇一八年末に中国で李訓墓誌の発見が報ぜられた時、同じく下道真備（吉備真備）に関連する史料として、江戸時代に大和国宇智郡大沢村から出土したという楊貴氏墓誌が話題になった。私もただちに楊貴氏墓誌の存在を想起し、現在実物は所在不明で拓本しか伝わらないものの、書風の類似を思ったことであった。下道真備の書丹に疑いない李訓墓誌の出現は、楊貴氏墓誌についての新たな検討を迫るものともいえる。楊貴氏墓誌の研究は、実物が行方不明であることや、一度偽物説が提起されていることもあって、長い間進展せずに来た。この機会に今一度考察を加えることも無駄ではあるまい。

二　これまでの研究

楊貴氏墓誌の実質的な研究は、この墓誌の存在が文化末年に狩谷棭斎のもとにもたらされ、棭斎がその著『古京遺文』に取り上げたところから始まった。明治三十五年（一九〇二）に刊行された重野安繹『右大臣吉備公伝纂釈』（吉備公保廟会事務所）に真備の伝記史料として挙げられ、評価は定着したかにみえるが、第二次世界大戦後、岸俊男氏がこの墓誌に注目して、「楊貴」は「八木」を唐風に飾った表記であり、正倉院文書などから、八木氏の本貫は、この墓誌の出土地、大和国宇智郡に推定できるとする論考[1]を発表するまで、その史料的価値が深く検討されることはなかったと言ってよい。それには、江戸時代を通じて、この墓誌が三度埋納を繰り返し、遂に行方不明となったことが大きく影響していよう。

岸氏はこの論考の中で、楊貴氏と八木氏の関係を指摘する一方、それとは矛盾するような墓誌への懐疑も表明していた。真備の祖母の蔵骨器が圀勝寺に納められた享保十三年[2]（一七二八。実はその前年の享保十二年）と同年にこの墓誌が出土していること、楊貴という表記が、もし唐での楊貴妃の登場と結びつくなら、この墓誌の天平十一年という年代より少なくとも六年を降らなければ時代は合わないこと、墓誌の材質が瓦塼であるのは、古代の墓誌として例が稀で、形状も特異であることなどがそれである。そのいずれについても、岸氏は積極的に疑うことを避けているが、墓誌への疑いを促すところがなかったとは言えない。

なお、このうち楊貴という表記の問題については、狩谷棭斎以来言われてきたとおり、「八木」を好字で表したに過ぎないと見ることができ、積極的な疑惑には結びつけがたい。岸氏は、楊貴を楊貴妃に関連させる説が古くからあったとして、中山信名の『墳墓考』（『右大臣吉備公伝纂釈』所引）を挙げられたが、中山は、楊貴は八木であり、趣きのある漢字を宛て用いたに過ぎず、各地に楊貴妃の墓と伝えるものがあるのは、八木氏の女子の墓であると述べたのであって、墓誌の用字が楊貴妃の号に基づくと言ったわけではない(3)。この点は、中山のために冤を雪いでおかねばならない。

さて岸氏の提起を受けて、疑惑を積極的に打ち出したのが、近江昌司氏の研究であった(4)。近江氏は、まず墓誌の発見と伝来の経過を整理し、出土地ならびに墓の構造を論じ、墓誌を出土した墓は、十二枚から三十枚ほどの塼を敷き詰め、その上に蔵骨器と思しい甕を置いていたと推定された。この構造は、真備の祖母の蔵骨器を出した岡山県真備町東三成の古墓とよく似ているという。その上で、現在伝わっている楊貴氏墓誌の拓本を集成、調査し、拓本には原品から出拓されたものと、原品の拓本から作った彫版を出拓したものがあり、東京国立博物館A本が最も原品の面影を伝えているとされた。拓本からは、墓誌が布目のある塼を使って作られていることが分かる。原拓本を検討された近江氏は、字句や文章に不審な点はないが、全体として次のような疑問があるとされた。即ち①文末の「歳次己卯」は、一旦文が終結したのちにやや筆致を異にして加えられた形跡があり、この四字を除くと全体の文字の布置が著しくバランスを欠くことになること、②この墓誌の文字は、筆致に流麗さや力強さがなく、字画の端々が丸くなっていて焼成後の塼に刻まれた可能性が極めて高いが、偽銘にはこの種の刻字法による例が少なくないことの二点である。あわせて宇智郡にも、楊貴妃が住したという伝説があったことを踏まえ、近江氏は、近世に宇智郡から火葬墓が発掘されたことは事実であっても、そこから楊貴氏墓誌が出たというのは疑わしく、墓誌はこの火葬墓から出土した塼に後人が刻んだものであろうと結論された。岸俊男氏が、この説を受けて、前記の論考で表明した楊貴氏墓誌に

対するいくつかの疑いが一層強まったとされたこともあって、これ以後、偽物説が有力となったことは確かである。(5)

三　刻字法と出土事情をめぐって

楊貴氏墓誌の価値を判断するにあたって、墓誌の発見と時期的に微妙に関連する、岡山県真備町東三成の古墓や、蔵骨器を出した真備の祖母の墓の問題も避けて通れないが、まず検討されねばならないのは、近江説の①②であろう。特に②は重要であり、この点から検証を始めたい。

近江氏が②の見解を示されたのは、真正な銘ならば、焼成前の生乾きの塼にヘラ書されるという認識が一般的であるためであろう。刻銘の真偽をこの観点から判断するのは、確かに多くの場合妥当であり、その点に異論はない。ただ、近年出土例を増している資料の中には、出土状況から見て、後世に手の加えられたはずがない遺物に、記号ないし文字ともとれるものを刻んだ例が見出されている。私自身が実見した例を一つ挙げれば、三重県安濃町の大城遺跡から出土した高坏の場合がそれである。この高坏は、残った脚部外面に、「年」「奉」その他の可能性が指摘される文字様の刻銘があった。(6)高坏の年代は弥生時代（二世紀中頃）と判定されている。その後の詳細な検討によって、漢字とするには問題が多いことが指摘されているが、(7)注目されるのは、そのような刻入が焼成後の土器に施されていることである。同じように焼成後の刻入とみられる資料は、「大」らしき文字を刻んだ長野県根塚遺跡出土の土器片（三世紀）や、(8)文字様のものを刻んだ愛知県春日井市の勝川遺跡出土埴輪(9)

（六世紀）など他にも知られ、決して珍しい事例とは言えなくなってきている。考えてみれば、一定の強度を持つ土製品に、何らかの刻入を行うことは、当然あってしかるべきであろう。ただ、管見の故か、いまだ飛鳥・奈良時代の遺物でこのような例を聞かないように思うが、こうしてそれより古い例が見出されるとすれば、時代が降っても、引き続き同様なことが行われていて不思議ではないはずである。

そもそも先に言及したヘラ書による焼成前の刻銘には、製作について大きな制約のあることに注意しなければならない。文字を書く人は、塼や瓦の製作されている場所に、刻銘に都合の良い乾き具合の時期を見計らって出向き、作業することを求められる。その場所は一般に辺鄙なことが多く、この条件を満たすのは決して容易なことではなかったと思われる。仮に筆者の都合に合せて特別な塼一枚を用意するとしても、焼成は単独に行えず、作業条件も制約されて、結局は同じ結果となろう。墓誌の場合、この条件を克服した紀吉継墓誌（塼製）のような例も確かに存在するが、銘文の下書きを与えて焼き上がった塼に刻ませるという簡便な方法も、一方で歓迎されたのではあるまいか。

このように考えてくると、たとえ刻む字数を材質的にあまり増やせないという欠点はあるにせよ、焼成後の塼に刻銘するという形で作られた墓誌も存在してよく、そのような製法の墓誌を一概に偽物とするのは避けた方がよいと判断される。近江氏が挙げられた②は、この意味で再考を要すると思う。そこで楊貴氏墓誌について次に考えるべきは、文末の「歳次己卯」が不自然という①の指摘である。この点、近江氏の鋭い観察は誠にもっともで、この四字が追記されていることは確かであろう。

しかし近江氏が、この四字を除くと墓誌の末尾が空き過ぎ、全体の文字の布置が不均衡を来すとして、追記のように言われたのはいかがであろうか。墓誌の偽作者はこのことに気づいて、末尾四字を付け足したというわけであるが、この推定は、墓誌の刻銘者が直接ぶっつけに文字を彫って行ったとして、初めて成り立つ。事実はそうでなく、塼の大きさに合せて全文の下書きが用意され、あるいは塼に直接全文が下書きされて、彫りにかかるという順序であったはずである。それならば墓誌の末尾がどのようになるかは、あらかじめ予想されていたであろう。問題の四字は、偽作者がその不手際を糊塗するために補ったというようなものではなく、墓誌の筆者か、あるいはその関係者が、さほど時間を置かず、生じた余白に必要な語句を加えたと理解すべきである。その必要とは、没年の干支を記しておくことであった。

周知のとおり、大宝以降、年号が継続的に使用されるようになって、七世紀まで一般的であった干支による紀年はほとんど姿を消した。これを公文書には年号を記せとする儀制令二六条の影響とする見方もある。(10)いずれにしても、年号の使用が圧倒的となったが、かつて論じたとおり、一部で根強く干支紀年も用いられ続けた。その用例を見ると、個人の死没年に使われるのがほとんどである。おそらく年号紀年では実際の没年が分かりにくく、遡って数えるにも不便という欠点が、干支紀年の使用ないし併用を促したと考えられる。楊貴氏墓誌に関しても、まさにこれが当てはまるのではないか。(11)当初は刻字の困難を考えて、できるだけ字数を減らすという意図から干支を省いたが、やはり「天平十一年」というだけでは不便と考え、「歳次己卯」を追加したのであろう。その際、若干の時間差や刻銘者の交代というような事情が介在して、やや雰囲気を異にする刻字となったことが推定できる。従って近江氏のように、これを偽作の結果と考える必要は、必ずしもないであろう。

以上のように見てくると、楊貴氏墓誌の信憑性を疑うべき理由は、ほぼ消滅する。文の内容に問題がないことは、狩谷棭斎以来の諸家がみな認めているところであり、残るところはこの墓誌の出現した事情いかんとなろう。この墓誌を疑う研究者の中には、近江氏以外にも、岡山県真備町東三成の古墓から出た真備の祖母の蔵骨器と関連させ、その時期を不審視する向きがある。前にも触れたが、確かに楊貴氏墓誌の発見は、真備の祖母の蔵骨器が圀勝寺に納められた翌年であった。しかしこれをもって、真備の祖母の蔵骨器が、偽作された楊貴氏墓誌の登場を促したと見るのは正しいであろうか。双方の遺物の発見事情は、木崎好尚氏や蔵中進氏が詳しく述べておられるので繰り返さないが、[12]年次は近接していても、短絡的に結び付けてはならず、それぞれの情報の伝わり方に注意する必要がある。即ち新たに設けられた圀勝寺に蔵骨器が納められたことは、当時どれほどの地域的、階層的広がりをもって受けとめられたのか、いち早くその情報が各地にもたらされ、影響力を発揮することがあったのか、いずれも確認できるわけではない。備中国から隔たった大和国中部で、翌享保十三年に早速偽物が作られたとするには、更なる傍証が必要である。一方、楊貴氏墓誌も、発見後、埋納が繰り返されており、その情報が考古家の間に広く共有されるようになるのは、狩谷棭斎のもとに知らせが及んだ文化末年以後と考えるべきであろう。こうみると、二つの遺物の発見は、偶然年次が近接したとはいえ、相互にすぐさま交渉が生じたわけではなかったと判断すべきである。この出土年次の近接をもって、楊貴氏墓誌を疑うには及ばない。

かくて楊貴氏墓誌は、刻法、文章、出土事情のいずれをとっても特に不審とすべきところはなく、古代の墓誌の一類型として認めてよいであろうと考える（刻字に朱が埋められていたという点については後述）。その場合、付言しておかねばならないのは、同じ下道氏に関係する刻銘塼のことである。この塼は下半を失っているが、残存部分に次のような刻銘二行が残る。

左衛士府
夫人下道

この塼は、前述した真備町東三成の古墓のすぐ近くから出土したと伝えるもので[13]、楊貴氏墓誌となじく、焼成後の塼に文字が刻まれている。楊貴氏墓誌と同様、その製作法から疑われてきた遺物であるが、楊貴氏墓誌が真正の墓誌とすれば、この塼もまたその点では再評価の可能性が出てこよう。ただ、この塼の場合、近江氏が復原図を示されているように、想定される字句に比して、下半部の寸法が狭きに過ぎる嫌いがある[14]。この塼に関しては、下半部にどのような文言が復元できるかを含め、なお今後の検討に俟つこととしたい。

四　楊貴氏墓誌の書風

迂遠な記述に終始してきたが、読者からすれば、楊貴氏墓誌と李訓墓誌の間に関係はあるのか、あるとすればどのようなものかという点が、大きな関心事であろう。これまでにも増して論証不足の所

図1　李訓墓誌拓本（注15閻焰著書より）

從五位上守右衛士督兼行中宮亮
下道朝臣真備葬亡
妣楊貴氏之墓
天平十一年八月十
二日記
歲次己卯

図2　楊貴氏墓誌拓本（注4論文より）

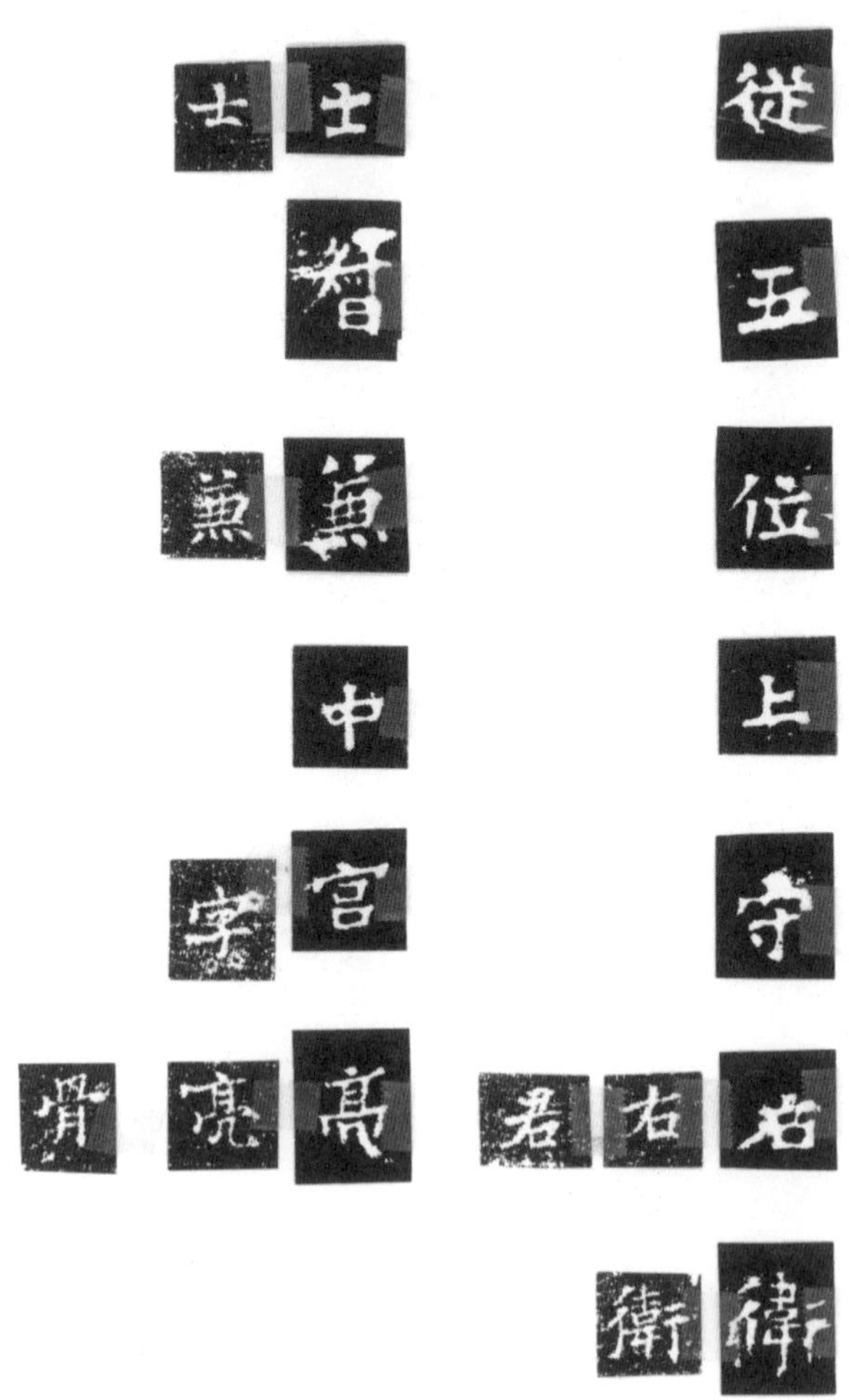

図３　楊貴氏墓誌と李訓墓誌の文字対照表（1）

図４　楊貴氏墓誌と李訓墓誌の文字対照表（2）

図５　楊貴氏墓誌と李訓墓誌の文字対照表（3）

感にならざるを得ないが、書の観点から一応の見通しを述べておこう。

楊貴氏墓誌は、内容から言って、亡くなった下道真備の母に近い人物が文を作り下書きを書いて彫らせた可能性が、当然考えられよう。重野安繹が『右大臣吉備公伝纂釈』において、この墓誌の筆者を真備自身としたのも無理からぬところであった。重野は次のように述べる。

又按、吉備公ノ筆跡モ亦世ニ伝ハラズ、（俗ニ称スル手鑑張交ノ類ハ論ゼズ）幸ニ此ノ墓志アリ、其一斑ヲ窺フ事ヲ得タリ、筆意樸実雅勁ニシテ、北碑ノ気格ヲ失ハズ、（中略）真ニ宝翫スベシ（『右大臣吉備公伝纂釈』上、二六丁表）

『右大臣吉備公伝纂釈』が、墓誌拓本を実物と見まがうばかりに複製して折り込み図版としたのも、これが真備の筆跡とする右のような認識があったからに相違ない。しかしこれは、あくまで推測にとどまり、何ら裏付けのある判断ではなかった。ところが今や、李訓墓誌の出現によって、真備の下書き（書丹）になる確かな資料が現れた。真備の筆跡という観点から比較すべき材料が得られたことになる。そこで楊貴氏墓誌の文字を、李訓墓誌の文字と対照させてみたのが図3—5である。双方の墓誌に共通する文字はさほど多くはないが、楊貴氏墓誌の書を注意して見る意味もあって、全文字を掲出してある。また同じ字ではないが、結体の類似ないし近似する字も、参考のため対比しておいた(15)。

細部の検討に入る前に、まず注意しておきたいのは、全体的特徴である。李訓墓誌の字が、右肩上がりの特徴を持ち、磔法を強調するなど、筆法に褚遂良の書の影響がうかがえるようであるが、この墓誌の書には、それに加えて、時に右肩上がりというよりも前のめりというのが当たっているような文字も見受けられる。三行目の「馬」、四行目の「帝」、一〇行目の「当」、一七行目の「弁」「其」「引」などは、その甚だしい例である。また、この傾向の変異として、九行目「章」、一〇行目「光」のように、逆「くの字」形ともいうべき字形をとる場合もみられる。ところが墓誌ほど明瞭ではないものの、同じ傾向は楊貴氏墓誌の字にも現れている。たとえば「道」「貴」「記」などである。「記」では旁の「己」が前傾するが、李訓墓誌の「調」「訓」に類似の気分がみられるといってよいであろう。その意味では、李訓墓誌と楊貴氏墓誌の書風に親縁性が認められる。

そのことは、さらに細かく双方の書を比較してゆくと、より確かになる。楊貴氏墓誌の「衛」（一行目）は、旁の「亍」が著しく下がって書かれているが、これは李訓墓誌の「衛」の特徴と同じである。同様に似た結体の字を挙げれば、二行目「兼」、「亮」、三行目「道」、「朝」、四行目「亡」、「楊」「貴」「墓」、五行目「月」などとなろう。すべてがそっくりと言えないまでも、例えば直接同じ字が現れない「楊」の場合、旁がやや逆「くの字」形であるばかりでなく、字形要素の似た「陽」「傷」と比べれば、右下部分の筆法に類似点がある。また李訓墓誌では「月」の第一画が左下に踏ん張るように強く引かれるが、この特徴は楊貴氏墓誌の「朝」（三行目）や「月」（五行目）と顕著に共通する。李訓墓誌は磨かれた石材への精刻、一方の楊貴氏墓誌は、彫技を振るうにも制約の多い焼成後の塼への刻入と、その書風を同一レベルで比較はできないが、それにもかかわらずこうした類似が指摘できるのは注目されてよい。

ただ、同じ真備の筆跡に基づくと判断するに当たって、最も問題となるのは、「備」の字体の違いであろう。即ち真備の名の「備」が、李訓墓誌では異体字で書かれているのに対し、楊貴氏墓誌では正字が使われている。同一人が自分の名を書するのに、同じ「備」とはいえ、異なる字体を用いることは、現在の常識では考えにくい。ただ、奈良時代にありえなかったかどうかは、検討を要するであろう。そもそも貴族や官人の名は、八世紀を通じて事情が変化していくものの、本来は音声による名乗りが基本で、表記は固定したものではなかった。同一人物が異なった表記で史料上に現れるのは、八世紀以前では珍しくない。要するにどのような表記であっても、一つの和語に帰着するならよしとされたのである。これは姓も名も純粋な和語であったからで、姓や名が漢字の熟語として意味を持ち、それに即した訓が固定すると、おのずから多様な表記は許されなくなる。この状況を考慮に入れるなら、真備本人が自分の名を書くのに、ある時は異体字を使い、ある時は正字を使うことがあっても、不思議はないであろう。真備という名は、もともと「真吉備」で、唐風に二字にするため「吉」を省いたとみられるが[16]、読みはいずれにしてもマキビであって、その和語こそが改変を許されない根幹である。極論すれば、マキビに宛てられた漢字は音仮名であり、漢字を宛て、どのような字体で書くかは、本質的なこととは見なされなかったと考えられる。従って、「備」の字体が両墓誌間で異なっていても、それをもって筆者が異なると断ずるのは妥当でないであろう。

「備」の字体の相違がこのように考えられるとすれば、李訓墓誌と楊貴氏墓誌の書を、全く別人のものと考えるべき要素は他に見出せず、むしろ類似点が多々あることは先述のとおりである。確たる証拠はもとより望めないが、差し当たり李訓墓誌の出現によって、楊貴氏墓誌の筆者は吉備真備である可能性が極めて高くなったとしておきたい。

五　おわりに

李訓墓誌の価値は、何よりも吉備真備の筆跡を伝える資料という点にある。本稿ではその点に注目して、これまでどちらかといえば疑われることの多かった楊貴氏墓誌を取り上げ、その製法がそれなりに合理性を有することを明らかにした上で、書の比較を試み、楊貴氏墓誌もまた、真備の筆跡を伝えている可能性を提示した。もしこの推定が当たっているならば、楊貴氏墓誌の刻字中に朱が入れられていたという情報も興味深く、あるいは真備の入唐経験と関係づけて理解できるかもしれない。というのは、大陸の墓葬に例の多い墓券には、往々朱書の例が知られているからである。(17) 真備の知識が、あるいはこの墓誌に影を落としたとも考えられよう。日本で墓券の実例として知られるのは、いずれも奈良時代後半以降のものであるから、(18) もしこの臆測が当たっているなら、楊貴氏墓誌の朱字は、中国の墓券の影響を語る古い痕跡となろう。楊貴氏墓誌の実物が出現することは、もはや期待できないであろうが、李訓墓誌の出現を機に、楊貴氏墓誌にもさまざまな視角から再評価の機会が訪れるよう期待してやまない。

注

（1）岸俊男「楊貴氏の墓誌」（『日本古代政治史研究』塙書房、一九六六年。一九六〇年初出）。
（2）『吉備公夫人古冢記』（飛鳥資料館編『日本古代の墓誌』一九七七年）。
（3）中山信名の説くところを原文で示せば、次のとおりである。「信名思ふに、楊貴はヤギにて八木なり、然るを楊貴の文字のおかしきまゝに仮り用ひしなり、今尾張の熱田其外のも、楊貴妃の墓といひ伝るがあるは、八木氏の女子の古墳なるべし」（『右大臣吉備公伝纂釈』上、二六丁裏）。
（4）近江昌司「楊貴氏墓誌の研究」（『日本歴史』二一一号、一九六五年）。
（5）筆者が編集を担当した飛鳥資料館編『日本古代の墓誌』（一九七七年）では、楊貴氏墓誌を正式には取り上げず、参考として関係文献や拓影を掲げるにとどめた。
（6）安濃町教育委員会・安濃町遺跡調査会編『大城遺跡発掘調査報告書』（一九九八年）。
（7）廣岡義隆「大城遺跡出土の線刻土器」（『萬葉風土歌枕考説』和泉書院、二〇二一年）。
（8）国立歴史民俗博物館編『古代日本　文字のある風景』（朝日新聞社、二〇〇二年）二〇頁など参照。
（9）「文字のチカラ展」実行委員会編『文字のチカラ　古代東海の文字世界』（二〇一四年）十九頁など参照。
（10）岸俊男「木簡と大宝令」（『日本古代文物の研究』塙書房、一九八八年）。
（11）東野治之「法隆寺伝来の幡墨書銘」（『日本古代金石文の研究』岩波書店、二〇〇四年）では、この点を理由として、楊貴氏墓誌の偽作説に疑いを呈したことがあった。三一四頁注三五参照。
（12）例えば木崎愛吉（好尚）『大日本金石史』一（好尚会出版部、一九二一年）一一七頁、岸俊男注1前掲論文、蔵中進「楊貴氏墓誌」（上代文献を読む会編『古京遺文注釈』桜楓社、一九八九年）。
（13）梅原末治「備中国小田郡に於ける下道氏の墳墓」（『考古学雑誌』七―五、一九一七年）。
（14）近江昌司「楊貴氏墓誌の研究」（注4前掲）。
（15）この表の作成には、北川博邦『日本上代金石文字典』（雄山閣、一九九一年）に負うところが大きい。李訓墓誌の字は、閻焔『日本国朝臣備書丹　褚思光撰文　鴻臚寺丞李訓墓志考』（文物出版社、二〇一九年）所載の拓影から採った。

(16) 入唐者が、唐風に姓名を飾った例は少なくない。東野治之『遣唐使船』(朝日選書、一九九九年)九五頁以下参照。

(17) 池田温「中国歴代墓券略考」(『東洋文化研究所紀要』八六号、一九八一年)参照。

(18) 間壁忠彦・間壁葭子「「矢田部益足之買地券文」の検討」(『倉敷考古館研究集報』一五号、一九八〇年)、岸俊男「「矢田部益足買地券」考釈」(『遺跡・遺物と古代史学』吉川弘文館、一九八〇年)、山本信夫「宮ノ本遺跡買地券と墳墓の検討」(国立歴史民俗博物館編『企画展示　古代の碑』一九九七年)。

東京護国寺所在の安倍仲麻呂塚の碑

国宝や重要文化財が関西、中でも京都や奈良に集中して存在するのは、長らく政治、文化の中心であった以上当然であるが、近代以降、首都となった東京には、国宝の所在件数の多さからも明らかなように、多くの文化財が集まった。その中には周知されないまま埋もれている品もあり、文京区音羽にある名刹、護国寺の安倍仲麻呂塚の石碑はその一例である（図1・2）。

図1　「安倍仲麿塚」碑（著者撮影）

図2　同左裏面（著者撮影）

安倍仲麻呂（六九九～七七〇）といえば、遣唐使に関心のある人なら先刻承知であろうが、養老元年（七一七）の遣唐使に従って留学生として渡唐、官吏登用試験に合格して玄宗皇帝に仕え、高官に昇った人物である。生年については、文武天皇三年（六九九）と大宝元年（七〇一）とする説があって、それぞれに論拠があるが[1]、いまは杉本直治郎氏の詳論に拠り、時に二十歳であったとしておく[2]。しかし、帰国の意思がありながらも玄宗の許可が下りず、天平勝宝五年（七五三）、ようやく許しを得たものの乗船が吹き戻され、ついに唐に骨を埋めることになる。『古今和歌集』巻九に見える「天の原振りさけ見れば春日なる御笠の山に出し月かも」という歌は、詞書に「唐土にて月を見てよみける」とあり、その左注では、帰国を前に明州の海辺で詠んだ歌とされ、望郷の思いを伝える歌として『百人一首』でも名高い。

そのように客死した仲麻呂ゆかりの石碑が、護国寺にあるのはなぜか。この碑は、護国寺の本堂の手前右にある大師堂の斜め前に据えられているが、実業家であり茶人・数寄者として聞こえた箒庵高橋義雄が、奈良から移したものである。本来の碑文は「(梵字)安倍仲麿塚」[3]とあるだけであるが、移建のいきさつは、後掲の碑陰に彫り付けられた銘文や箒庵の著書に詳しい[4]。先に私はその著書によって碑石の存在を知り、護国寺を訪れて簡単な紹介の文を草したことがあった[5]。その後、遣唐使の研究で名高い森公章氏が、拙文を引きつつ、さらにこれを紹介されたが[6]、銘文の読みには、なお慊らないところがあり、若干の加えるべき事実もある。そこでまず銘文を移録しておこう。

此碑旧在大和国安倍郁久没
蒿莱無人剥蘚者大正十三年
甲子仲秋移置斯地題詩于其
陰　　　箒庵逸人

恋闕葵心欲愬誰向東拝
賦望郷詞千秋唯有天辺
月猶照招魂苔字碑

（此の碑は旧大和国安倍郁に在り、久しく
蒿莱に没し、人の蘚を剥ぐ者無し。大正十三年〔一九二四〕
甲子仲秋、斯の地に移し置き、其の陰に詩を題す。
箒庵逸人

闕を恋うる葵心、誰にか愬えんと欲す。東に向きて拝し
望郷の詞を賦す。千秋唯だ有り、天辺の
月、猶照らす、招魂苔字の碑）

書き下し文を付したので、改めて解説を要しないであろうが、若干補足しておくと、詩引の末尾の「箒庵逸人」は、いうまでもなく高橋義雄その人で、奈良県の安倍村にあった碑を護国寺に移し建てたのが、大正十三年（一九二四）八月であったことを述べている。「闕」は、この場合、日本の朝廷、「葵心」はヒマワリが太陽の位置に合わせて花の向きを変えるように、強く慕う心で、仲麻呂の帰国の望みを言う。「望郷の詞」は、先に引用した「天の原」の詠歌である。「招魂苔字の碑」が、安倍村で苔むしていたというこの碑を指すことは勿論である。

碑の出所や移送の経緯について高橋氏が自ら記すところは次のとおりである。(7)

私は大正の初年奈良に於て、高さ四尺、幅二尺四寸、厚さ一尺許の自然石に、安倍仲麿塚と彫付けてある古碑を見付けたが、古色蒼然として、一見七八百年外の物と思はれ、碑面の文字は温秀高雅で、藤原時代名家の筆跡たる事、更に疑ふ所がないから、試みに其出所を問へば、大和国磯城郡安倍村の安倍文殊堂前にあったのだと云ふ。安倍村は安倍族発祥の地なので、仲麿が唐に於て物故した後、招魂碑として之を此地に建てたものであらう。然るに此古碑が今や道具屋の手に渡って、其店頭に曝さるるに至ったのは、如何にも怪訝に堪へぬ次第であるが、既に市場に出でたる以上は、早晩何人かの手に渡るであろうから、心なき人の手に渡らぬ先きに、兎に角私が買取って、一旦自邸伽藍洞に引取って置いた次第であるが、仲麿は弘法大師よりも先輩で、然かも年代に格別の相違なく、又同く入唐したる縁故もあるから、之を護国寺の大師堂前に移建するの

は、決して不倫ではあるまいと思ふ（下略）

高橋氏は以上のような考えの下に移建事業を起こし、碑の傍らに茶席などを備えた仲麿堂なる建物を営み（図3）、その本尊として彫刻家内藤伸氏の手になる仲麻呂の木彫像を安置した。その上で、翌大正十四年五月九日に仲麿堂開扉茶会を催し、これらを披露した[8]。高橋氏によれば、仲麻呂を唐文化に心酔し、唐に仕えた売国奴とする江戸時代以来の評価を、覆したい思いもあったという[9]。ただ今日の目から見ると、この碑が鎌倉時代まで遡るような古いものとは考えられない。自然石を簡単に加工しただけの形姿や良好な保存状態、さらにその書風からすれば、やはり近世になってからの作と考えるべきであろう[10]。

図3　護国寺「安倍仲麿塚」碑と仲麿堂（著者撮影）

それにしても、この碑は漠然と「大和国磯城郡安倍村の安倍文殊堂前にあった」というばかりで、本来、どこにあったかは興味の湧くところである。古い直接の記録はないが、延宝三年（一六七五）の序を持つ太田叙親・村井道弘『南都名所集』巻九[11]、安部の項には、次のように仲麻呂の塚にふれ、簡単な絵を載せている（図4）。

又仲麻呂の塚、田の中に有。近き比、上方一丈も有しが、をの

づから崩れて、今はすこし有也（句読点は筆者）

また、これとほぼ同時期、延宝四年刊行の林宗甫『大和名所記』（和洲旧跡幽考）巻十九[12]に次の記事がある。

安倍の西の田中に、安倍仲麿の墳、かたばかりのこれり。（句読点は筆者）

図４　『南都名所集』巻９（著者架蔵の原刊本による）

このように、少なくとも十七世紀末には、安倍村に仲麻呂の塚ないし墓とされるものが存在した。また、これより百年ほど後の『菅笠日記』にも、次のような記事がある。[13]

さてもとこし道を、文殊の寺までかへりて、あべの里をとほりて、田の中に、あべの仲まろのつか、又家のあとといふもあれど、もはら信じがたし。大かた此わたりに、仲まろ・晴明の事をいふは、ところの名によりて、つくりしこととぞ聞ゆる。（句読点は筆者）

『菅笠日記』は、本居宣長が安永元年（一七七二）に大和方面を訪ねた時の紀行で、寛政七年（一七九五）に刊行された。宣長は、これらの伝承を安倍という地名から作りだされたものと一蹴しているが、安倍氏の本貫地と見られるこの場所に、ゆかりの人物の伝承地があるのは、一概に退けられるべきではない。これによって「つか」の他に、仲麻呂の家の跡というものもあったことがわかる。塚の位置は明確ではないが、『大和名所図会』[14]巻六（寛政三年刊）に掲げられた安倍文殊堂（現在の安倍文珠院）の図（図5）によると、「そう門」（総門）の前の左右に「みさゝき」とある塚のどちらかがこれであろうか。

さらに昭和初年、開発が進行する前に現地を踏査した石田茂作氏は、寺地の西側の水田中に古瓦の多く出土する「俗に仲麿屋敷と称する処」があること、近年までその東北に、上に石碑の立つ芝生の封土があったことを述べている。[15]この「仲麿屋敷」は、宣長のいう「家のあと」に相違ない。石田氏はここを往古の安倍寺の塔跡と推定したが、戦後の発掘調査でそれが確認され、いまは桜井市の安倍史跡公園に復元整備され

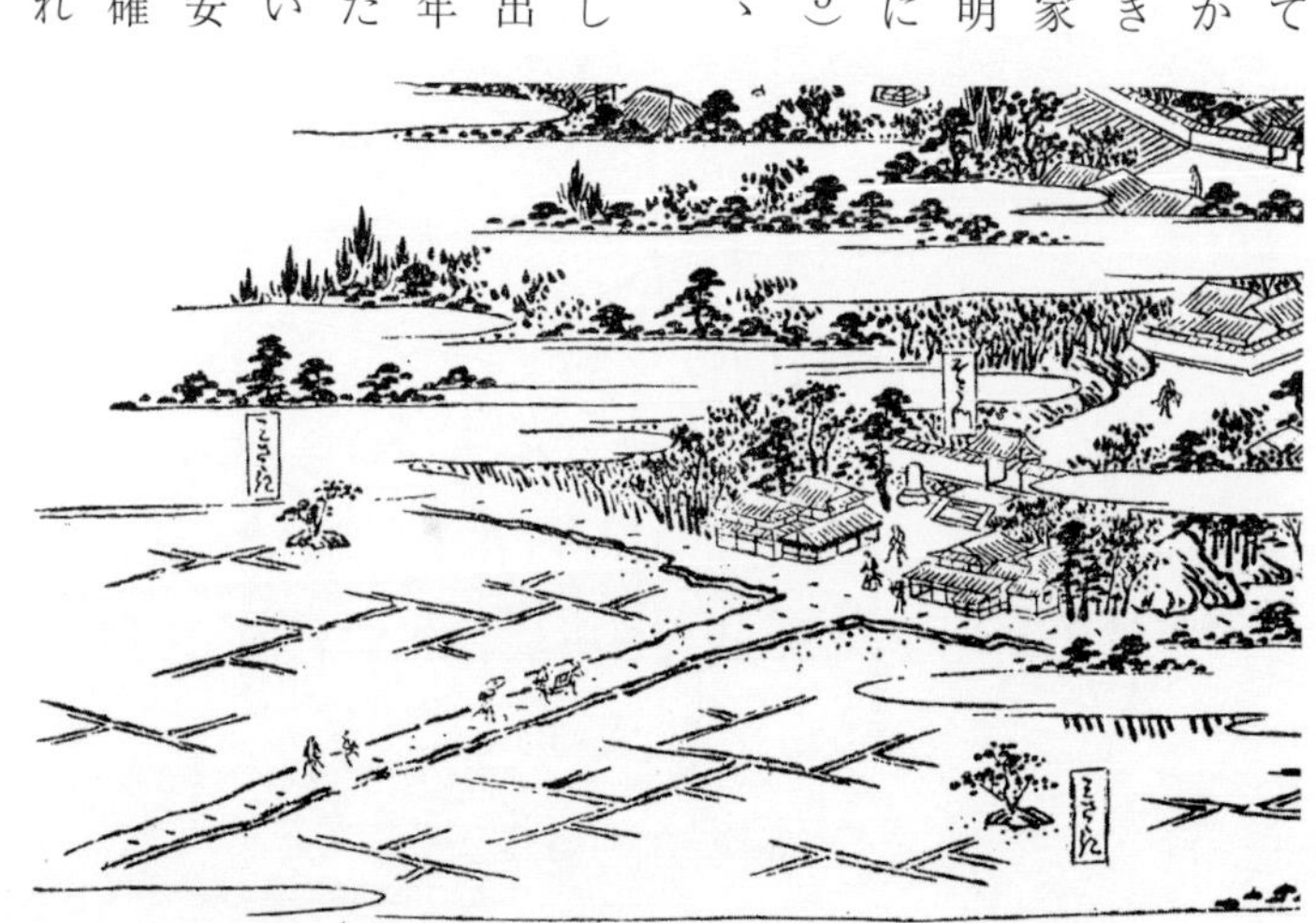

図5　『大和名所図会』巻6（注14前掲書による）

ている。[16]一方、石田氏の言及した石碑の立つ「芝生の封土」こそ、仲麻呂の塚であったのではあるまいか。もしそうとすれば、その場所は、石田氏が講堂跡と推定した畑中の隆起地（石田氏の言うB地）の東北方向になる（図6）。先の『大和名所図会』の図と考え合わせれば、向かって左（北側）の「みさゝき」が、石碑の姿はないものの、一応候補となろう。前引の『南都名所集』によれば、この「封土」は本来相当大きかった可能性があり、石田氏が鐘楼址かと推測したとおり、建物の基壇と考えるべきであろう。石田氏は、現地で聞き取った情報として、「十数年前まで」付近にあった礎石三個が、奈良の骨董商奥中某氏に売り渡されたことを記しているが、高橋氏や石田氏の述べる年代には多少の幅を想定してもよいであろうから、「仲麿塚」の石碑も、同様な事情で現地を離れたのかもしれない。

ともあれ、唐で没した仲麻呂の墳墓が、一族出身

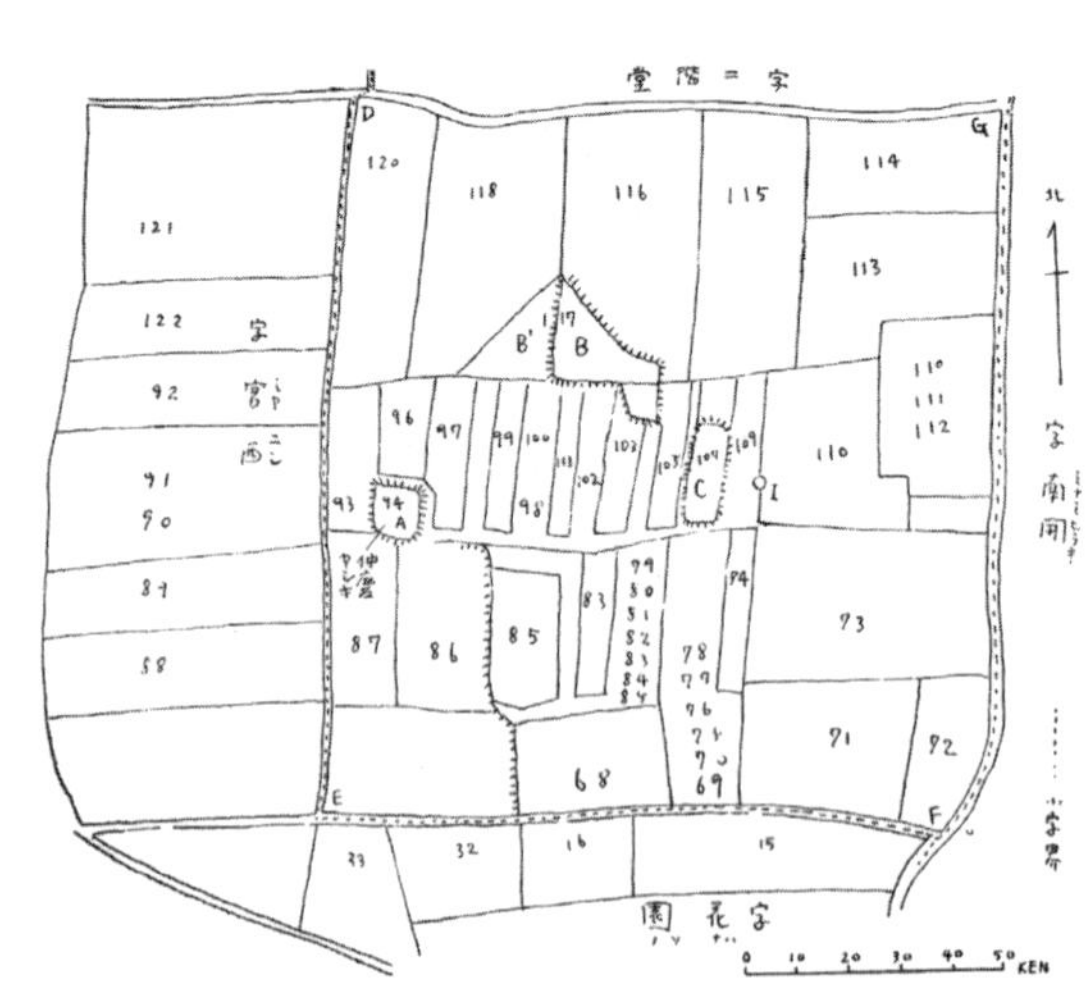

図6　安倍寺の旧状（注15前掲書による）

の地とはいえ、安倍にあるのは矛盾しているが、仲麻呂は帰国したとする伝承さえ後世には生まれている。いる。[17]高橋義雄氏は、先に引いた著書や詩で「招魂」の碑としているが、招魂は魂を呼び戻すことであり、史実に即せば、塚そのものも含めて、招魂の意から出た産物と考えるのが妥当である。しかし、帰国伝説を重視すれば、それが実際の墓と考えられ、その碑として建てられた可能性も否定できないであろう。

注

（1）森公章『阿倍仲麻呂』（吉川弘文館、二〇一九年）参照。
（2）杉本直治郎『阿部仲麻呂伝研究』（育芳社、一九四〇年）一二五頁以下。この生年では、入唐時に唐での太学入学年齢（十八歳）を超えることになるが、年齢の詐称は、特に対外関係ではありえないこととは言えない。
（3）梵字は、胎蔵界の大日如来を表す種字アーンクであろう。
（4）高橋義雄『箒のあと』下（秋豊園出版部、一九三六年）四八二頁以下。
（5）東野治之「東京護国寺の安倍仲麻呂塚石」『奈良大学奈良学友会たより』三七号、二〇一七年）。
（6）森公章『古代日中関係の展開』（敬文舎、二〇一八年）七二～七八頁。
（7）注4前掲書。なお、初出稿では検出を怠っていたが、高橋義雄氏の日記『萬象録』巻六（思文閣出版、一九八九年）には、この件に関する記事が存在し途中経過がうかがえる。大正七年二月四日（三四頁）、同十八日（五一頁）、同四月九日（一一九頁）の各条である。
（8）仲麿堂の内部や本尊は公開されていない。
（9）注4前掲書。仲麻呂を貶めた諸家の評価に関しては、注2前掲書、七六二頁以下参照。
（10）この碑が、草むらの中で苔に覆われていたとする高橋氏の詩での表現は、伝聞に基づくものであり、碑の保存状態の良さからすると、恐らくは誇張があろう。

（11）『近世文芸叢書』第二（国書刊行会、一九一〇年）。
（12）『大和名所記』（豊住書店、一九七七年）。
（13）『本居宣長全集』一八（筑摩書房、一九七三年）。
（14）『大和名所図会』（歴史図書社、一九七一年）。
（15）石田茂作『飛鳥時代寺院址の研究』（聖徳太子奉讃会、一九三六年）の安倍寺の項参照。
（16）奈良県立橿原考古学研究所・桜井市編『安倍寺跡環境整備事業報告』（一九七〇年）。
（17）注2前掲書、五九～六〇頁、荒木浩「阿倍仲麻呂帰朝伝説のゆくえ」（劉建輝編『日越交流における歴史、社会、文化の諸課題』国際日本文化研究センター、二〇一五年）。

忘れられた法律書『古律書残篇』を訓む

はしがき

もと佐佐木信綱氏の竹柏園文庫に蔵せられ、いまお茶の水図書館に帰している所謂『古律書残篇』一巻は、紙背に写された『大弁正広智三蔵（不空三蔵）和尚表制集』巻六の末に「東南院本」とあることより、元来東大寺東南院に伝わったことが知られる古鈔本である。その原題は明らかでないが、内容は主として刑律に関わり、書写年代も平安前期を降らないとみられるため、法制史料として早くから注目されてきた。本文は『改定 史籍集覧』第二七巻に全文翻印され（但し誤植・脱字が多い）、またコロタイプ版複製も山田孝雄氏の解説を付して古典保存会から刊行されている。しかし本書の研究はあまり進んでいるとはいえず、わずかにその一部である諸国の里程等を記す個所について、一、二の研究が公けにされているに過ぎない(1)。本書の特殊な文体や用字法にふれた前記山田氏の解説や、里程部分の内容を周到に分析された坂本太郎氏の研究は、本書理解の指針となるべきものであるが、本格的研究は今後にゆだねられているのが現状であろう。

本書の研究が遅れている大きな理由の一つは、文章それ自体の晦渋さにあると思われる。そこでこの現状を幾分かでも打開しようと考え、本書の翻印と読み下しを行ってみた。本書の文章が変則的な漢文であり、中に万葉仮名による助詞の表記を含むことは、山田孝雄氏も指摘されているが、そのような見通しにたって一応の読みを付けたのが、後に掲げる読み下し文である。とはいえ読みの下らぬ個所も多く、注・引用説の範囲や引用関係に至っては不確実な点が少なくない。特に問題となるところには補注を加えたが、これも繁簡よろしきを得たとはいいにくい。ひとまず試訓を提示して識者の批正を請うと共に、後日の補訂を期すこととする。

なお試訓に入るに先立ち、読んでゆく過程で気づいた主なことがらをあげておこう。まず本稿の読みは、原文が変則漢文であるとはいえ、漢文の原則にこだわることなく相当自由に施したので、あまりに恣意的であるとの非難があるかも知れない。しかしこのようにしなければ意味の通じない同種の文章は、奈良時代では正倉院文書や平城宮木簡の書状・文書類に珍しくない。たとえば次に掲げるのはその一例である。

賤下民小治田人君、誠惶誠恐謹白　石尊者御曹辺

不参事

右、以㆓人君今月十一日㆒、利病臥而至㆓今日㆒、不㆑得㆓起居㆒、若安必為㆓参向㆒、然司符随、浄衣筆直進上、今間十死一生侍、恐々謹白、賤使女竪付進上、事状具注、以白

天平宝字二年七月十四日

（『大日本古文書』一三、四六二頁）

(賤しき下民、小治田人君、誠惶誠恐、謹みて石尊者の御曹の辺に白す。
不参の事。
右、人君、今月十一日を以て、利病に臥して今日に至るも、起居することを得ず。若し安じれば必ず参向を為さむ。然れば司の符に随い、浄衣・筆の直を進上す。今の間、十死一生に侍り。恐々謹みて白す。賎しき使の女竪に付けて進上す。事状を具さに注し、以て白す。

天平宝字二年七月十四日)

府召　牟儀猪養　右可二問給一依二事在一、宜下知レ状、不レ過二日時一、参中向府庭上、若遅緩科二必罪一

(下略)

(府召す、牟儀猪養。右、問い給う可き事在るに依り、宜しく状を知り、日時を過ごさず、府庭に参向すべし。若し遅緩せば必ず罪を科さむ)

(『平城宮木簡』(一)五四号)

平安前期に成立したとみられる『元興寺縁起』にも、左のようによく似た構文が見出せる。[2]

若我正身、若我後嗣子孫等、若疎他人等、若有二此二寺及二軀丈六凌軽斫焼流一、若有二此二軀丈六所レ納之物返逼取一、謬有二如レ是事一者、必当レ受二種々大灾大羞一

（若しくは我が正身、若くは我が後嗣の子孫等、若くは疎き他人等、若し此の二寺及び二軀丈六を淩ぎ軽んじ斫き焼き流すこと有り、若し有此の二軀丈六に納むる所の物を返し逼め取ること有り、謬りて是の如き事有らば、必ず当に種々の大災、大羞を受くべし）

また同じ法制関係の書では、大宝令の注釈ともいわれる『古本令私記』(3)（唐招提寺蔵）にも類似の文がある。(4)

若无位者、若位有、彼類者為二分番一

（若しくは无位、若しくは位有らば、彼の類は分番と為す）

乙云、勝者可也、顕二船乗物斛斗多少之数一也

（乙云わく、勝は可なり。船に乗る物の斛・斗の多少の数を顕すなり）

以上の諸例を参照するならば、本稿で試みたような読みも、大筋において誤っていないであろう。

次に本書の写本としての牲格に関連して、現存本は転写を経たものであり、そのもとになった写本は多かれ少なかれ草書混りに書かれていたことが推定される。現存本に「何」（複製本六頁一行目）、「如」（同上九頁四行目・六行目）、「不有者」（同上一三頁二行目）、「有」（同上一三頁二行目）などの完全な草書体があるのは、全体のやや生硬な楷書体書風よりみて、現存本筆者の手に出たものとは思われ

ず、底本の名残りに他なるまい。踊り字「々」が文脈上は「之」とも踊り字ともとれる個所があるのは、このような底本の特徴によるのではなかろうか。

また文中「大分」という語がしばしば現れているが、これは文章上前後に意味が続かず、双行の注に対して「大分」以下は本文であることを示すために挿入されていると考える他はない。おそらく本来は、現存本でも部分的に残っているように、注は全て双行で入っていたのが、書写の際（現存本の書写された時とは限らない）、本文・注とも同じ大きさで写すことが行われ、このような区別が必要となったのであろう。本文を指して「大分」ということは寡聞にして知らないが、本文・注を同じ大きさで写し、本文を「麁」と呼ぶ例は正倉院文書中の『文選』李善注断簡[5]や『令集解』[6]に存在する。[7]なお、本文の末尾が双行にされている個所があるが（複製本二一頁四行目・六行目など）、これはもとその個所が行末などに当たっており、一行に収めるために二行割とされたことが、転写後も受け継がれたものと考えられる。その結果「注云」と補われ、文意の混乱を招いている個所があるのは補注に指摘したとおりである。

さらに内容面について目につく点をあげてみよう。本書には、文中に宝亀・延暦等の年号がみえ、また前述のように坂本太郎氏によって、国郡里程の部分は奈良時代前半の内容を残していることが明らかにされている。そのような状況を念頭におくと、本文中にしばしばみえる「删定」[8]も、令文の改訂に亘ることがある点よりみて、删定律令（神護景雲三年〔七六九〕撰、延暦十年〔七九一〕施行、弘仁三年〔八一二〕廃止）や删定令格（延暦十六年施行）との関連が考えられてくる。[9]少なくとも「删定」の字を含む個所を「新刪定明法述義」などと読むのは正しくないであろう。[10] もし刪定律令や刪定令格の内容をふまえているとすれば、本書の一次的な成立を、これらが廃されたとみられる弘仁年間以前に求めることができ、あわせてあまり定かでないこれら諸書の規定をうかがう手掛りとなろうが、この点は今後の検討課題としたい。

また本書の五刑の贖法を記す部分に、「盧舎那仏御面日」というものが現われるのも注意を要する。この日は刑の執行を止めるべき日とされているが、その性格は明らかでない。しかし盧舎那仏に関連づけたこのような説は、盧舎那仏信仰、とりわけ東大寺大仏の存在と関わりなしに考えられないのではあるまいか。華厳経・梵網経による盧舎那仏の信仰が奈良時代に盛行したことは周知のとおりであるから、このあたりの内容は奈良時代に成立していたものかも知れない。あるいは本書がもともと東大寺東南院に伝存したらしいことを考慮すると、このような記事は本書と東大寺系僧侶との関連を示唆するとも受け取れる。本書は刑律一般に関するものであるが、僧尼に言及する個所も少なくない。本書について直接仏教的な影響を考えることは適切でないかも知れないが、本書の持つ一特徴として意にとどめておきたい。

注

（1）坂本太郎「律書残篇の一考察」（『日本古代史の基礎的研究』下、制度篇、東京大学出版会、一九六四年）、横山貞裕「律書残篇の河東十六州」（『日本歴史』三七一号、一九七九年）。

（2）田中卓「元興寺伽藍縁起幷流記資財帳の校訂と和訓」（『田中卓著作集』一〇、国書刊行会、一九九三年。一九五七年初出）による。

（3）橋本裕「唐沼提寺所蔵 古本令私記所載の令条文について」（『律令軍団制の研究』吉川弘文館、一九八二年。一九七五年初出）参照。

（4）『奈良国立文化財研究所年報』（一九七二・一九七三年）所収の釈文による。

（5）佐佐木信綱・橋本進吉編『南京遺芳』（一九二七年）附巻、二四頁参照。

（6）『令集解』学令8先読経文条『古記』（国史大系本四五〇頁）に「庶注之文、通計満数也」とある「庶」は「麁」の誤りで、「麁注之文」とは本文と注をさすものであろう。『令集解』禄令11皇親条『穴記』（国史大系本六六九頁）では令本文を「麁文」と呼ぶ例もある。

（7）『類聚名義抄』（法部下）によれば「麁」にはフトシの訓がある。

（8）「删定」は、原文すべて「那定」（那は異体字）につくるが、国書刊行会及び『定本令集解釈義』本の『令集解』禄令11皇親条『穴記』に「那定令」とあるのは明らかに「删定令」の誤りであり（国史大系本では断りなく删定令に改めている）、本書の「那定」も「删定」と解すべきである。瀧川政次郎『律令の研究』（刀江書院、一九三一年）二七〇頁参照。

（9）删定律令ならびに删定令格の撰定・施行・廃止等については、瀧川政次郎『律令の研究』（注8前掲）第一編第六章参照。瀧川氏は删定令格の廃止を弘仁格式序の成った弘仁十一年（八二〇）以前、おそらくは删定律令の廃された弘仁三年かと述べておられる。

（10）山田孝雄氏の解説以来、本書には「新定古今」「新删定明法述義」などの逸書が引かれているとするのが通説である。

凡例

一、複製本による原文をまず掲げ、次に読み下し文を置いた。

二、常用字体・現代仮名遣いを用い、適宜改行を施し句読点を加えた。

三、原文の誤字は、右傍に（　）付で注した。また通用字体で記されている場合も同様にした。偏旁の左右が入れ替わっている異体字は、断りなく通行の字体に改めた。

四、読み下し文においては、誤字・通用字体等にはふれず、正しいと思われる字に復元して読んだ。

五、読み下し文については、〈　〉〔　〕「　」を用いて双行注、注・説の範囲、挿入語句などを明示した。

六、読み下し文の文体・用語は達意を旨とし、古訓の復元は考慮していない。

【原文】

（前欠）者、盗人及他傷死□紀、又同法定、若既无親、官当免之、此新令文定也、但无贖銅、代物雑物准銅贖耳

今五刑贖法定、明法師飛鳥造水長

苔（笞）五、苔（笞）十、贖銅一斤布充二丈六尺、稲充十束也、苔（笞）廿、贖銅二斤、布充二段、稲充廿束、苔（笞）卅、贖銅三斤、布充三段、稲充卅束、笞卌、贖銅卌斤、布充四段、稲充卌束、苔（笞）五十、贖銅五斤、伐（代）物皆准此免、令贖哉

凡苔（笞）罪贖銅、練造財応用、注云、小斤計定、而可用贖、損破不用也、莫疑之也、一云、苔（笞）十為初、苔（笞）五十為畢　但杖六十、七十、八十、九十、一百以上、注云、此不用、但減重罪、杖止材（財カ）代用法可知、苔（笞）五十不過、或此法不知、刑罰不得、苔（笞）長三尺四寸、頭二分、末一分、新定、古令云、苔（笞）長三尺六寸、頭三分、末二分、或長三尺五寸止云者非法、今那（刪カ）定、或

【試訓】

（前欠）者、盗人及び他を傷つけ死（ころ）し□紀、また同じ法に定む。もし既に親なくば、官当を免ず。これ新令の文に定むるなり。但し、贖銅なくば代物の雑物、銅に准じて贖するのみ。

いま五刑の贖法を定む。明法師飛鳥造水長。[1]

笞に五あり。笞十は贖銅一斤〈布ならば二丈六尺を充つ。稲は十束を充つるなり〉。笞二十は贖銅二斤。布は二段を充つ。稲は二十束を充つ。笞三十は贖銅三斤、布は三段を充つ。稲は三十束を充つ。笞四十は贖銅四斤。布は四段を充つ。稲は四十束を充つ。笞五十は贖銅五斤。代物は皆これに准じて免じ、贖さしむるか。

凡そ笞罪の贖銅は、練りて造れる財を用うべし。〔注に云わく、小斤にて計り定めて、贖に用うべし〕損じ破れたるは用いざるなり。疑うなかれ。一に云わく、笞十を初めとなし、笞五十を畢（おわ）りとなす。但し杖は、六十・七十・八十・九十・一百以上なり。[2]〔注に云わく、これ用いず。但し重罪を減じ、杖と財に代え用うる法、知るべし〕笞は五十を過ぎず。或いはこ

愚官人民佰姓、理不知弖、以苔(笞)死故、敢刑罸不宥、凡苔(笞)、子寅酉成(戌)、此四節日、莫刑罸用行、苔(笞)用人与所打人、同灾故、於理刑罸罪能定応用行也、述義云、子寅成(戌)者、此尤父母御玉日故、注云、聖之人、刑罸不須、

杖五、杖六十、贖銅六斤、布充六段、稲充六十束、杖七十、贖銅七斤、布充七段、稲充七十束、杖八十、贖銅八斤、布充八段、稲充八十束、杖九十、贖銅九斤、布充九段、稲充九十束、杖一百、贖銅十斤、布充十段、稲充百束、今新令那(删)定、杖長三尺五寸、頭三分、末二分、節径皮皺、削可用者、古條云、長三尺六寸、頭四分、末三分、非法、新令不用須也、亥未辰卯、此四節日、杖不用、盧舎那仏御面日故、刑罸行人所打、同苔(笞)灾、即多難日、不可用也一云、杖罪以上、贖限不有者、注云、重罪同斤雖計定、全財簡宣(宜カ)、能銅徴、但直同法重故、

の法を知らずして、刑罰することを得ず。笞は長さ三尺四寸、頭は二分、末は一分なり。新に定む。古令に云わく、「笞は長さ三尺六寸、頭は三分、末は二分[3]」。或いは長さ三尺五寸と云うは法に非ず。いま删定[4]するなり。或いは愚かなる官人・民佰姓、理を知らずして[5]、笞を以て死する故[6]なり。敢て刑罰は宥さず。凡そ笞は、子・寅・酉・戌、この四節の日に、刑罰を用い行うことなかれ。笞を用うる人と打たるる人と、同じく灾あるの故なり。理において刑罰は、罪を能(よ)く定めて、まさに用い行うべきなり。述義に云わく、子・寅・戌は、これ尤も父母の御玉(みたま)の日の故なり。〔注に云わく、聖の人には、刑罰を須(もち)いず〕

杖に五あり。杖六十は贖銅六斤、布ならば六段を充つ。稲は六十束を充つ。杖七十は贖銅七斤、布は七段を充つ。稲は七十束を充つ。杖八十は贖銅八斤。布は八段を充つ。稲は八十束を充つ。杖九十は贖銅九斤。布は九段を充つ。稲は九十束を充つ。杖一百は贖銅十斤。布は十段を充つ。稲は百束を充つ。いま新令を那(删)定す。杖は長さ三尺五寸、頭は三分、末は二分。節径・皮皺は、削りて用うべしてへり。古

徒五、徒半年、贖銅十斤、布充十段、稲充百束、徒一年、贖銅廿斤、布充卌六段、稲充三百六十束、徒一年半、贖銅卅斤、布充五十四段、稲充五百卌束、徒二（年脱カ）、贖銅卌斤、布充七十段、稲充七百廿束、徒二年半、贖銅五十斤、布充九十段、稲充九百束、徒三年、贖銅六十斤、布充百八段、稲充千八十束、牛申巳日、徒獄内不禁、冈（囚カ）司与冈（囚カ）同罪、灾患来、命亡、釈迦牟尼仏、涅槃滅度入坐日故、諸聖官人獄司等、此日徒忌止、此法可須行、莫忍（忘カ）之也

（三）五流、近流罪、限一千里、贖銅佰斤、布充百八十段、稲充千八百束、中流罪、限二千里、贖銅佰廿斤、布充二百十六段、稲充二千百六十束、遠流罪、三千里限、贖銅百卅斤、布充二百五十六段、稲充二千五百六十束　斯法同定、配道不用行也、可知也、専当捴（懸カ）灾也、此天地世競（競）別曰故也

死二、絞、斬、贖銅二百斤、布充二百五十六段、稲

條に云わく、「長さ三尺六寸、頭は四分、末は三分」(7)というは法に非ず。新令には用須（もち）いざるなり。亥・未・辰・卯、この四節の日は、杖を用いず。盧舎那仏の御面の日の故なり。刑罰を行う人と打たるると、笞と同じく灾あり。即ち難多き日は、用うべからざるなり。一に云わく、杖罪以上は、贖する限りに有らずてへり。〔注に云わく、重罪は同斤に計り定むると雖も、全財より宜しきを簡び、能き銅を徴（はた）れ。但、直同じなれども法重き故なり。〕

徒に五あり。徒半年は贖銅十斤。布ならば十段を充つ。稲は百束を充つ。徒一年は贖銅二十斤。布は四十六段を充つ。稲は三百六十束を充つ。徒一年半は贖銅三十斤。布は五十四段を充つ。稲は五百四十束を充つ。徒二年は贖銅四十斤。布は七十段を充つ。稲は七百二十束を充つ。徒二年半は贖銅五十斤。布は九十段を充つ。稲は九百束を充つ。徒三年は贖鋼六十斤。布は百八段を充つ。稲は千八十束を充つ。牛・申・巳の日は、徒を獄内に禁ぜざれば、囚司は囚と同罪。灾患来たり、命亡ず。釈迦牟尼仏、涅槃滅度に入り坐す日の故なり。諸の聖・宮

充二千五百六十束、又云、十八日限、贖畢　述義
云、一曰、謀及(反カ)、謂領(傾カ)国、盗仰(印カ)封及内印・鈴、奪朝
廷、背本主、遷(蕃カ)番国、二曰、謀大逆、戮(毀カ)山陵及宮
闘(闕カ)、破恒(垣カ)閇、招呪師、厭呪悪呪也、三曰、謀叛、背
本朝廷、投苗(蕃カ)国、父母殺、御膳穢䂑(舐カ)、四曰、大悪
逆、造畜蠱毒、厭魅、盗一(大祭カ)参祀神御物、焼宮舎也、
以前四條、一位以下四位以上、注云、此贖限不在、
一言不奉、頭殺罪、自此以下、准状依贖法也　右、
自今以後、為恒例、若違此制、注名申送上
一、懲何加制法、帯七位以下勲、身乱悪、犯上淩丁(下カ)
事
於理内四位勲(准脱カ)位一等、正五位上准勲二等、正五位下
准勲三等、従五位上准勲四等、従五位下准勲五等、
正六位上准勲六等、従六位上・従六位下准勲七等、
従七位上・従七位下准勲八等、従八位上・従八位下
准勲九等者、大分(衍カ)初位上・大初位下准勲十等、但少

人・獄司ら、この日の徒を忌むと(8)。この法、須い行
うべし。忘るるなかれ。
三流。近流罪は、一千里を限る。贖銅佰斤。布は
百八十段を充つ。稲は千八百束を充つ。中流罪は、
二千里を限る。贖銅佰二十斤。布は二百十六段を充
つ。稲は二千百六十束を充つ。遠流罪は、三千里を
限る。贖銅百三十斤。布は二百五十六段を充つ。稲
は二千五百六十束を充つ。この法同じく定む。道に
配すること、用い行わざるなり。知るべきなり。専
当(9)は灾に懸かるなり。これ天地の世、競い別かる
日の故なり。死に二あり。絞・斬。贖銅二百斤。布
ならば二百五十六段を充つ。稲は二千五百六十束を
充つ。また云わく、十八日を限りて贖し畢われと。
述義に云わく、一に曰わく、謀反。謂うこころは、
国を傾け、印封及び内印・鈴を盗み、朝廷を奪ひ、
本主に背き、蕃国に遷る。二に曰わく、謀大逆。山
陵及び宮闕を毀ち、垣閉を破り、呪師を招(お)ぎ、厭
呪・悪呪するなり。三に曰わく、謀叛。本朝廷に背
き、蕃国に投じ、父母を殺し、御膳を穢し舐む(10)。四
に曰わく、大悪逆。蠱毒を造畜し、厭魅し、大祭祀(11)

初位上・少初位下准勲十一等、以下不限論也　雖位同及位階隆任官及見任、又无位官人、莫同与坐〔大分〕勲七等以下佰姓、任乱非言悪口犯、罪不論、奪勲位・考、処司刑罸後奏、无罪也、注云、勲六等以下国司決、勲七等以下郡司決也

一、大唐聖皇勅格符　勝哲六年文

二、大上日本国勅以奏(奉カ)　延暦十七年文

勅加何制刑、懲畜厭方呪厭魅呪術咀呪事

厭呪二位以下六位以上、不論、停給封戸、除名遠流、若到死、四等親皆流、呪師殺罪、従者徒二年、死者徒三年・杖一百、従者情不知无罪、知无罪知情与同罪、七位以下初位以上勲七等民不論、徒二年・杖八十、重徒三年・杖一百、若到死者、不論殺罪、六位以上先禁勅奏(奉カ)、准状罪重軽行須也、七位八位初位勲位不論、畜厭呪及到死、先罪行後奏无坐、国決定申上、或六位以上、厭呪本主不論、頚殺勅奉、呪

の神の御物を盗み、宮舎を焼くなり。以前四条、一位以下四位以上、〔注に云わく、これ贖の限りにあらず〕一言も奉らず頭殺(くびりころ)す罪。これより以下は状に准じ贖法に依るなり。

右、いまより以後、恒例となせ。もしこの制に違わば、名を注して申し送り上(たてまつ)れ。

一、何(いか)に制法を加え、七位以下勲を帯び、身乱悪にして、上を犯し下を凌ぐを懲さむ事

理において内四位は勲位一等（に准じ）、正五位上は勲二等に准じ、正五位下は勲三等に准じ、従五位上は勲四等に准じ、従五位下は勲五等に准じ、正六位上は勲六等に准じ、従六位上・従六位下は勲七等に准じ、従七位上・従七位下は勲八等に准じ、従八位上・従八位下は勲九等に准ずてへり。大初位上・大初位下は勲十等に准ず。但し少初位上・少初位下は勲十一等に准ず。以下は論ずる限りにあらざるなり。位同じき及び位階隆き、任官及び見任、また无位官人と雖も、同じく与に坐することなかれ。〔大分〕[12]勲七等以下佰姓、乱に任せ非言・悪口を犯さば、罪を論ぜず、勲位・考を奪え。処司刑罰して

師・従者与同罪、或親王　五世王戸、女后、二位以上不論、雖会大赦、猶頚殺、但七十以上男、銅贖二百斤、以参祝還。厭呪生（主カ）死、程五十日、重石曰程、重程三年、程内九等親加署名、命五保身給死、四等以上親除名遠流、四等親外走、九等親坐召、呪師甲、主人、七十以上乙、従者丙、同心親丁、情不知猶不宥、程内会大赦独不宥、七十以上依贖法、師呪生死不論殺罪、従者遠流、四等親徒三年、情知中流、九等親知情徒二年、重相従与同罪、七十以上呪主、无贖財者、无九等親罪、止令贖、等親令贖、但呪師・従者・情知等親不宥、述義云、或呪師、七十以上不能、猶不宥、准状罪、贖不限、或官位人、佰姓厭呪、徒三年・杖一百、若到死不論殺罪、但参祝法贖法、如先文述、官位人、佰姓呪厭、見位官任解、遠流罪・贖不限、但六位以上依贖法、銅贖百廿斤、参祝法如先文、或子、父母厭呪、（不脱カ）論除名遠

後に奏するも、罪无きなり。〔注に云わく、勲六等以下は国司決し、勲七等以下は郡司決するなり〕

一、大唐聖皇勅格符　勝哲六年文

二、大上日本国勅を以て奉（うけたまわ）る　延暦十七年文

勅して何なる制刑を加へ、厭方呪を畜へ、厭魅・呪術・咀呪するを懲さむ事

厭呪せば二位以下六位以上を論ぜず封戸を給うを停め、除名して遠流。もし死に到れば、四等親みな流。呪師は殺す罪。従う者は徒二年。死（ころ）さば徒三年・杖一百。従う者情を知らざれば罪なし。情を知れれば与同罪。七位以下初位以上・勲七等の民は論ぜず、徒二年・杖八十。重きは徒三年・杖一百。もし死に到らば、論ぜず殺す罪。六位以上は先ず禁じて勅を奉わり、状に准じて罪の重き軽きを行い須うるなり。七位・八位・初位・勲位は論ぜず、厭呪を畜え及び死に到らば、先ず罪を行いて後に奏するも坐（つみ）することなし。国、決定して申し上ぐ。或いは六位以上、本主を厭呪するは論ぜず、頚り殺して勅を奉われ。呪師・従者は与同罪。或いは親王より五世の王の戸、女后、二位以上を論ぜず、大赦に会うと雖も、なお

流、若到死殺罪、師主呪、々々(之カ)師・従者・同心親与同罪、或父母、子厭呪、父母々々(之カ)罪止銅贖佰斤、参祝如先文、呪師、従者・情知親中流、到死殺罪、甲乙丙人与同罪、或佰寂(伯叔カ)姑姉兄子弟厭呪、徒二年・杖九十、到死除名遠流、或佰寂(伯叔)姉兄外祖父母々々(之カ)子弟、舅子孫鹿(庶)子鹿(庶)孫厭呪、減一等、徒二年、到死徒三年・杖一百、呪師・従者・知情親与同罪、夫妻知情為重、情不知无罪、但夫妻義相加加取、呪主、七十以上男女不論、贖銅六十斤、参祝還。之師・従者、罪贖不限、七十以上不能癈疾不論准死、若死重、雖大赦会、猶不宥、或失(夫カ)妻厭呪徒一年・杖六十、到死徒二年・杖八十、或師呪、従者・同心等親与同罪、七十以上又依贖法、但呪師・従者罪贖不限、或妻妾、夫厭呪、徒二年・杖一百、到死徒三年・杖一百、之呪師・従者・同心親与同罪、呪主、七十以上銅贖六十斤、雖七十以上不能、呪師・従者

頚り殺す。但し七十以上の男は、銅贖二百斤。参祝(13)を以て還す。主を厭呪して死さば、程五十日。重石を程(14)と曰う。重きは程三年。程内に九等親署名を加う。五保に命じて身死を給う。四等以上の親は除名して遠流。四等親、外に走らば、九等親を坐し召す。呪師、甲。主人七十以上、乙。従者、丙。同心の親、丁。情を知らざるもなお宥さず。程内に大赦に会うも独り宥さず。七十以上は贖法による。師、呪わば、生死を論ぜず殺す罪。従う者は遠流。四等親は徒三年。情を知れらば中流。九等親情を知れらば徒二年。重きに相従わば与同罪。七十以上、主を呪い贖財なくば、九等親に罪なし。止贖せしむ。等親も贖せしむ。但し呪師・従う者・情を知れる等親は宥さず。〔述義に云わく、或いは呪師、七十以上不能も、なお宥さず。状に准じて罪す。贖の限りにあらず。〕或いは官位の人、佰姓を厭呪せば徒三年・杖一百。もし死に到らば、論ぜず殺す罪。但し参祝の法・贖法は、先の文に述べし如し。官位の人、佰姓を呪厭せば、見位・官任を解き、遠流の罪。贖の限りにあらず。但し六位以上は贖法による。銅贖百二十斤。参

不宥、或他人厭呪、徒二年、到死従(徒カ)止中流、呪師・従者・知情等親与同罪也、呪主、従者・知情等親・七十以上不能及六位以上書学篤道、罪止百廿斤銅贖、但呪師、雖准此類、罪贖不限、雖会大赦、猶不宥也

古條文停止　新那(刪)定、明法述義云、罪皆重軽准状、減一等贖物半　今八逆縁坐那(刪)定法制、宝亀元年文

一、謀殺本王奪朝、傾国家、背本朝、没(投カ)蕃国、盗鈴印、発賊軍士也

二、謀盗内印、謬封題、勅格不寧惶、凌法違令律格赦省符也

三、謀宮舎焼、及垣門破、崩陵山、畜招呪師、厭呪王死也

四、謀造蠱毒薬、畜造悪毒酒、他人死、造封印、又名姓埋圦(扱カ)、造麻志馬形人形、他死厭也

五、謀朝国郡司打殺、及民殺死、婦人量、夫令死、

祝の法は先の文の如し。或いは子、父母を厭呪せば、論ぜず除名・遠流。もし死に到らば殺す罪。師、主を呪す、この師・従う者・同心の親は与同罪。或いは父母、子を厭呪せば、父母の罪は銅贖佰斤に止まる。参祝すること先の文の如し。呪師・従う者・情を知れる親は中流。死に到らば殺す罪。甲乙丙の人、与同罪。或いは伯叔姑姉兄の子弟を厭呪せば、徒二年・杖九十。死に到らば除名・遠流。或いは伯叔姉兄外祖父母の子弟、舅の子孫・庶子庶孫を厭呪せば、一等を減じ徒二年。死に到らば徒三年・杖一百。呪師・従う者・情を知れる親は与同罪。夫妻情を知れらば重しとなす。情を知らざれば罪なし。但し夫妻の義、相加え取れ。主を呪さば、七十以上男女を論ぜず、贖銅六十斤。参祝して還す。この師・従う者は、罪、贖の限りにあらず。七十以上不能癈疾を論ぜず、死に准ず。もし死さば重。大赦に会うと雖も、なお宥さず。或いは夫、妻を厭呪せば徒一年・杖六十。死に到らば徒二年・杖八十。或いは師を呪さば、従う者・同心の等親は与同罪。七十以上また贖法による。但し呪師・従う者は、罪、贖の限りにあ

謀嫁改也

六、謀膳舐穢、如本方不須御薬、不合詣鸞（輿馬カ）船領梶、

不時道行、不時事中也

七、謀官舎焼、正道勅命官人、愚乱悪行、佰姓強打

死、入部内、嫁妻妾住乱也

八、謀犯他妻妾、祖父母々々佰（伯）叔打死、妻祖父

母々々打死呪、兄打殺也

〔大分〕犯八逆罪、二位以上、三位以下初位以上、民佰姓七十以上癈疾不能不論、注云、雖会大赦、猶不宥殺罪、雖親本唐父母佰公不論、四等親九等親等親不論、隠不得、坐也、此公罪也　国郡司私断不得、朝申上可行須、若違此制、犯八逆罪、私隠奸柱（枉カ）、財一尺及刑罸返坐、准状（配流以下也）火急令飛勅　七道

河東　十六州

一、厭魅、注云、招陰陽・占巫博（筮カ）士、姓名造封印、埋土河流、他人死与量事、竊造流呪師・従者、同

らず。或いは妻妾、夫を厭呪せば、徒二年・杖一百。死に到らば徒三年・杖一百。この呪師・従う者・同心の親は与同罪。主を呪はば、七十以上は銅贖六十斤。七十以上不能と雖も、呪師・従う者は宥さず。或いは他人を厭呪せば徒二年。死に到らば徒と中流。呪師・従う者・情を知れる等親は与同罪なり。主を呪はば、従う者・情を知れる等親・七十以上不能及び六位以上の書を学びて道に篤きもの[15]、罪、百二十斤の銅贖に止まる。但し呪師は、この類に準ずと雖も、罪、贖の限りにあらず。大赦に会うと雖も、なお宥さざるなり。

古条の文を停止し、新たに刪定す。明法述義に云わく、罪はみな重き軽きの状に準じ、一等と贖物の半ばを減ず。

いま八逆縁坐刪定の法を制す。宝亀元年文

一、謀りて本主を殺し朝を奪い、国家を傾け、本朝に背き、蕃国に投じ、鈴印を盗み、賊軍の士を発するなり。

二、謀りて内印を盗み、封題を謬り、勅格を寧（ねんごろ）に惶（かしこ）まず、法を凌ぎ令律格、赦の省符に違うなり。

心与同罪、但七十以上令免、贖銅百卅斤半令贖也
二、呪術　畜造草薬毒・蠱毒・他狂、造湯薬・毒酒、偽人令狂、或者苅山野草木、招女巫参祝、徒二年・杖八十、巫・従者与同罪也
三、咀呪　注云、僧尼及比丘・々々尼、優婆塞・優婆夷・占巫(筮カ)博士・陰陽師及愚癡男女老小子呼天第帝報、召仏経及陁羅尼呪放、人咀呪者、之雖不死者杖六十、銅六斤令贖、参祝程灾有无五十日、若波(彼カ)内身死、重坐、
四、鬼術　注云、人家地・墾田畠・他人口分田・公私田地・山野浜嶋、如是相争競、而判青木炅(炭カ)毴入鈥(鍬カ)鉏毴、雖无灾過、杖六十、一歩苔(笞)十、一段苔(笞)五十、一段以上杖六十、一町以上徒二年・杖八十、二町以上徒三年・杖百、三町四町五町以上近流、十町中流、廿町遠流、准状令参祝也、雖得見主与判、処分不限者、魅術人不充者也

三、謀りて宮舎を焼き、及び垣閉を破り、陵山を崩し、呪師を畜え招き、王を厭呪して死(ころ)すなり。
四、謀りて蠱毒の薬を造り、悪毒酒を畜造し、他人を死し、封印を造り、また名姓を块(つち)に埋め、麻志(16)・馬の形、人形を造り、他を死(ころ)すことを厭ずるなり。
五、謀りて朝の国郡司を打殺し、及び民を殺死し、婦人の量りて夫を死せしめ、嫁改せむことを謀るなり。
六、謀りて膳を舐め穢し(17)、本方の如く御薬を須いず、詣るべからざる輿・馬(18)・船を領し梶とり、時ならず道を行き、時ならず事を申すなり。
七、謀りて官舎を焼き、正道勅命の官人、愚乱悪行にして、佰姓を強ちに打ち死し、部内に入りて、嫁せる妻妾の住まいを乱るなり。
八、謀りて他の妻妾を犯し、祖父母・父母・伯叔を打ち死(ころ)し、妻の祖父母・父母を打ち死さんと呪ひ、兄を打殺すなり。
〔大分〕八逆の罪を犯さば、二位以上、三位以下初位以上、民佰姓七十以上癈疾不能を論ぜず。〔注(19)

五、符術　注云、造封印、他妻妾・人女子狂、或為妻妾、呼姓(名カ)各人情狂、一迷竊奸(婬カ)隠、木(未カ)婚苔(笞)五十、婚杖七十、即義絶、但他妻妾為重、依令律文也

六、印術　注云、請僧造印封、及経呪放、陁羅尼呪、神名呼願誓、発誓願悔過、福乞人情狂、婦人為妻妾、官人尊人情狂迷、杖七十、僧還俗坐也

七、封術　注云、以衣麻綿、人参祝拝呼神各(名カ)、人情狂、或破人身、之(又カ)造封印、人令呑、他人情狂者苔(笞)六十、雖相従不在同心、猶坐也

此七逆條、会大赦皆悉除放（注云、犯等親七逆頭出、得滅罪、依贖法免罪也）不於理可須、八虐・八逆罪不有者（注云、犯七逆罪皆除赦、又依贖法也）和合私罪、但八虐・八逆、大赦不宥（注云、等親罪不宥、私不用也、公罪也）下文云、大赦文者、救苦軽口、只生命・貧乏可救、官饒者也

〔大分〕負公私物、注云、身逃亡、赦不除、身死追赦除、又云、身生留有者赦除、雖造日々案文、会大赦免、乞不為、大倭軍士旅不論也、雖経数年、不会

に云わく、大赦に会うと雖も、なお宥さず殺す罪。親、本唐父母、伯公と雖も論ぜず〕四等親・九等親の等親も論ぜず。隠すことを得ず、坐するなり。これ公罪なり。国郡司私に断ずることを得ず。朝に申し上て行い須うべし。もしこの制に違い、八逆の罪を犯し、私かに奸枉を隠さば、財一尺及び刑罰返りて坐す。状に准じ〔配流以下なり〕、火急に勅を七道・河東十六州に飛ばさしむ。

一、厭魅、〔注に云わく、陰陽・占筮博士を招き、姓名を封印に造り、土に埋め河に流し、他人を死さむと量る事。竊かに造りて流せる呪師・従う者、同心せば与同罪。但し七十以上は免ぜしむ。贖銅百三十斤半を贖せしむるなり〕。

二、呪術、草薬の毒・蠱毒を畜造し、他を狂(たぶら)かし、湯薬・毒酒を造り、人を偽りて狂かさしめ、或ひは山野の草木を苅りて、女巫を招きて参祝せば、徒二年・杖八十。巫・従う者は与同罪なり。

三、咀呪、〔注に云わく、僧尼及び比丘・比丘尼、優婆塞・優婆夷・占筮博士・陰陽師、及び愚癡[20]の男女老小子を呼びて[21]第帝に報じ、仏経を召し、及び

大赦、注云、雖造多籾（日々カ）文、期案猶古物、本酬充耳、
加年々利乞不得、公私不論、強乞不得、本並一倍可
償也
負公私旧新物身死亡、注云、物追免官当、以親妻子
署乞不得、私物加署名口・借人命（令カ）償、但身死人分
者、追免之也　下文云、酒及雑財貸、倍用皆反、本
乞不得、若強非徴乞、違勅罪中流、別負公私古新物
逃走何也、注云、雖会大赦、猶不宥、加半倍令償、
加署知情人令償、雖同家親妻子、情不知乞不得也、
下文云、雖券文官判、非与同罪、雖比国比郡、知情
令償、相論不得、以前自今以後為恒例、若違斯制
法、国郡司及佰姓、必科違勅罪、如此類録名申上、
今加以民間加鈴使、勅明法正値（道カ）使、今続発遺（遣カ）、六年
以上（下カ）十年以上一度、彼官人、佰姓不能悪行状録、條
別巻申之　一云、期遠、鈴使不待、雖他専当申、免
犯罪、女不論、准状可行也、注云、七十以上十三以

陁羅尼呪を放ち、人を咀呪せば、これ死せずと雖
も杖六十。銅六斤を贖せしむ。参祝の程は、灾有
ること无く、五十日なり。もし彼の内に身死さ
ば、重に坐す〕。
四、鬼術、〔注に云わく、人の家地・墾田畠・他人の
口分田・公私の田地・山野浜嶋、かくの如きを相
争い競い、而して青木・炭を判（さ）きて䅚入(22)、鍬鉏
䅚、灾過なしと雖も杖六十。一歩ならば笞十、一
段ならば笞五十、一段以上杖六十、一町以上は徒二
年・杖八十、二町以上は徒三年・杖百、三町四町五
町以上は近流、十町は中流、二十町は遠流、状に
准じて参祝せしむるなり。見主の与判を得ると雖
も、処分の限りにあらずてへれば、魅術の人には
充てざるものなり〕。
五、符術、〔注に云わく、封印を造り、他の妻妾・人
の女子を狂かし、或ひは妻妾となし、姓名を呼び
て人の情を狂かし、一たび迷えば竊かに奸婬す。
未だ婚せざれば笞五十、婚すれば杖七十、即ち義
絶。但し他の妻妾は重となす。令律の文によるな
り〕。

下犯罪、依贖法、但故非法用令犯、四等親皆為坐、〔大分〕非法強不得物、得一尺、注云、一尺苔(笞)十、五尺以上苔(笞)五十、一端杖八十、二段徒三年・杖一百、加一尺二尺乞懲也　凡人不婣物疑、他厭(壓)土押、強枉法得一尺、反坐、加一尺二尺懲也　若罪刑罰加一等、雖里隣部内盗人及過人、以先(前)過失無炟(怚)実端、嵩(黨カ)事意怒不得、注云、強非疑他打縛者返坐、加一等、枉法得一尺物、加一尺二尺乞懲也　又述義云、注、牛馬犬他人令殺死者、依過失令償者、止銅卌斤、〔大分〕於理无文、依証依文定也、注云、文者五人以上加署為文、四人以下竊盗他名姓、仰杖六十、重准状可行須、如法証者、四等親九等同(等カ)心同親、坐不用也、四等親者、注云、祖父母佰(伯)叔兄弟為四等、妻夫幷妻妾夫父母佰(伯)叔兄弟親、又云、等親者、妻妾夫祖父母々々佰寂(伯叔)兄弟姑姉及各子及子孫、左右所由主人、同心部人為等親、此法定也、一云、七十以上・三十(十三カ)

六、印術、〔注に云わく、僧の造れる印封を請い、及び経呪を放ち、陁羅尼を呪し、神名を呼びて願誓し、誓願を発して悔過し、福を乞いて人の情を狂かし、婦人を妻妾と為し、官人を尊ぶ人の情を狂し迷わさば、杖七十。僧は還俗に坐するなり。〕

七、封術、〔注に云わく、衣・麻・綿を以て、人を参祝し拝みて神の名を呼び、人の情を狂し、或いは人の身を破る、また封印を造りて人に呑ましめ、他人の情を狂かさば笞六十。相従い同心に在らずと雖も、なお坐するなり〕。

この七逆条(23)、大赦に会えば皆悉く除放す。〔注に云わく、犯の等親より七逆の頭出づれば、罪を減ずることを得ず。贖の法によりて罪を免ずるなり。〕理(24)においては須うべし。八虐・八逆罪あらざれば、〔注に云わく、七逆の罪を犯すも皆除赦す。また贖の法によるなり。〕私罪に和合す。但し八虐・八逆は、大赦にも宥さず。〔注に云わく、等親の罪も宥さず。私を用いざるなり。公罪なり。〕下文に云わく、大赦の文は、苦を救い口を軽くし、只生命・貧乏を救うべし。官を饒わすものなり。〕

以下・不能・僧尼、証不用限、非法案口、先自証始、為不犯謬口无罪、違一口、依格文者苔(笞)杖、令(今カ)舌罪、注云、口問自愚弱始後強、問者案先令文後証文罪、依律文刑罪判裁、依聖可須、受公罪、私不用、行堂(黨カ)

大唐聖皇勅　　蕃南学処

大上天皇勅奏　　少国学

以前明法勅符、宜承知、勅法不淩也

　　天平勝宝元年文　　天応元年文

　養老元年文二巻　　延暦元年文

当国学生、厳加教喩法、二上、

今何加刑罰懲貪濁枉法乱悪私捉打事

於理部内糺捉、先処部官司及所部保証告、皆糺捉本若(居カ)、苔(笞)止杖六十決、部不造、入部内乱、或発兵来、注云、苔(笞)五十、従人一率者、二人三人以上杖八十、五人以上十人以下徒一年・杖七十、廿人徒一

〔大分〕公私物を負い、〔注[25]に云わく、身逃亡せば、赦にも除せず。〕

身死さば追て赦除す。又云わく、身生きて留まりて有らば赦除す。日々案文を造ると雖も、大赦に会えば免ず。乞うことをなさず。大倭軍士の旅は論ぜざるなり。数年を経ると雖も、大赦に会わざれば、〔注に云わく、日々[26]籾文を造ると雖も、期を案ずるになお古物ならば、本を酬い充つるのみ。年々の利を加えて乞うことを得ず。公私を論ぜず、強ちに乞うことを得ず。〕、本並びに一倍して償うべきなり。公私の旧新の物を負いて身死亡せば、〔注[27]に云わく、物を追し官当を免ず。〕親・妻子の署するを以て乞うことを得ず。私物は署名を加えたる口・借りたる人に償わしむ。但し身死せる人の分は、追ってこれを免ずるなり。下文に云わく、酒及び雑財を貸さば、倍を用って皆反す。本を乞うことを得ず。もし強いて非に徴り乞わば、違勅罪とし中流。別に公私の古新の物を負いて逃走せるは何(いか)ん。〔注に云わく、大赦に会うと雖も、なお宥さず。〕半倍を加えて償わしむ。署を加え情を知れる人に償わしむ。同家の親・

年半、卅人徒二年・杖九十、卌人徒二年半、五十人徒三年・杖一百、六十人以上近流、七十人以上百人中流、百人以上遠流也、経左右告保証、注云、炟有験而知情為坐、情不知不坐、盗物盗人奴婢・他妻妾又同。情不知、无罪也〔大分〕新来三日不法(経カ)、一常以上物、皆立券文売、取五人以上署、違此制法、後発事、注云、為坐、〔大分〕売買物、皆所司受判売買无坐、雖盗物類无罪、不倍賊(臓カ)止実令償、无実代償耳、又市売買雑物、皆先告市津長、受処分、証文応交易、此又无罪、注云、私任心交易、後発事者、准盗論、随色罪可行須也、又云、限馬牛及道鷹犬堕物、三日不経処分、申送進上也、若私隠奸、准盗論、主不有者、同坐也、今厳加制法、懲将来、自今以後、加刑罰厳惶民、後悪懲也　一述義云、繁文涼(掠カ)義不得　巻数多、義異除也

右條目禄(録)、但令案為証　新令述義定　明法目禄(録)内、

妻子と雖も、情を知らざれば乞うことを得ざるなり。下文に云わく、券文・官判と雖も、与同罪に非ず。比国比郡と雖も、情を知れらば償わしむ。相論することを得ず。

以前、今より以後恒例となせ。もしこの制法に違わば、国郡司及び佰姓、必ず違勅罪を科す。かくのごとき類は名を録して申し上げよ。

いま加えて以て民の間に鈴使(28)を加う。勅明法正道(29)使、いま続きて発遣す。六年以上、十年以下に一度。かの官人、佰姓の不能・悪行の状を録し、別巻に条してこれを申せ。一に云わく、期遠くば、鈴使を待たず、他の専当申すと雖ども、犯罪を免ず。女は論ぜず、状に准じて行うべきなり。〔注に云わく、七十以上、十三以下、罪を犯さば、贖の法による。但し故(ことさら)に非法を用(も)って犯さしむれば、四等親みな坐するとなす。〕〔大分〕非法に強ちに物を得ることなかれ。一尺を得れば、〔注に云わく、一尺に笞十。五尺以上は笞五十。一端に杖八十。二段に徒二年・杖一百。〕一尺を加えて二尺を乞い懲す(30)なり。凡そ人、姧物ならざるかと疑い、他を壓し押して、強ち

皆合別案定　二巻定理无疑、名例律・戸婚律定　応
用証文、莫疑論也　明法中抄符員　古新応證文　並
明法上巻　文義正令律入結　明法令律格勅符、无異
義也　但新明法目禄(録)内諸令律格　別巻各異理、今述
云、注云、述義案定、述義・明法二巻定、於義莫
論、於博士有論也、以前自今以後、依文義莫於論、
莫疑、争不須也

日本国六十七　郡五百五十五　郷四千十二　里万二千
卅六（左京、条九、防(坊)卅六　右京、条九、防卅三）　七道、河東十六州

大倭国（郡十四　郷百六　里二百七十六）　守介掾大目少目、四位以
上六位也

芳野監　芳野国（郡一　郷三　里九）　掾一、七位以下也

河内国（郡十四　郷九十六　里百九十一　去京行程半日）　守介掾大少目、四位以下

和泉国（郡三　郷十一　里卌七　去京行程一日）　介掾目、三位五位以下六位以
上也

摂津国（郡十二　郷八十　里百八十九　去京行程一日）　守介掾大少目、四位以下六

に法を枉げて一尺を得たらば、反(かえ)りて坐す。一尺を加えて二尺を懲すなり。もしくは罪刑罰に一等を加う。里隣部内の盗人及び過人と雖も、以前過失なきこと炟(あきら)かに(31)実端ならば、黨事の意、怒ることを得ず。〔注に云わく、強いて非に他を疑いて打ち縛うれば返りて坐し、一等を加う。法を枉げて一尺の物を得たらば、一尺を加え二尺を乞い懲すなり。〕また述義に云わく、〔注、牛・馬・犬、他人を殺死せしむれば、過失により償わしむてへり。銅四十斤に止む。〕〔大分〕理において文なし。証により文によりて定むるなり。〔注に云わく、文とは、五人以上署を加うるを文となす。四人以下、竊かに他の名姓を盗まば、杖六十を仰す。重きは状に准じて行い須うべし。〕法のごとく証さば、四等親・九等の同心の等親も坐することを用いざるなり。四等親は、〔注に云わく、祖父母・伯叔・兄弟を四等となす。〕妻・夫、并びに妻妾、夫の父母・伯叔・兄弟の親なり。また云わく、等親とは、妻妾・夫の祖父母・父母・伯叔・兄弟・姑姉及び各子及び子孫、左右所由の主人、同心の部人、等親となす。これ法に定むる

位以上也

山代国 郡八　郷九十　里百八十四　去京行程半日　守介大少目、五位以下六位以上也

伊加国 郡四　郷十八　里卅八　去京行程一日　介掾大目、五位以下六位以上也

伊勢国 郡十三　郷八十四　里二百卅九　去京行程四日　守介掾大少目、五位以下六位以上也

志摩国 郡二　郷十二　里廿　去京行程六日　介目、六位以下七位以上也

尾張国 郡八　郷百九　里三百一　去京行程七日　守介掾大少目、五位以下六位以上也

三川国 郡七　郷六十七　里二百三　去京行程十日　守介掾大少目、五位以下七位以上也

若狭国 郡三　郷百三　里卅九　去京行程五日　掾目、六位以下八位以上也

越前国 郡七　郷九十二　里二百七十一　去京行程八日　守介掾大少目、五位以下七位以上也

丹波国 郡六　郷七十二　里百九　去京行三日（ママ）　介掾目、六位以下七位以上也

なり。〔一に云わく、七十以上・十三以下・不能・僧尼は、証に用うる限りにあらず。〕非法に口を案じなば、先づ証より始め、謬りを犯さずとなす口は罪なし、一口を違わば、格文によらば笞・杖、いま舌罪。〔注に云わく、口を問はば、愚弱より始め、後に強。問う者は、先ず令文、後に証文を案じて罪す。律文によりて刑罪を判じ裁き、聖によりて須うべし。公罪を受く。私を用いず。党に行う。〕

大唐聖皇勅　蕃南学処

大上天皇勅を奉わる　少国学

以前、明法勅符、宜しく承知し、勅法を凌がされ。

天平勝宝元年文　天応元年文

養老元年文二巻　延暦元年文

当国の学生、厳かに教諭を加ふる法、二上。

いま何（いか）に刑罰を加え、貪濁枉法、乱悪にして私に捉え打つを懲さむ事。

理において部内にて糺捉す。先ず処部官司及び所部保証に告げ、みな本居に糺捉す。笞と杖六十に決す。部に造（いた）らず(32)、部内に入りて乱し、或ひは兵を発し来らば、〔注に云わく、笞五十。従人一を率

丹後国 郡五 郷卅九 里百十九 去京行程九日 介掾大目、五位以下也

但馬国 郡九 郷五十八 里百七十六 去京行程八日 守介掾大少目、五位以下六位以上也

播磨国 郡十二 郷九十一 里二百八十一 去京行程五日 守介掾大少目、五位以下六位以上也

美佐（ママ）国 郡六 郷六十九 里百九十七 去京行程七日 介掾大目、六位以下也

備前国 郡七 郷七十 里二百五 去京行程八日 介掾大目少目、六位以下八位以上也

備後国 郡十四 郷九十 里百六十一 去京行程廿日 守介掾大少目、五位以下八位以上也

淡路国 郡二 郷十一 里廿八 去京行程七日 掾目、七位以下初位以上也

阿波国 郡七 郷□（卅カ）四 里二百 去京行程九日 介掾大少目、六位以下八位以上也

讃岐国 郡十一 郷六十 里二百十一 去京行十日（ママ） 守介掾大少目、五位以下八位以上也

伊予国 郡十三 郷六十八 里百九十四 去京行程十日 守介掾大少目、五位以下

いる者、二人三人以上は杖八十、五人以上、十人以下は徒一年・杖七十、二十人は徒一年半、三十人は徒二年・杖九十、四十人は徒二年半、五十人は徒三年・杖一百、六十人以上は近流、七十人以上、百人は中流、百人以上は遠流なり。〕左右を経て保証に告げよ。〔注に云わく、炟かに験ありて情を知れらば坐するとなす。情を知らざれば坐せず(33)。〕物を盗み、人の奴婢・他の妻妾を盗むも〔また同じ。情を知らざれば、罪なきなり。〕〔大分〕新たに来らば、三日を経ざれ。一常以上の物は、みな券文を立てて売り、五人以上の署を取れ。この制法に違い、後に事発せらば、(34)〔注云〕坐す。〔大分〕売買の物、みな所司の判を受けて売買せば坐することなし。盗物の類と雖も、罪なし。贓を倍せず、止（ただ）実を償わしむ。実なくば代りて償うのみ。また市に売買する雑物、みな先ず市・津の長に告げ、処分を受け、証文に応じ交易せば、これまた罪なし。〔注に云わく、私に心に任せて交易し、後に事発せらば、盗に准じて論じ、色に随いて罪を行い須うべきなり。〕また云わく、馬牛及び道に鷹犬の堕せる物に限り、三日を経

七位以上也
肥前国 郡十二 郷七十 里百八十七 去京行程一日半 守介掾大少目、五位以下八
位以上也
紀伊国 郡七 郷卅七 里百七 去京行程三日 守介掾大少目、五位以下也
肥後国 郡十三 郷百六 里三百二 去京行程三日 守介掾大少目、五位以下八
位以上也
筑後国 郡十 郷七十 里百八十七 去京行程十六日 守介掾大少目、五位以下也
豊前国 郡八 郷五十 里百卌二 去京行程十五日 介掾大少目、五位以下也
豊後国 郡八 郷卌 里百十 去京行程十五日 介掾大少目、五位以下也
薩磨国（ママ） 郡十三 郷廿五 里六十六 去京行程十二日 守介掾大少目、五位以下也
大隅国 郡五 郷十九 里廿七 去京行程十三日 守掾大目、五位以下也
日向国 郡五 郷廿六 里七十一 去京行程廿一日 海十三 介掾大目、六位以下
也
佐度国 郡□（二カ） 郷十三 里卌八 去京行程三日 海道廿日 掾目、六位以下也
已上廿三国、中国、中流居作
安房国郡 郡四 郷卅五 里百一 介、六位以下也

ずして処分し、申送して進上するなり。もし私かに奸を隠さば、盗に准じて論ず。主あらざれば、同じく坐するなり。いま厳かに制法を加え、将来を懲らす。今より以後、刑罰を加え民を厳惶し、後悪を懲すなり。一述義に云わく、繁文にして義を掠ることを得ず。巻数多し。義異なるは除くなり。

右条目録、但令を案じて証となす。新令述義に定む。明法目録の内、みな別案を合せて定む。二巻、理を定むること疑いなし。名例律・戸婚律に定む。応に証文に用うべし。疑いて論ずるなかれ。明法中抄符員、古新まさに証文とすべし。並びに明法上巻。文義正しく令律に入結す。明法令律格勅符、異義なきなり。但し新たに明法目録の内の諸令律格、巻を別かち各理を異にす。いま述べて云わく、〔注に云わく、述義を案じて定む。〕述義・明法二巻に定む。義において論なし。博士に論あるなり。以前、今より以後、文義により論ずるなかれ。疑うなかれ。争いを須いざれ。

日本国六十七（中略）

鬢髪を抜き苅り損さば杖八十。物を損さば一等を加

（中欠）
□(鬟カ)髪抜苅損杖八十、損物加一等令償、雖不打見、注云、追打毆杖六十、率従人一口二口、徒一年・杖七十、五人以上杖八十・徒二年、十人以上徒二年半・杖九十也、十五人及廿人以上近流、又廿五人卅人以上中流、卌人以上遠流、又五十人以上絞、百人以上斬、相従人皆与同罪、食酒人打罪人与同罪也、二位悪口打者遠流罪也、罪贖限不在、三位二位悪口、減一等中流也、三位四位悪口、近流罪也、四位五位悪口打、徒三年・杖一百、罪贖限不在、六位五位悪口打、徒二年・杖一百也、七位六位悪口(打脱カ)、徒二年半・杖八十也、八位七位悪口打、徒一年半・杖八十也、初位八位悪口打、徒一年・杖六十、初位動(勲)位不論、貴勢悪打、杖六十決、愚聖悪口打、杖六十、反罪決、⿰卒酉(酔)人悪口打、杖卌決、強弱悪口打、苔(笞)卌決、少老悪口打、苔(笞)卌決、男女悪口打、苔(笞)五十

え償わしむ。打見せずと雖も、〔注に云わく、追いて打ち毆らば杖六十。〕従人一口・二口を率いたらば徒一年・杖七十。五人以上は杖八十・徒二年。十人以上は徒二年半・杖九十なり。十五人及び二十人以上は近流、また二十五人、三十人以上は中流、四十人以上は遠流、また五十人以上は絞、百人以上は斬、相従う人は皆与同罪。酒を食らいて人を打つ罪人も与同罪なり。二位を悪口して打たば遠流の罪なり。罪は贖の限りにあらず。三位、二位を悪口せば、一等を減じ遠流なり。三位を四位の悪口せば、近流の罪なり。四位を五位の悪口して打つは、徒三年・杖一百。罪は贖の限りにあらず。六位の五位を悪口して打つは、徒二年・杖一百なり。七位の六位を悪口するは、徒二年半・杖八十なり。八位の七位を悪口して打つは、徒一年半・杖八十なり。初位の八位を悪口して打つは、徒一年・杖六十、初位勲位を論ぜず、貴勢[35]を悪しく打つは、杖六十に決す。愚の聖を悪口して打つは杖六十、反罪に決す。酔いて人を悪口して打つは杖四十に決す。強きの弱きを悪口して打つは笞四十に決す。少きの老いたるを悪口

決、俗僧尼悪口打、苔(笞)廿決、但於闘不論、貴避賤義、官人避佰姓義、愚避聖義、礼也、自勢倍人、可避也　問答奏疑　明法学首問　罪贖法類、犯重罪、都无贖物、此何、或令帰(師カ)云、无贖物者、猶□□坐者、又或律師云、犯罪正身、无贖資財、近親四□□(親カ)令贖者、此一定□自欲請定也、縁総紨師答云、雖□□□□□□□□□□□□□□□類、犯死罪者、注□□□□□□□□□□□□□□□□□□□□(等カ)親

して打つは笞四十に決す。男を女の悪口して打つは笞五十に決す。俗の僧尼を悪口して打つは笞二十に決す。但し闘においては論ぜず。貴の賤を避くる義、官人の佰姓を避くる義、愚の聖を避くる義は、礼なり。自らの勢に倍する人は避くべきなり。問答。疑いを奏して明法学首問う。罪は贖法の類、重罪を犯し、都て贖する物なし。これ何(いかん)。或る令師云(36)わく、贖物なくば、なお□□坐すてへり。また或る律師云わく、罪を犯せる正身、贖する資財なくば、近親四□親に贖せしむてへり。これ一定□自ら請ひて定めむと欲するなり。縁総紨師答えて云わく、

（下略）

注

(1) 他の文献にみえないが、飛鳥造は飛鳥戸造と同じであろう。

(2) 原文の「止」は助詞「と」を表記したもの。

(3) 古令は大宝令か。養老獄令63杖笞条には笞刑の杖は長三尺五寸、大頭の径三分、小頭は二分とする。

(4) 原文「那定」。「刪定」と読むべきことについては、はしがきの注8参照。この刪定は刪定令ないし刪定令格を意味するか。

(5) 原文「弖」は助詞「て」を表記したもの。

(6) 「故」は「故(かれ)、…」と続く語法ではなく、「…の故」という語法であろう。この語法は『令集解』にも多くみえる。たとえば国史大系本五一頁、四行目左など。

(7) 古條は大宝令をさすか。養老獄令63杖笞条の規足では、長三尺五寸、大頭の径四分、小頭三分とある。従ってこの前にある杖の規定は、新令（養老令）を刪定した刪定令ないし刪定令格の意をとったものか。
(8) 原文「止」は助詞「と」を表記したものか。
(9) 専当は専当官人の意であろう。
(10) 名例律6八虐条の大不敬のうち、「若造御膳、誤犯食禁」をこのように解したものか。
(11) 原文「一参祀」は「大祭祀」(公式令3論奏条にみえる。大祀の意）の誤写か。
(12) 以下の文が注ではなく本文であることを示す語か。はしがき参照。
(13) 参祝は、後文の「参祝して還す」などの用法などから考えると「参酌」と同義か。
(14) 「程」には度量衡の意がある。この文はそれと関係があるか。
(15) 戸令33国守巡行条に「好学篤道」の語がある。
(16) 麻志はマシで猿の意。『万葉集』では申・猿・猨をいずれもマシとよませている。正宗敦夫編『万葉集総索引　単語篇』(平凡社、一九七四年）参照。
(17) 注10に同じ。
(18) 原文「轝」は輿・馬を誤って一字としたものか。
(19) 文意によるに、以下はもと本文か。はしがき参照。
(20) 東大寺諷誦文稿にも「愚癡子等」とある（第二二七行）。
(21) 原文「天」は、助詞「て」を表記したものか。
(22) この字は不詳であるが、あるいは 釋 の異体字（タガヤス）などの誤りか。
(23) 七逆は律にみえないが、東大寺諷誦文稿（第七七～七八行）に「五逆十悪」というような語がみえ、俗にこのようなこともいわれたか。
(24) 注19に同じ。
(25) 同右。

(26) 原文「多」は、「日日」の二字を誤って一字としたか。
(27) 注19に同じ。
(28) 駅鈴を所持した使の意か。
(29) 原文「正値」であるが、一七六頁に「正道勅命官人」という言い方がみえるので、正道の誤りかと考えた。
(30) 原文「厭土」は「壓」を誤って二字としたもの。
(31) 『類聚名義抄』(仏部下末)によると、炟は爆とあるが、爆はアブルで、炙すなわち灼と同じである。ここでは灼(アキラカナリ)に通用したものであろう。
(32) 注19に同じ。
(33) 同右。この個所は、もともと詰めて二行割りにされた本文が、注に誤まられていく過程をよく示している。
(34) 同右。ここでは双行にされた本文が再び大字にされ、「注云」の二字を挿入されている。
(35) 「貴勢」は漢語であるが、東大寺諷誦文稿(第三二四行)には、「饒カナル財、貴キ勢ハ」などともみえる。
(36) 原文「令帰」の帰は、師を誤ったものか。「令師」の語は『令集解』にもみえる。虎尾俊哉「「例」の研究」(『古代典籍文書論考』吉川弘文館、一九八二年)参照。
(補注) 国郡部以外への近年の論及として、森明彦「「律書残篇」五刑贖法」(『日本古代貨幣制度史の研究』塙書房、二〇一六年)がある。

信貴山寺資財宝物帳
―翻刻と覚書―

一　はじめに

七、八世紀以来、大和盆地を取り巻く山々には、山岳信仰の拠点となった場所がそこここに見られるが、生駒山系の南端に位置する信貴山もその一つとして名高い。毘沙門天信仰を核とするこの地は、少なくとも九世紀に遡る歴史を持つが、その信仰と密接にかかわる信貴山縁起絵巻が存在することで、仏教史というよりも、主として美術史の研究者から、大きな注目を集めてきた。信貴山縁起絵巻は、平安時代末に描かれた初期絵巻物の名品であり、信貴山信仰が専らこの絵巻との関連で取り上げられてきたのも、肯けるところがある。ただ忘れてならないのは、信貴山信仰に関して別に信貴山寺資財宝物帳と名付けられた史料が伝わっており、そこに縁起譚に発展する以前の信仰の姿がうかがえることである。

通常、寺院の歴史といえば、後世の縁起譚の史料批判を通じて、初期の信仰に迫るしかない場合がほとんどであるのに対し、写本であるとはいえ、十世紀段階の史料が存在することは、きわめて恵まれた珍しい条件といってよいであろう。ところがこの史料については、絵巻との関連で触れられる場合がほとんどで、その本文や史料価値が、正面から論じられたことはなかった。

私は、この史料が平成二十七年（二〇一五）度に奈良県の文化財に指定されるにあたり、原本を調査する機会を与えられ、史料そのものとして、なお確認しておくべき点の少なくないことを実感した。ここに原本に基づいた新たな釈文を示し、記載内容についていくつかの言及を加えておくこととする。

二　資財宝物帳の釈文

この史料の釈文は、これまで『平安遺文』第十巻所収のものが流布しているが、これはおそらく東京大学史料編纂所の影写本によったものであろう。その釈文を原本と対照すると、若干訂正を要する文字がある。しかし、それよりも問題なのは、原本に欠けていて影写本に存する文字がまま見られることである。それらの欠字箇所は、劣化損傷して辛うじて残っていた字が、裏打ちの過程で欠け落ちたもので、影写本が作られた後の無神経な修理が災いしたものと考えられる。その意味で、影写本が作られていたのは幸いであったと言わねばならない。そこでより正確な釈文を提供すべく、原本と影写本をあわせ参照して、新たに翻刻を行った。その結果は以下に掲げるとおりである。なお次節以降の行論の便宜上、適宜アルファベットとアラビア数字の段落記号を挿入してある。また、全巻の現状の写真は奈良県教育委員会編『奈良県指定文化財　平成二十六・二十七年度版』五二集（二〇一七年）二五―二九頁に、影写本の写真は杉山博「信貴山縁起の歴史・地理的背景」（『新修日本絵巻物全集』三、角川書店、一九七六年）四七頁に掲載されているので、必要に応じて参照されたい。

（端裏書）

「信貴山／毘沙門堂内録目」

（本文）

信貴山寺

　資財宝物帳

合

【A】

延喜年中、奉造九尺間三間檜皮葺四面庇御堂、即奉安置金剛界成身会五仏、並雑仏等

延長年中、本御堂改、奉造五尺釈迦仏金色奉顕、并普賢文殊等

承平年中中御樑立未葺

法文章

　金泥法華経一部

墨写法華経有数部、又真言経等有数部

大般若経一部六百巻、即奉積綾槻厨子

【B】

一実〔宝〕物章

鍾弐口〈一口三尺／一口一尺〉　打鳴二口〈一平　一口圓／各五寸〉

鼓口未鋳、其料金在二斤余

錫杖肆茎　香炉三具〈但一無具〉　金如意二枝〈一大／一小〉

金剛鈴二〈一大／一小〉　大螺三〈大中／小也〉　高座幡八条〈長／五尺〉一丈六条

八葉蓮華刑綾幡八料、無具、未縫、覆二条、花箱等

袈裟一条、加横皮、赤甲袈裟一条、無横皮

仏器十口、高杯廿本、花机肆前、大盤一帖、槻小厨子一口

榲厨子一口、無片戸、榲辛櫃一合、即入宝物等

【C】

楽器

楬鼓一面　楷鼓一面　三鼓一面　大鼓一面　貴得王面〈在笠〉

大小尊面各一

【D】

釜肆口〈之中、一口入四斗、二口入斗(ママ)、一口入二斗〉足鍋二口〈入三升／入二升〉

檜三、大中小　供養船肆口〈新三／古一〉湯船二〈新一／古一〉油臼一具

絹幡八流〈交縫／綾文〉尼妙好施入、金皷壱面〈長七寸〉

【E】

一　房舎

僧房〈五間、在戸三面、并板敷　僧房上、在三間東屋一宇、在板敷／戸大小二面〉

三間東屋、中房即在戸二面・板敷等

五間東屋客坊、在戸二面、支止板敷、

西経所五間、在戸二面・板敷等

毗沙門堂三間、在戸

倉壱宇、在板敷・戸等、

大衆三間屋二宇〈一宇在戸二面、一宇在庇二面〉

【F1】

一　諸檀越施入　山地田畠等〈在各相副公験〉

左衛門督殿御　施入山壱処　承平二年二月三日施入

源右相君御　施入地伍段弐佰歩〈在大和国広湍郡十五条／三里、字鬼取畠者〉

承平五年正月十一日施入

宗岳用行子　施入田参段并下池壱処〈在平群郡中郷八条／十四里十六坪内〉

伊福部薬子等　施入地参段〈在同郡同条里九坪并十六坪内／延喜十六年正月三日施入〉

平群貞主子　施入地一段参佰歩〈同郡在龍田東条一里六坪内／延喜廿二年五月十七日施入〉

【F2】

河内国

美努常真有貫等　施入田弐段佰廿歩〈在若江郡三条竹村里七坪西一者／延喜十七年正月廿六日施入〉

志紀定子　施入地漆段〈之／中〉田五段、畠弐段〈在安宿郡二条迫里／廿四坪東一〉畠一条次田里卅坪者、承平元年八月三日施入

飛鳥戸糺子　施入田壱段〈在大県郡山上二条　字明子者、加佐志谷上〉

美努忠貞　施入田参佰廿歩〈在渋川郡三条利苅里十一坪者／承平六年正月十日施入〉

尼妙恩　施入地壱段、并林地肆段〈在高安郡三条額田廿六坪内／林字仏典尾者〉

承平六年九月十四日施入

【F3】

中堂八尺千手観音奉施入畠壱町、仏子平賢、在平群郡中郷九条
十四里廿五・廿六坪、四至〈限東公田　限南谷神所／限西道　限北平隆寺地〉字三宅畠者
田壱段、在平群郡中郷八条十五里三坪、尼妙好施入
真野吉樹　施入畠弐段〈在広湍郡十四条三里廿五・廿六坪者〉
寛弘八年十二月廿五日供　所検校真野吉
妙弥正如　施入畠伍段弐佰歩〈河内国安宿郡心条池原里卅一・卅二坪内者〉
延喜十六年正月十五日施入
當麻正秀奉施入家地二段事
在広瀬郡北郷十条三久度里十二坪内〈西壱〉
寛仁元年十二月二日

【G】

右、命蓮、以寛平年中、未弁叔〔寂〕麦、幼稚之程、参登此山、但所有
方丈円堂一宇、安置毗沙門一軀、爰〈愚〉私造闇室、限十二年、山蟄
勤修之間、更無人音，仏神有感、彼此同法出来、専住於此山、更
無他行、自然臻于六十有余、其間奉造本堂四面庇、自余宝

殿尊像、又宝物房舎等、所造儲也、但件山寺、雖有十方施主
施入田地、其数乏少、所以難勤常燈修理、伏願、鎮守山王、勧請
諸神、加於冥助、護持伽藍、有縁釈衆、尋於先跡、続於鶏山、
依此功徳、奉増鎮守山王威光、勧請諸神、証四八相、普天神祇
及含怨聖霊、一切霊等、皆成仏道、然後、上奉護一人、下利万
民、仍為後置記如件

承平七年六月十七日住治沙弥〈在判〉

【H】

判　天慶四年八月十五日大和国

守高階真人〈在判〉

大掾紀
権大掾佐伯
無掾朝〈文／明〉(ママ)
権少掾菅野
権大目巨勢
少目丹波
権少目狛

大原

【I】

□有縁之釈衆、尋先跡続鶏
山之間、忠尚法師、尤叶其宗、常住染念仏、心寄他(無脱カ)
事、仍守国判之旨、奉行如件
大領兼行事　〈在判〉　主帳清丑(原)
行事内竪当井(麻)
藤兼　〈在判〉

【J】

(修理奥書)
右朝護孫子寺資財宝物帳、依破壊令修復
奉納寺家文庫者也
享保七稔六月日　中院良訓大法師

以上の翻刻を踏まえ、内容的に問題となる点のいくつかについて、次節に私見を述べておくこととする。

三　記載に関する問題点

まず触れておかねばならないのは、この文書の性格である。末尾に承平七年（九三七）の年紀があり、内題に「信貴山寺資財宝物帳」と明記されているため、一般に承平七年の「信貴山寺資財帳」として通っているが、これが正確な意味で「資財帳」と言えるかどうかは自明ではない。寺院の動産、不動産が書き上げられている点では、八世紀の大寺の資財帳と類似するし、これより若干遅れた天暦七年（九五三）の年紀を持つ伊勢国近長谷寺資財帳（『平安遺文』二六五号文書）とも共通性が見られるから、そのように名付けられるのも首肯できないことはない。[1]ただ、近長谷寺の場合もそうであるが、律令制的な資財帳の制度が既に十全な形で機能しなくなってからの文書であり、末尾に僧綱の署判はなく、替って国判や郡判がある。元来、中央政府に提出する目的で作成されたものではなく、後日、訴訟等が起きた際に備え、証拠とするため作成された目録と見るべきであろう。しかも信貴山寺の場合、寺側の責任者としては「住治沙弥」の命蓮一人が署名しているに過ぎず、その文の終わりには「仍りて後の為め置き記すこと件の如し」とある。即ちこれは命蓮が後世を慮って「置き記」した置文に他ならない。[2]従って「信貴山寺資財宝物帳」というのは二次的な称呼であり、端裏書にいう「信貴山毘沙門堂内録目」が原題に近いのではなかろうか。この命蓮の置文は、国判や郡判を得たのち、草創以来の堂宇である毗沙門堂内に保管されたのであろう。

本文に入って、【A】は堂宇と経典の記載であるが、堂宇の最後に挙げられた□は、古字書に見えるものの、意味は記されず、葺くべき屋根を持つ何らかの建造物と考えられる以外、不詳である。【B】は梵音具や仏具の項、【C】は楽器の項、【D】は生活用具の項であるが、【D】の末尾に見える尼妙好の施入品のみは仏具であり、下文の水田の寄進記事と考え合わせると、本来、後からの追記であったものが、本文となったのであろう。

【E】は【A】以外の建物の記載で、毘沙門堂はここに見える。

【F】はさまざまな檀越から寄進された不動産の項であるが、大きく三つに分けられ、【F1】は大和国所在、【F2】は河内国所在の不動産である。【F1】冒頭の「山壱処」に所在地は示されていないが、記述の流れからすれば、大和国と見てよい。これに対して、【F3】では所在地が大和、河内入り混じっており、「延喜十六年」（九一六）のように古い年紀が見える一方で、寛弘八年（一〇一一）、寛仁元年（一〇一七）のように、文書の日付を遥かに降る年紀が現れている。この部分は【F1】【F2】と異なり、追記にかかる可能性が強いであろう。この項の二つ目に見える施入者の尼妙好は、【D】の末尾に見えるのと同一人と考えられるが、その施入品が、【D】の中で異質であったことも想起される。

施入された水田や畠は、総じて狭い面積のものが多く、命蓮が後段で厳しい経済状況を嘆いているのも肯ける。また施入者の住所は、施入地の場所からすれば、信貴山の麓の東西、あまり隔たらないところにあったと考えてよいであろう。これは信貴山寺への信仰を本来支えたのが、地元の中小豪族層であったことを示している。

その中で目立つのが、【F1】冒頭の「左衛門督殿」と「源右相君」という二人の中央貴族である。「左衛門督殿」は、福山氏が指摘されたとおり、承平二年（九三二）時点でその地位にあった藤原恒佐に比定できる。ただ、衛門府や近衛府の長官のような職は、上流貴族の兼官となるのが普通で、現に藤原恒佐も中納言であった。その場合、むしろ「中納言殿」とあるのが自然のように思われるが、なぜ左衛門督が表に出ているのかは不詳である。「源右相君」は従来「源左相君」と読まれてきたが、文字は明らかに「右」である。承平五年時点で源氏の右大臣はおらず（左大臣でも同じ）、福山氏は「相君」が参議を指す可能性を示唆されたが、参議に左右の別は存在しないから、その可能性は捨ててよかろう。源氏から出て右大臣になった人物中、最も年代として近いのは、源光（延喜元年〔九〇一〕～十三年在任）である。あるいは彼の後継者が、右大臣家として寄進したのであろうか。

従来も指摘されているとおり、田畠の施入年月は、延喜年間後半以降に偏る傾向があり、それが命蓮の声望の上昇と連動していることは、まず間違いないであろう。(3) 信貴山縁起絵巻の延喜加持巻に見えるところと、どのように連動するかは明確でないにせよ、大きな流れとして、命蓮の徳が中央の注目をも集めるところとなって、このような状況が現れたと判断してよい。

【G】は既に触れた命蓮の決意を述べた部分である。信貴山寺の草創期の様子や命蓮の実像が語られているので、次に訓読文を示しておこう。

右、命蓮、寛平年中を以て、未だ菽麦を弁ぜず、幼稚の程、此の山に参り登る。但有る所は方丈の円堂一宇にして、毘沙門一軀を安置す。爰に愚、私に闇室を造り、十二年を限りて、山に蟄（かく）れ勤修するの間、更に人の音無し。仏神感有り、彼此同法出来す。専ら此の山に住し、更に他行無く、自然に六十有余に臻（いた）る。其の間、本堂四面庇を造り奉り、自余の寶殿・尊像、又寶物・房舎等、造り儲くる所也。但し件の山寺は、十方施主有りと雖も、施入の田地、其の数乏少にして、常燈・修理を勤め難き所以なり。伏して願くは、鎮守の山王、勧請の諸神、冥助を加え、伽藍を護持し、有縁の釈衆、先跡を尋ねて、鶏山に続がんことを。此の功徳に依りて、鎮守の山王、威光を増し奉り、勧請の諸神、四八の相を証し、普天の神祇及び怨を含む聖霊、一切の霊等、皆仏道を成じ、然る後、上は一人を護り奉り、下は万民を利せん。仍りて後の為め置き記すこと件の如し。

この文章の内容についても、福山敏男氏の優れた分析があるので、改めて述べることはしないが、これによると命蓮は、この文を記した承平七年（九三七）に六十余歳、およそ八七三年頃の生まれで、寛平年中（八八九～八九八）、二十歳前後で籠山したことになる。彼がその験力で有名になった延喜末年頃には、五十歳前後に達していた。注意されるのは、命蓮が「住治沙弥」と署名していることである。「住治」の「治」は、おそらく同音の「持」に通じ、意味の上でも、あえて誤りという必要はない。むしろ重要なのは、彼が老齢に至るまで「沙弥」であったことで、これよりしばらく後、国判の請われた天慶四年（九四一）には既に没していたらしいことを考慮すると、終生、具足戒は受けないまま、沙弥で終わったと見るべきであろう。この点は東大寺で受戒したという縁起絵巻の記述とは異なり、実在の命蓮が民間で修行し布教する典型的な聖であったことを物語っている。この置文は、聖が自らの活動を述べた記録としても貴重であると言わねばならない。

次に【I】では、信貴山寺の法灯を守っている忠尚法師の名が見えるが、この時すでに命蓮が没していたと見られることは、諸先学の説のとおりであろう。ここで郡判に加わっている行事内豎の「当井」は、草体の部分的な類似から「当麻」と見てよいと思う。

最後に【J】の修理奥書について一言すると、中院の良訓は『良訓補忘集』の著でも知られた十八世紀初めの法隆寺僧であるが[4]、彼がこの文書の修理に尽力したのは、改めていうまでもなく、朝護孫子寺が聖徳太子建立の四十六寺の一つに数えられる、法隆寺ゆかりの寺であったからである。信貴山と聖徳太子信仰との関係に関しては、これまた既に諸家の論及があるので立ち入ることはしないが、ここで二つの点を確認しておきたい。第一は、現在朝護孫子寺に所蔵される延長七年（九二九）銘の金銅鉢[5]は、命蓮が使用したものとされ、信貴山に命蓮の時代から伝わったかに言われることもある。しかしこの資財帳にはそれらしい品が記載されてはおらず、少なくともこれ以降に寺に入った品であろう。この鉢には、「聖徳君」（聖徳太子）に施入する旨の文言があるが、これを以て、信貴山と太子信仰との関わりが既に生じていた証拠とすることは困難と考えられる。第二は、太子信仰に関連して、『聖誉抄』など鎌倉期の文献に、太子が物部守屋討伐の際、米を焼いた場所が信貴山の北にあるとする所伝を載せることである。これは実際に焼米の散布する場所があり、それを反映した伝承で、その場所が現在確認されている古代の高安城跡であろうとする説がある。[6]おそらくそれは妥当な解釈であり、信貴山寺と直接の関係はないが、縁起から派生する事実として、もっと注目されてよいであろう。

四　おわりに

本稿を草した目的は以上で達せられたと考えるが、このような作業がいくらかでも意味があるとすれば、それはこの文書がこれまで置かれてきた状況と無関係ではない。古代寺院の所謂資財帳の現存するものは十指に満たず、しかも平安時代に遡る写本は稀であるにもかかわらず、この文書は、信貴山縁起絵巻の陰に隠れ、冒頭で述べたとおり、それ自体として本格的に検討されることがなかった。ついい近年まで県の指定文化財ですらなかったことが、それを象徴している。その記載内容に関して、さらに精細な分析を加えていくことは、今後に残された大きな課題であろう。

注

（1）近長谷寺資財帳との類似点として、冒頭に「合」の字が置かれていることが挙げられることがあるが、このような体例は天暦四年（九五〇）の『仁和寺御室御物実録』にも見られ、資財帳の特徴とすることはできない。

（2）福山敏男「信貴山と命蓮」（『美術研究』一五二号、一九四九年）は、この文書を終始「置文」と呼んでいるが、特に詳しい考証はないものの、これはこの文書の性格を、福山氏が的確に捉えられていた結果であろう。

（3）福山敏男「信貴山と命蓮」（注2前掲）、亀田孜「信貴山縁起虚実雑考」（『仏教説話絵の研究』東京美術、一九七九年）。

（4）高田良信『法隆寺教学の研究』（聖徳宗総本山法隆寺、一九九八年）四六六頁。
（5）奈良国立博物館『特別展【国宝】信貴山縁起絵巻』（二〇一六年）一〇五頁。
（6）棚橋利光『古代高安城論』（高安城を探る会、一九八五年）。

模本から見た病草紙の伝来と思想的背景

一　はじめに

絵巻物という絵画形式は、日本美術の中でも独特の一ジャンルとして高い評価を受けてきた。特に平安時代後期から鎌倉時代にかけての作品には、優品として世界的に知られた作品も少なくない。その中で特異な主題と描写が注目を集めてきたものに、地獄草紙、餓鬼草紙、病草紙（やまいのそうし）など、一連の絵巻物がある。(1) いずれも十二世紀末ごろの作品で、物語や縁起などを主題とする他の作品と異なり、悪事を働いた人間が死後に堕ちる地獄の光景や、餓鬼となった死者の有様、様々な疾病の様相などを極めてリアルな筆致で描き、それに解説的な詞書が付される。

このような人間の暗黒面を表現する作品が生み出された事情は定かでないが、世が戦乱の時代に入ったことと相俟って、『今昔物語集』などの説話集からうかがえるような、人生の暗部や奇異な現実に対する関心の高まりが、これらの絵巻を繙く当時の上流の人々にも、影響力を発揮するようになった結果と判断されよう。

各種の絵巻物には、江戸時代以前から模本の作られてきた作品が少なくないが、病草紙には特に多くの模本が知られている。その中には、最も有名な元関戸家に蔵されていた病草紙の他に、それとは系統を異にし、模本でのみ伝わった病草紙の異本もある。模本の存在数が著しいのは、美術的な価値が高いばかりでなく、視覚的な医学史資料として、その意義が評価されてきたことや、その内容が写真図版による複製などでは法規に触れる時代が長かったことも与っているであろう。私は運営協議員として在籍した武田科学振興財団杏雨書屋（きょうしょおく）において、二〇一六年に同館所蔵の病草紙模本八点を展示、解説する機会に恵まれたが、それを機に、この絵巻の伝来と背景にある思想についても考えるところがあり、その考察結果を同館編の『杏雨書屋所蔵　病草紙模本集成』として発表した。同書には各模本全巻の画像を原寸大で掲げている。本稿は、そこに寄せた解説を論文としたものである。

二　病草紙の旧関戸家本

先にもふれたとおり病草紙には、現在原本が国宝となって残る旧関戸家本と、原本は失われたが、それとは別系統の異本病草紙と言われる作品が二種存在する。それに加え「三老人の巻」と称される作品も、異本病草紙に数えられることがある。以下二節に分けて、杏雨書屋の所蔵品を例としつつ、これらの病草紙諸本の特徴について見ておくこととする。

まずかつて関戸家にあった病草紙は、これまでの研究によると、江戸時代後期、寛政八年（一七九六）まで、左のような内容を持つ一巻として、尾張出身の国学者で医師でもあった大舘高門（一七六六〜一八四〇）のもとに蔵されていた。

①　鼻黒の一家
②　不眠症の女
③　風病の男
④　小舌の男
⑤　屎を吐く男
⑥　二形
⑦　眼病の治療
⑧　歯槽膿漏の男
⑨　痔瘻の男
⑩　毛虱
⑪　霍乱の女
⑫　せむしの乞食法師
⑬　口臭の女
⑭　嗜眠癖の男
⑮　あざのある女
⑯　白子

寛政八年、大舘高門は⑯白子の図を土佐光貞に譲与し、光貞はその返礼として⑯の模写と、かねて入手していた、

⑰　侏儒

の掛幅を贈って謝意を表した。その経緯は関戸家本の巻末に貼り継がれた土佐光貞の奥書に見える。それを書き下して示せば次のようになる。

癈疾画一巻、大舘高門家家蔵也。其の図する所、不成人十六種。予の二十五世の祖、刑部大輔吉光の真蹟、詞は伝えて卜部兼好の写す所と曰う也。而るに其の中の一葉を分け令め、予に贈見る。予即ち其の図及び其の逸せる者を模し、一葉之を贈り聊か之を謝す。其の画は一時の戯れに出づると雖も、実に希世の品と謂う可し。寛政丙辰季冬初五日、之を観る。

画所預従四位下土佐守藤原光貞審定す。

この奥書には、贈られた二図がそれぞれ⑯⑰であるとは明記されていないが、この二図に当たることが、佐野みどり氏の研究で明らかになっている(2)。

また大舘高門旧蔵の一巻とは別に、同じ絵巻から分離したと見られる、

⑱　背骨の曲がった男

⑲　肥満の女

の二図が、当時掛幅の形で他家に分蔵されていた。⑱は後に関戸家に入り、⑲は所在不明となるが、昭和になって矢代幸雄氏によって再発見される。[3]なお関戸家本は、現在京都国立博物館や九州国立博物館その他に分蔵されている。

現存する関戸家本の模本には、右にも見たように、伝来や成立にかかわる情報の付属する場合が少なくない。杏雨書屋所蔵の模本五点からうかがわれる様相をまず見てみよう。各本について、はじめに書誌に関する情報を挙げ、そのあとに所見を記す。[4]

1　関戸家本病草紙　伝光長筆本（研二五二二）

江戸時代写、紙本彩色、全十二図、縦二五・七センチ、全長五一〇・五センチ。絹地花卉彩絵の表紙、金地に胡蝶散し彩絵の見返し、白瑪瑙の軸首。黒漆塗、覆蓋作りの箱、紐金具座金には五三桐文を表し間地を魚々子で埋める。箱蓋表に左の墨書貼紙がある。まま詞書と絵の間に朱墨の縦線を引いて、詞書と絵の境界を示す。

〈箱蓋表貼紙墨書〉（括弧内は双行の文。／は改行の位置を示す。以下同じ）

病草紙〈光長画／詞書寂蓮〉

この模本は、厳密な原状模写ではないが、杏雨書屋に蔵する関戸家本の模本の中で、絵、書とも最も迫真性に富み、優れた作行きを示す。美麗な表紙や手の込んだ作りの箱は、優れた出来の模写と相俟って、本巻が入念に作成され、大切に保管されてきたことを物語っている。杏雨書屋の蔵となってから箱に入れられた紙片には、著しく傷んだ表紙の扱いに注意を促す文章が記されているが、現状はきれいに修復されている。表紙や箱の古色からすれば、制作年代も相応に古く、幕末期まで降るものではなかろう。

ただ本巻は、関戸家本の十八図中、①⑯⑩⑥⑨⑦⑧⑭④⑬②⑤の十二図を、この順序に収めるのみで、他の図を欠く。また⑦の詞書の冒頭は余白が少なく、④の詞書は冒頭から二行、②の詞書は冒頭一行が切除されている。伝来の間、かなりの損傷を蒙っていたのであろう。本来あった他の図が失われた可能性は強い。

しかし、関戸家本の模本に通常存在する寛政八年（一七九六）の土佐光貞奥書があったかどうかは明言できない。これに関連して注目されるのは、本巻の箱に「病草紙／光長画／詞書寂蓮」と書かれた貼紙があることである。土佐光貞の奥書は、これらの図を吉光の作、詞書は兼好としていて、もしそれがあれば、光長画、詞書寂蓮という記載は出てこないであろう。もっともこの墨書貼紙は、本巻が巻末部分を失ってから付けられたとも言えるが、その古色からすると、決して新しいものとは見えない。そこで想起されるのが、『考古画譜』同（病草紙）残欠の条に挙げられた次の本である。

倭錦云、春日光長、病草紙、詞、寂蓮

『倭錦』は住吉広行（一七五四〜一八一一）の編纂になる古画の目録であり(5)、光長画、詞書寂蓮という伝えを持った関戸本系の図が存在したことを示す。住吉広行と土佐光貞とは同時期に生存した人物であるから、光貞の鑑定には拘束されなかった可能性もあろう。本巻はそのような流れに属する模本、あるいは『倭錦』収載の原品であるかもしれない。そもそも本巻の箱に貼付された先の紙片は、箱の題箋としてはバランスを失している感があり、全く応急的なもののようでもあるが、もしかすると巻子の傷んだ表紙から題箋が剥がれ落ち、箱に貼られたと考えられないでもない。本巻の性格に関しては、図の順序なども含め、なお後考に俟つべきところが多いと言えよう。

2　関戸家本病草紙　長澤伴雄本（杏四一八四）

江戸時代、天保十一年写、紙本淡彩、全十七図、縦二九・四センチ、全長八六一・八センチ。表紙共紙、左記の墨書題箋がある。黒漆塗りの木軸、軸頭は朱塗り。薄手の料紙を使用するが、規格はあまり揃わず、細長の料紙を貼りついで使用している部分もあり、最終的に総裏打ちが施されている。また詞書と絵の間に朱の縦線を引いて、詞書と絵の境界を示す。巻末に長澤衛門（伴雄）の自筆奥書がある。

〔表紙題箋墨書〕

異疾草紙〈一名癡疾画〉

〔奥書〕

右異疾艸紙一巻〈十六段〉以竹
屋光有朝臣御蔵本課于
佐藤理三郎令摸写
了
天保十一子年六月十六日
在于京都三条旅宿
長澤衛門（花押）

此画の事土佐家の伝に刑部太輔吉光画
詞は兼好法師〈云／々〉といへり吉光は
法然上人画伝の筆者なりこの画体詞
書のやうさもやとおもはるゝ物なり但
事からはおむかしからねと考証に
なりぬへき事のありけなれはかく
うつさせおくものそ
伴雄

本巻は⑰⑭③⑮②⑫⑯①⑥⑤⑬⑪⑩⑨⑦⑧④の十七図を、この順に収める。巻末に長澤伴雄（一八〇八～一八五九）による自筆の奥書があるが、そこに「十六段」とあるのは、単純な数え誤りでなければ、掛幅であった冒頭の⑰侏儒が追加されたためかもしれない。江戸時代後期の関戸家本の全容を示す模本で、画技も優れている。関戸家本の写しであるにも拘らず、後述の4三角家本・5富岡鉄斎自筆本などと絵の順序が異なるのは、模写の紙を継いで表具する時、原本の順序が踏襲されなかったからであろう。

この模本が作成された経緯は、前記の長澤伴雄の奥書に明らかである。即ち天保十一年（一八四〇）、京都の公卿（広橋家庶流）竹屋光有[6]の蔵本を、佐藤理三郎に命じて写させたもので、考証に役立つことを期したという。後半の文中に、吉光画、詞書兼好のことが見えるので、写しの基になった竹屋家本も、寛政八年（一七九六）以後に作られた模本であったと見られる。

亀井森氏は、現在台湾に蔵される長澤伴雄の日記から、紀州藩お抱えの国学者であった伴雄が、藩主徳川治宝の命で『春日権現験記』の模本を作るため、天保十年四月から弘化二年（一八四五）五月までの七年間、上洛して活動していたことを明らかにされている。[7]この模写がなされ京都三条の旅宿で伴雄が奥書を認めた天保十一年六月は、まさにこの期間に当てはまる。先にも記したとおり、本巻には多様な形の紙が料紙として用いられているが、それも倉卒の間に写されたような事情が介在したためかもしれない。

模写を担当した絵師、佐藤理三郎については、滝沢馬琴が殿村篠斎に宛てた天保十年八月十六日

付けの書簡に、「唐画師」で和漢の学や蘭学に嗜みがあり、名家に広く交わった人物であると述べている。(8)

3　関戸家本病草紙　全楽堂本（杉一一七）

江戸時代写、全十七図、紙本淡彩、縦二六・七センチ、全長七六二一・一センチ。蘇芳色の揉紙の表紙に朱色の唐草文のある題箋を貼り、左記のように墨書する。木軸の軸頭に錦を貼るが摩滅。第一紙には文字も絵もなく、紙面右下に蔵書印四箇が朱で押捺されている。右から「回芳文庫」「（立ち葵）本」「桂仙堂文庫」「杉立文庫」で、このうち後の二箇は旧蔵者杉立義一氏の印である。まま詞書と絵の間に朱の縦線を引いて詞書と絵の境界を示す。

〔表紙題箋墨書〕

異疾草子〈全楽堂／所蔵〉

〔巻末墨書〕

全楽堂本

本巻は⑫⑰⑯①⑥⑤⑬⑪⑩⑨⑦⑧④⑭③⑮②の十七図を、この順に収める。図の順序の乱れは、前述の2と同様な理由によるものか。総じて丁寧な写しで、題箋と巻末の墨書にある全楽堂は渡辺崋山の号である。崋山のもとにあった模本の原本ではないものの、それを写した本であることが知られる。なお題簽には「全楽堂」「所蔵」とあるが、「所蔵」の二字は、一部「全楽堂」に重なって異筆で書かれているので、この本が全楽堂にあったことを証するものではない。

4　関戸家本病草紙　三角家本（洗一九四）

江戸時代写、全十八図、紙本淡彩、縦二六・九センチ、全長九九四・四センチ。淡褐地の絹貼り表紙。木軸の軸頭に市松文様の錦を貼るが、褪色摩滅している。巻首に一箇所、巻末に二箇所、「三角家蔵／図書之記」の重郭長方朱印があり、また巻首に「文厚／画庫」の単郭方朱印がある。巻末に土佐光貞の鑑定書の写しが付けられ、その印は朱で模写されている。

〔巻末　土佐光貞鑑定書〕

「印」（画所／預印）

癈疾画一巻大舘高門家家蔵也
其所図不成人十六種予廿五世祖
刑部大輔吉光真蹟詞伝曰卜部
兼好所写也而令分其中一葉
見贈予々即模其図及其逸者

一葉贈之聊謝之其画雖出一時戯
実可謂希世之品寛政丙辰季冬
初五日観之
画所預従四位下土佐守藤原光貞審定
「印」「印」
（茂／松）（光貞／之印）

本巻は①〜⑮⑰⑯⑱の十八図を、この順に収める。模写の画技は、これまでの模本に比し、最も完成度が低いが、かつて関戸家にあった全部の図を含むのは本巻の特色である。ただ巻末に寛政八年の土佐光貞の奥書があることからすると、⑯が切り離されて以降の状態を反映したものであり、同家にあった掛幅の図をも写し加え、巻子の形に復原したのであろう。

本巻は蔵書印によって三角家の旧蔵とわかるが、三角家は京都の医家であって、同じ蔵書印を持つ医薬書が、多数大阪府立図書館の石崎文庫に入っている。(9)

5　関戸家本病草紙　富岡鉄斎自筆本（佐一七六）

幕末―明治期写、全十七図、紙本淡彩、縦三〇・五センチ、全長一〇四八・二センチ。紺地錦の表紙、淡褐地綾の見返し。本紙の周囲を橡地牡丹文仙通で縁取り、総裏打ちを施す。桐製印籠蓋作りの箱があり、蓋表に打付け書で「病艸紙図巻」と墨書する（富岡鉄斎自筆）。箱蓋裏、巻首及び巻末に、いずれも富岡鉄斎の自筆で、左のような題簽、題字と土佐光貞の鑑定書、跋語を収める。

〔箱蓋裏題簽〕

余愛古画毎観名人之筆蹟摸
写以為家蔵此巻即其一後贈之
佐伯医伯〈云／々〉更加修整余賞其篤志
書其由云　七袠有八翁鉄斎并題簽「印」（鉄／斎）

〔巻首　題字〕

「印」（修竹／吾廬）
茹／古／涵／今
七袠又八翁
鉄斎外史
自題「印」（富岡／百錬）「印」（易画／書院）

〔巻末　土佐光貞跋〕

癈疾画一巻大舘高門家家蔵也
其所図不成人十六種予廿五世祖
刑部大輔吉光真蹟詞伝曰卜部
兼好所写也而令分其中一葉
見贈予々即模其図及其逸者
一葉贈之聊謝之其画雖出一
時戯実可謂希世之品寛政
丙辰季冬初五日観之
　画所預従四位下土佐守藤原光貞審定

〔巻末　富岡鉄斎跋語〕
　病草紙此外数種あり其詳
なるは考古画譜を閲てしる
へし　鉄斎散人写并
　「印」（錬）しるす

病草紙の説は考古画譜に／及同増補等に詳に出たり其説／種々有りて今爰に記載する

に／暇なし其詳を知らんと欲せは／其書を閲すへし余は独り古／画の趣は更なり其事実／等を研究せむと我意に適／せる筆に逢へは写取るを以／て其楽とす故に古画を摸／写せるものを貯ふるもの少からす／然を年老ひ遂に専究を為／する遑なくして画厨に秘置／蟲鼠の食になれるもの甚多し／此巻は佐伯医伯に贈れるを／医伯工をしてかくの如み／やひし巻と為し一日余に見せ／られたり余いたく喜ひ且／つは今更筆に拙なきを／慙て茫然たり今也文明／の世界古画の世に伝ふるもの／篤志の人はそれを観るに／かたからす事実を考究／せんにはいと便宜あり然らは／如一等の巻は別に益する所／なかるへきも医伯の志にて／世に伝ふるに至るは真に幸／ひといふへし縁りて此に／其よしを記して紀念と／す

大正弐年五月

七十有八翁鉄斎

自誌

「印」（富岡／百錬）

本巻もまた前出４三角家本と同様の順序で関戸家本の図を収めるが、⑱は含まない。これが関戸家本の旧態と考えられる。ただ本巻の価値は、むしろ全巻富岡鉄斎の筆になることにあり、その来歴を語る跋語とともに、鉄斎の作品として貴重である。鉄斎の模写は、一見簡略なように見えるが、原画の気分を的確に表しており、さすが鉄斎と思わせるに十分である。ただ跋語によると、鉄斎は既蔵の模写を佐伯理一郎氏に呈したようで、題字や跋は鉄斎七十八歳、即ち大正二年（一九一三）当時のものではあっても、模写そのものは年代を遡らせて考える必要がある。また、鉄斎が関戸本そのものから模写したかどうかは確かめられず、幕末期以来、鉄斎が冷泉為恭と交友のあったことも考えれば、為恭の模本などを使った二次的な模写と見る余地があろう。

三　病草紙の異本

関戸家本の病草紙とは別に、内容を異にする同様な絵巻がかつて存在し、それが模本として伝わっていることは先にふれたが、杏雨書屋所蔵の異本病草紙は、まさにその代表ともいえる作品である。その書誌は次のようにまとめることができる。

異本病草紙（貴研一二一二）

室町時代写、紙本彩色、全十七図、詞書はない。縦三一・四センチ、全長七九五・一センチ。紺地金襴装の表紙、金地に銀砂子散しの見返し、象牙の軸首。鳥の子紙による総裏打ちが施され、黒漆塗、印籠蓋作りの箱に収める。箱の蓋がかりは金泥塗。箱側面には、銀製十六弁菊花に青貝を嵌入した座金を打ち、紫色の打紐を付ける。巻末に土佐光貞（一七三八〜一八〇六）による享和四年（一八〇四）の鑑定書を合装し、継目に「画所預印」を捺す。これとは別に土佐光孚（みつざね）（光貞の子、一七八〇〜一八五二）

による天保十三年（一八四二）の鑑定折紙が、「異疾之絵極」と墨書された紙に包まれて付属している。筆致からして、それぞれ光貞、光孚の自筆と判断される。またもう一通、「証」と墨書のある包紙がある。

〔巻末　土佐光貞鑑定書〕

右異疾之図十七枚者
画所預刑部大輔光長朝臣
真筆無疑濫者也仍鑑
証如件
　　二十六代孫
　　　画所預従四位上土佐守
享和四子二月九日　藤原光貞

〔付属別紙　土佐光孚鑑定書〕

鑑定
　異疾之図十七枚
　画所預刑部大輔光長朝臣

真筆無疑濫者也
天保十三年九月
画所預土佐土佐守
光孚

現在の書名の「異本」とは、関戸家本病草紙とは異なる本の意であるが、本来の題名は定かでない[10]。この系統の模本も各所に蔵され、収載の図様にも出入りがあるが、杏雨書屋の一本は、珍しく彩色の施された本格的なもので、原本の逸失している中、模本とはいえ制作年代が中世に遡る点で資料価値が高い。

本巻の伝来について従来特に説を見ないが、黒川春村編・黒川真頼補訂『訂正増補　考古画譜』[11]（以下、単に『考古画譜』と略称）に見える次の本に当たる可能性が強い。

〔補〕古画目録云、病草紙一巻、光長、土佐家絵本〈本朝画図品目亦これに同じ〉
奥書云、右異疾之図十七枚者、画所預刑部大輔光長朝臣真筆、無疑濫者也、仍鑑証如件、享和四子二月九日、二十六代孫画所預従四位上土佐守藤原光貞
〔補〕知雄曰、此の画巻、別に証状一通あり、其文に云、右異疾之図十七枚者、画所預刑部大輔光長朝臣真筆無疑者也、仍鑑証如件、享和四子二月九日、廿六代孫画所預従四位上土佐守藤原光

貞とあり、又別に証状一通あり、其文に、鑑定異疾之図十七枚、画所預刑部大輔光長朝臣、真筆無疑濫者也、天保十三年九月、画所預土佐守光孚とあり、実に疑なき真蹟にして、古色愛すべし

この記事によれば、土佐家の本の奥書（巻末）に土佐光貞の鑑定書があったほか、別に同じ土佐光貞の鑑定書と、さらに土佐光孚の鑑定書がそれぞれ付属していたことになる。杏雨書屋の模本には、冒頭に記したように、土佐光貞の鑑定書は単独では付属していない。ただ、土佐光孚の鑑定書を持つ別の模本があったという情報は皆無であり、光孚の鑑定書を伴う杏雨書屋の模本は、右の本と同一物であろう。「画巻」の形でありながら、別に二通の鑑定書があったというのは、伝来の間に失われたか、あるいは何かの誤りではなかろうか。

それについて考えておくべきは、光貞の鑑定書が、「右」の語で始まっていることである。これは光孚の鑑定書が「鑑定」と題され、折紙の体裁をとっているのとは対照的で、もともと奥書とすることを前提に書かれたとすると理解しやすい。また、先にあげた付属の包紙の内、「証」とのみ記されたものは、現在、内部に高橋義雄（箒庵）筆記の関戸家本を見る記と時事新報の切り抜きを収めているが、「証」の墨書にそぐわず、本来これは、鑑定書の包であった可能性が濃厚である。光貞の鑑定書は竪紙に書かれているが、包紙の天地幅は、まさにその幅に一致するだけでなく、包紙の「証」字は、光貞の鑑定書に見える「証」字と明らかに同筆である。現在巻子の末尾に貼り継がれている証状が、絵の所蔵者に届けられた際、包まれていたのがこの紙であったのであろう。この紙の上下にある

折目は、高橋義雄の文などを包むのに転用された際、内容物に合わせて付けられたのであろう。この巻子が土佐光貞鑑定書の縦の寸法に合わせて表具されていること、鑑定書に単に「十七枚」とあることからすると、光貞の鑑定書は、ばらばらのまま伝来した十七図を一巻に仕立てたとき、その奥書とするために用意されたと考えるべきである。

以上のように解すると、『考古画譜』にいう「奥書」は、すでに鑑定書が合装されて以降の状態を述べたもの、「知雄」（国学者山崎知雄。一七九八～一八六二）が言う二通の「証状」は、光孚の鑑定書が書かれた天保十三年以後で、まだ光貞の鑑定書が合装される前の状況を反映したものとなろう。ただ、本巻が現在の巻子本の形になった年代は、種々の事情を勘案すれば、享和四年よりさほど降るものではあるまい。即ち光貞の鑑定書と第十七図の継目には、先述のとおり現在「画所預印」が押されているが、この印が合装後著しく遅れて単独に押されるとは考えにくい。しかも光貞の鑑定書との継目にある印は、印文中の「所」を比較すればわかるように、光孚の鑑定書の印とは異なっている。そうなると、表具の時期は天保十三年以降に降るのではなく、むしろ享和四年ごろまで遡ると考えるほうが理解しやすい。光孚の鑑定書が折紙形式であるのは、巻子の形をとるこの模本がすでにあって、それとは独立して保管されることを想定したからであろう。場面を「十七枚」と表現したのは、光貞の鑑定書に合わせたものと考えられる。結局のところ、山崎知雄の言及がいつの時点のものかは明らかでないが、知雄の言う「証状」二通は、それらが本来独立の鑑定書であったことを尊重したことからくる表現で、光貞の鑑定書はすでに実際には合装されていたと考えておくべきかもしれない。以上、煩瑣な考証に終始したが、細かい事情はともかくもあれ、この模本が『考古画譜』所載本の原品であることは動かないと判断される。

本巻の制作年代については、従来、杏雨書屋の刊行物で「南北朝時代」あるいは「室町時代以前」とされてきたが、二〇一六年の展示に際し改めて熟覧し、絵画史の専門家の意見も尋ねて、室町時代と改めるに至った。肥痩の強い描線、特色ある中間色の使用、やや強調された彫り塗りの技法、水墨画的な樹木の表現など、総じて室町時代、十五世紀前半の絵巻物、たとえば福富草紙などとの類似点が少なくないからである[(12)]。

ただ、練達した描線は、特に人物の表情などにおいて、関戸家本をはじめ、常盤光長筆と伝えるような藤末鎌初の絵巻物と類似するところが多く、これまで指摘があるとおり、原本がそれらと時期を同じくする作品であったことは確実であろう。

次に本巻に載る十七図の内容であるが、これまでの研究で左のように解されている。

1　背中に膿傷のある女
2　人面疽を指さす男
3　背中に瘤のある女
4　幼児の鍼治療
5　婦人病の女
6　女の胸に呪を書く僧侶

7　肥満の女
8　躄の男
9　狂人と屍体
10　顔面に瘤のある女
11　鼻に腫瘍のある女
12　屍体を食う女
13　眼疾の男と治療する老女
14　卵巣嚢腫の女
15　腸瘻の男
16　口の無い男
17　象皮病の女

この内、図2、人面疽を指さす男は、類似の図が他の異本病草紙に見える膿腫の男と近似するが、男が指さす方向は、人面疽の図が自然で、本巻の初発性を裏付けるとされる。また図2の扇を持つ男性や図4の尼、図17の笑う女性など、人物の表情や、画中の調度の文様などに伴大納言絵巻や信貴山縁起絵巻などと共通する要素が指摘されている。

ただ、本巻が元どのような形で伝わって来たのかは不明の点がある。巻子装特有の周期的に現れる虫損や欠損が見出せず、はじめから巻子装であったとは考えにくい。また各図の横幅は四一センチ強で揃っているものの、構図的に余白の偏りの見られる図も少なくなく、元からの規格かどうか疑いも残る。現状では丁寧に補色されているものの、多くの図に画面の荒れが認められるのも気になるところである。これらの状態を総合すれば、この模本は、描かれた当初、巻子本であったとしても、ある時点で幅を揃えて切断され、屏風装などになっていた可能性を考えるべきであろう。前述のとおり、土佐光貞や光孚の鑑定書が「異疾之図十七枚」というのは、少なくとも享和の時点では、それもさらにはずされて、ばらばらの状態になっていたことを示唆するようである。

なお、本巻が異本系の病草紙の中で、どのような位置を占めるのかは、今後の課題である。三十七図も収める写本があるのに対し、本巻などは残欠本とする意見も強いが、一概にそうとは断ぜられない。三十七図の中には、病草紙の一般的傾向とは異質な図が、少なからず含まれている。これらを遥かに時代の降った新病草紙に基づく図と解する意見もあり、それもまた一案と思われる。(13) 将来の解明に期待したい。

ともあれ本巻は、成立当初の病草紙に、関戸家本以外の図様が存在したことを強く示唆する点で、注目すべき資料である。

このほかに、関戸家本の病草紙や上記の異本類とは異なる内容を備え、病草紙残闕と呼ばれる模本が存在する。通称「三老人の巻」として知られる絵巻残欠の模本である。「三老人の巻」という名称は、『考古画譜』に冷泉為恭がそう呼んで愛蔵していたことが見え、これをもとに「三老人の巻」ないし「三老人巻」として術語化しているが、あくまで為恭の用いた通称であって、本来の名称ではない。『考古画譜』に従って「病草紙残闕」とするのが無難であろう。杏雨書屋に所蔵されているのは次の二本である。「病草紙残闕」という名称の妥当性については、次節を参照されたい。

A　病草紙残闕　甲本（乾六六〇七）

幕末―明治期写、紙本彩色。全三図、各図の前に詞書がある。縦二七・九センチ、全長二一四・四センチ。青地緞子の表紙、紫檀の軸。表紙貼題簽「病草紙残闕」。巻頭に「藤浪氏蔵」の単郭長方朱印を押す。巻末に左の奥書がある。藤浪剛一氏旧蔵書。

〔奥書〕

寂蓮法師

土佐家粉本奥書ニ云元禄五年申六月廿八日

片岡了二老ヨリ来土佐光長正筆申遣

本巻は次の三図を順に収める。

①　白髪を染める老長官

②　雑草を食べる老女

③　頭に墨を塗る老女房

巻末の墨書「寂蓮法師」は、詞書筆者を示したものであろう。その後に本奥書が見えるが、これら巻末の墨書は、いずれも何回かの転写を経ていると見るべきである。本奥書からは、本巻のもとになる絵が片岡了二によって土佐家に持ち込まれ、土佐家では光長筆と鑑して、元禄五年（一六九二）六月二十八日に通知したことがわかる。この極めは、当時の土佐家の当主、土佐光成（一六四六～一七一〇）によるものであろう。

図は入念に彩色された原状模写であるが、その画技は必ずしも優れているとはいいがたい。片岡了二（一六二二～一七〇七）は土佐派の肖像粉本中に法体の寿像が残り、その書入れに、宝永四年二月四日、八十六歳で死去したとある。[14]

B　病草紙残闕　乙本（乾六六〇六）

江戸時代写、紙本淡彩、全三図、各図の前に詞書がある。縦一五・六センチ、全長一六三・二センチ。萌黄色平絹の表紙、象牙の軸首。

本巻は前出Aと同じ三種の図を収めるが、順序が左記のように異なる。

②　雑草を食べる老女

③　頭に墨を塗る老女房

①　白髪を染める老長官

甲本、乙本いずれが原本の順序に近いのか確かめるすべはないが、乙本の①は虫損が多く、あるいはそのために、表具の際、これを後に回したことも考えられよう。

四　病草紙と仏教思想

関戸家本と異本系模本との関係をめぐっては、これまで長い研究の歴史があり、制作の思想的背景についても、これを仏教に基づく六道絵と見るか、世俗画と見るかに関し、学説の対立があった。最後に研究史を眺めて気づく若干の点についてふれておきたいと思う。

まず仏教との関係であるが、地獄草紙などとは異なり、関戸家本の詞書に一切それらしい文言が見えないことは、直接の関係を疑わせる要素であろう。しかも大和国で二箇所、尾張国で一箇所の地名が現われることは、説話画的な性格を髣髴とさせるのも事実である。[15] さらに、その地名の一つが大和国葛下郡「かたをか」であり、いまひとつが同国平群郡「幸山」であるのは興味深い。「かたをか」は、既にこれまでの研究で、奈良県王寺町、香芝市あたりとされているが、「幸山」については比定を見ないようである。しかしこの「幸山」はコウゼンで、現在法隆寺のすぐ東に残る「幸前」に当たろう。[16] 地理的には近いといってよい範囲であり、中世にこの種の絵を「片岡絵」と呼んだ史料があることがあることも考慮すれば、平群から葛城につながる在地性の強さも想定できないことはない。A病草紙残闕に関わった片岡了二の存在も、もしそれが、王寺町・香芝市一帯で中世に勢力を振るった片岡氏の縁者とできるなら、なおさらである。また、幸前や片岡に荘園を有した興福寺との関係も視野に入ってこよう。尾張国の地名「をゆみ」は同国丹羽郡の小弓であろうが、そこには摂関家領の小弓荘があったわけで、これまたあながち無関係とは言えないように思われる。

ただ、一方で仏教的な六道の思想に基づく制作という解釈も有力であって、特に山本聡美氏が正法念処経に説く各種の病によって、関戸家本の図が解釈できるとする説[17]を発表されて以来、その解釈が支持を広げている[18]。しかし山本説を検討してみると、正法念処経の記述と病草紙に描かれた病が対応するかどうかは、なお即断を許さないように思う。そもそも正法念処経が巻六四から六七の四巻に亘って病の記述を展開しているのは、単に病の種々相を示すためではなく、身中のいかなる原因で、どのような疾病が引き起こされ、それを克服するには何が必要なのかを説くためである。従ってその記述から病の症状のみを取り出し類似点を見出したとしても、それだけではそれが正法念処経に依拠した記述とは言えないはずである。病因や対処方法についての言及がなされていないなら、それは単なる類似にとどまる可能性を否定できない。

また正法念処経と病草紙の類似として挙げられているものも、今のところ関戸家本の十七の症例中、直接には二例しかなく、合致率が低いのも気がかりである。しかもこの二例も、果たして類似すると認めてよいかどうか、なお検討の余地がある。左に詞書と正法念処経の記事を対比してあげてみよう[19]。

A〔霍乱の女〕

霍乱といふ病あり。はらのうち苦痛さすがごとし。口より水をはき、尻より痢をもらす。悶絶顚倒してまことにたえがたし。

〔正法念処経巻六五〕

修行者は内身を身に循ひて観る。彼れ聞慧を以て、或ひは天眼を以て噛骨蟲を見るに、遍く一切の身の骨の中に住み、若し蟲、骨を噛まんには、諸の大（四大）は乾き消え、其の声は破散し、下痢して調はず、或ひは両脇痛み、鼻は塞ぎて嘔吐し、飲食を憶はず。若し蟲、一切の諸の骨を噛まざれば、則ち是の如き等の病無し。噛骨蟲を観じ已(おわ)らんには、実の如くに身を知らん。

B〔屎を吐く男〕

あるおとこ、しりのあなくて、屎くちよりいづ。くさくたえがたくて、すちなかりけり。

〔正法念処経巻六五〕

修行者は内身を身に循ひて観、彼れ聞慧を以て、或ひは天眼を以て下門瘡蟲の住して身中に在るを見る。云何(いか)んが我が為に疾病を為し、云何なれば安穏なりや。彼れ聞慧を以て、或ひは天眼を以て下門瘡蟲を見るに、食相違するを以て、蟲は則ち瞋恚(いか)りて種種の瘡を生じ、或ひは湿瘡を生じ、或ひは乾瘡を生じ、或ひは前に瘡を生じ、或ひは後に瘡を生じ、或ひは熱瘡を生ず。若し蟲、瞋恚らんには、穢門を閉塞(ふさ)ぎ、糞流の脈、若しは血流の脈、若しは汁流の脈は、或ひは（四大の一つ）火少なるを以て飲食を消さず、火少なるを以て、穢門に瘡を生じ、蟲瞋るを以ての故に種種の病を作す。若し蟲瞋らずんば、則ち向(さき)に説く所の如き諸の病無し。穢門瘡蟲を観じ已らんには、実の如くに身を知らん。

病草紙が症状を挙げて、耐え難いとか、術なし、というだけであるのに対し、正法念処経は、その症状が蟲のなすところから起き、それを内観することで肉体の実相を知ったならば、病もなくなると説く。山本説が、正法念処経の論理を抜きにして、症状の一部を比較し、双方が類似しているというのは、いかがなものであろうか。しかもBの場合、病草紙の「しりのあななくて、屎くちよりいづ」という症状が、正法念処経のどの記述に対応するかは明らかでなく、わずかに蟲が穢門を塞ぐという箇所が対比できそうに見えるだけである。蟲が生じさせる種々の瘡について、全く言及がないのも問題であろう。最終的な判断は専門家に委ねたいが、これらを虚心に比較すると、正法念処経から詞書が導き出されたと見るのは、よほど無理がありはしまいかと思う。さらにこの二例以外に直接関係のありそうな段を指摘できないとすれば、症例の典拠を正法念処経に求める試みは成功していないと言うべきであろう。

このように病草紙の典拠を直接仏典に求めることには問題があるにしても、病草紙を地獄草紙、餓鬼草紙と合わせて理解しようとするのは、全くの誤りとは言えない。確かに全ての図様が仏典に典拠を持ち、仏教への帰依を促す目的のためであったとは考えられず、純粋な好奇心に訴える意味がなかったとは言えないにせよ、広い意味で仏教思想を反映したものであり、それが大まかに「六道絵」と呼ばれたとすれば、それはありうることであろう。

例えば仏典との対応関係がかなり指摘できる地獄草紙においても、その所依経典は正法念処経や起世経その他に亘り、必ずしもある特定の経典一つに即してはいない。[20]また地獄草紙には、天刑星や乾(けん)

闥婆（だっぱ）、毘沙門天による鬼退治の場面が含まれるが、天刑星は星そのもの、八部衆を構成する乾闥婆は帝釈天の侍者でもあり、毘沙門天は言うまでもなく四天王の一員である。従ってこれらは天道に関わる図様と言えよう。鍾馗や神虫など、必ずしも仏教に直結しないものもあるが、六道の内容が巻を追って体系化されていたのではなく、六道に関わる主題を中心に、広く関連の主題をも含んでいたと見れば、それは純粋な意味での六道絵ではなくても、六道絵と通称されて不思議ではないであろう。

同様なことは病草紙に対しても当てはまる。加齢の悲哀を描いた病草紙残闕、即ち所謂「三老人の巻」は、現代から見ればまさに「病」を描いていることになるが、たとえ古代にはこれが通常の病とは別と意識されていたとしても、「老」と「病」を内容とする人道の表現として、病草紙の僚巻を構成してもなんら不思議ではない。このように六道絵の概念を緩やかに考えるならば、その中に世俗画的要素が含まれるのも首肯できよう。そもそも六道絵という名称は、鎌倉時代、蓮華王院宝蔵での収蔵時点ではじめて確認される。六道絵という概念自体、年中行事絵巻のように、はじめから絵巻制作の前提として、厳格に意識されていたものかどうか、改めて問い直してみる必要があるのではなかろうか。

なお病草紙については、描かれた病が医学的にどう解釈できるかと言う点も、重要な研究テーマとなってきたが、それについては、専門家である服部敏良氏の論考など(21)に譲っておきたい。

注

(1) 病草紙そのものについては、後述の他、家永三郎編『新修 日本絵巻物全集』七、地獄草紙・餓鬼草紙・病草紙（角川書店、一九七六年）、小松茂美編『日本絵巻大成』七、餓鬼草紙・地獄草紙・病草紙・九相詩絵巻（中央公論社、一九七七年）、佐野みどり「病草紙研究」（『風流 造形 物語―日本美術の構造と様態』スカイドア、一九九七年）参照。本稿の初出以降に出たものとして加須屋誠・山本聡美編『病草紙』（中央公論美術出版、二〇一七年）がある。

(2) 佐野みどり「病草紙研究」（注1前掲）。

(3) 矢代幸雄「病草紙の新残欠その他」（『美術研究』八二号、一九三八年）。

(4) なお次節を含め、以下で使用する書名は『杏雨書屋蔵書目録』には従わず、伝来や奥書などの特徴に即し、識別の容易さも勘案して新たに付した。また形態はいずれも巻子装、巻数は一巻であるため、その点は以下では一々断らない。箱については、本来のものに限って、その情報を載せた。2～4とA・Bには詞書があるが、その点の記載は省略した。

(5) 矢代幸雄「病草紙の新残欠その他」（注3前掲）による。

(6) 『諸家知譜拙記』天保九年版に竹屋家の当代として見える。続群書類従完成会編『増補 諸家知譜拙記』（一九六六年）参照。

(7) 亀井森「絵巻はなぜ模写されたのか―国学者長澤伴雄の『春日権現験記』模写一件―」（『文献探究』四六号、二〇〇八年）。

(8) 柴田光彦・神田正行編『馬琴書翰集成』五（八木書店、二〇〇三年）。

(9) 大阪府立図書館編『大阪府立図書館蔵　石崎文庫目録』（一九六八年）後記参照。

(10) 佐野みどり「病草紙研究」（注1前掲）。

(11) 黒川真道編『黒川真頼全集』第二（国書刊行会、一九一〇年）二六六頁以下。

(12) 奈良国立博物館谷口耕生氏の御教示による。

(13) 林美朗「異本病草紙の伝本に就いて」（『日本医史学雑誌』四八―一、二〇〇二年）。

(14) 榊原吉郎・松尾芳樹『土佐家の肖像粉本―像と影―』（京都書院アーツコレクション八八、一九九八年）、京都市立芸術大学附属図書館編『土佐派絵画資料目録』一（一九九〇年）。後者では、『京都御役所向大概覚書』（享保二年、一七一七年）に「片岡道二」という茶師が見えるのを手がかりに、了二も茶師かと推測している。

(15) 若杉準治氏は、病草紙を説話絵の一種ないし説話趣味から出た作品とされている。若杉準治「病草紙」（狩野博幸編『週刊朝日百科　日本の国宝』一一五三号、朝日新聞社、一九九八年）、同「病草紙について」（『杏雨』九号、二〇〇六年）参照。

(16) 『大乗院寺社雑事記』文明三年（一四七一）二月二十七日条、同八月十日条、『実隆公記』文明十年三月二十六日条。

(17) 山本聡美「『正法念処経』から「病草紙」へ―経説の変容と絵巻の生成―」（『国華』一三七一号、二〇一〇年）。

(18) 井並林太郎「京都国立博物館蔵《餓鬼草紙》の位置づけについて」（『美術史』一八〇号、二〇一六年）。

(19) 正法念処経の引用は『国訳一切経』経集部十一により、部分的に読点とふりがなを追加し、括弧内に語を補った。

(20) 田中一松「地獄草紙　解説」（長坂金雄編『日本絵巻物集成』九、雄山閣、一九三〇年）。

(21) 富士川游「『病の草子』に就いて」（『科学随筆　医史叢談』書物展望社、一九四二年）、服部敏良「病草紙の医学的解説」（注1前掲家永三郎編『新修　日本絵巻物全集』七）。

杏雨書屋の敦煌写本景教経典

一　はじめに

中国へのキリスト教の布教は、唐の貞観九年（六三五）、東方教会の教義（いわゆるネストリウス派キリスト教）が伝来したことに始まる。コンスタンティノープルの司教であったネストリウスは、その主張が四三一年に異端とされたため、彼の一派は東方への布教を志した。貞観十二年、その布教が公認され、その教えは景教と呼ばれた。中国への伝道を伝えた史料としては、建中二年（七八一）建立の大秦景教流行中国碑が名高い。また布教と並行して、キリスト教の教理を漢文で書いた経典が現れてくる。現在、唐代の写本として伝わるのは、明らかに後代の偽作と見られるものを除くと、世界中でも次の六種にとどまるが、[1]それらは単に宗教史の史料としてだけではなく、広く東西交渉史や文化史の史料として、すでに大きな注目を集めてきた。

『序聴迷詩所経』（杏雨書屋蔵）
『一神論』（同右）
『志玄安楽経』（同右）

『大秦景教宣元本経』（同右）

『大秦景教三威蒙度讃』（パリ国立図書館）

『尊経』（同右）

これらの写本はいずれも敦煌発見と伝え、二点がパリ国立図書館に蔵されるのを除き、残りは大阪の武田科学振興財団杏雨書屋の有に帰している。しかし、これらの写本の多くにも、疑惑の目が向けられてきたのは事実である。パリ国立図書館の二点が、ポール・ペリオの直接請来した品として、批議する余地がないのに対し、杏雨書屋の四点のうち、とりわけ二点に関しては、捏造品とする説や時代のはるかに降るものとする見解も示されているのが実情である。(2) 敦煌の遺書について一般的に言えることであるが、スタインやペリオなど、探検者が直接持ち帰ったもの以外は、いずれも古物市場を経て現所蔵者の手に入った品であり、一旦疑念が差し挟まれると、これを解消した上でなければ、史料として用いることは難しい。

しかし幸いにも、日本には唐代と同時代の写本や文字資料が多く現存しており、広くそれらと比較することによって、これまで議論されなかった点をも検討することが可能である。勿論、これらの写本の研究となれば、内容の検証が重要なことは言うまでもないが、その点に関してはすでに手堅い研究も重ねられてきており、近くはこれまでの主な研究を展望、整理した蓋佳択・楊富学両氏による専論も現れた。(3) この論文は、これから取り上げる四種の景教経典に関し、研究史を整理して周到に論じている。内容の議論は筆者の能くするところではないので、その点はこの論文に委ね、本書では専ら写本の形態や特徴から、四種の経典の意義を明らかにすることとする。なお本稿には限られた図版しか掲げていないが、四種の写本全体の原寸大写真が、杏雨書屋編『敦煌秘笈　景教経典四種』（武田科学振興財団、二〇二〇年）に公開されていることを付言しておきたい。

二　各写本の概要

検討に入るに先立ち、杏雨書屋の写本四種について個別に概観しておく。最初に全体に通ずることとして述べておかねばならないのは、紙質調査の結果、四種の料紙は伝統的な抄紙技法で製作されていることが確実なことである。(4) 紙の年代を知るには試料を採取して分析する必要があり、それを行えば紙の絶対年代を知ることもできるようになってきているが、古い文化財の可能性がある場合、それは許されない。しかし少なくとも、新しい用紙による近代になっての偽造品でないことは明らかである。以下、個別に見てゆくこととするが、内容についての詳細は、注1文献の他、羽田亨氏の諸論文(5)や佐伯好郎『支那基督教の研究』1（春秋社松柏館、一九四三年）第一篇第三章を参照されたい。

A『一神論』一巻（羽四六〇）

縦二六・四センチ。巻頭部は欠損するが、墨界線を引き四〇五行に亘って文字が記され、末尾に「一神論巻第三」の尾題がある。行当たりの字数は一七～一八字である。「一神」は天地創造の主たる唯一神を指し、景教の教理、神学を説いた書である。その内容は「喩第二」「一天論第一」「世尊布施論第三」を集めたものらしく、世尊布施論第三には、新約聖書マタイ伝に見える山上の垂訓と、イエスの磔刑以降のキリスト教の歴史が、新約聖書などを援用しつつ叙述されている。仏教用語を多用した記述は、本書の特色と言えよう。

本書の成立年代に関しては、本文中にキリスト降誕以後「六四一年」を意味する記述があり（第三六七行目）、次の『序聴迷詩所経』と同様、景教伝来後まもなくの撰述と解される。

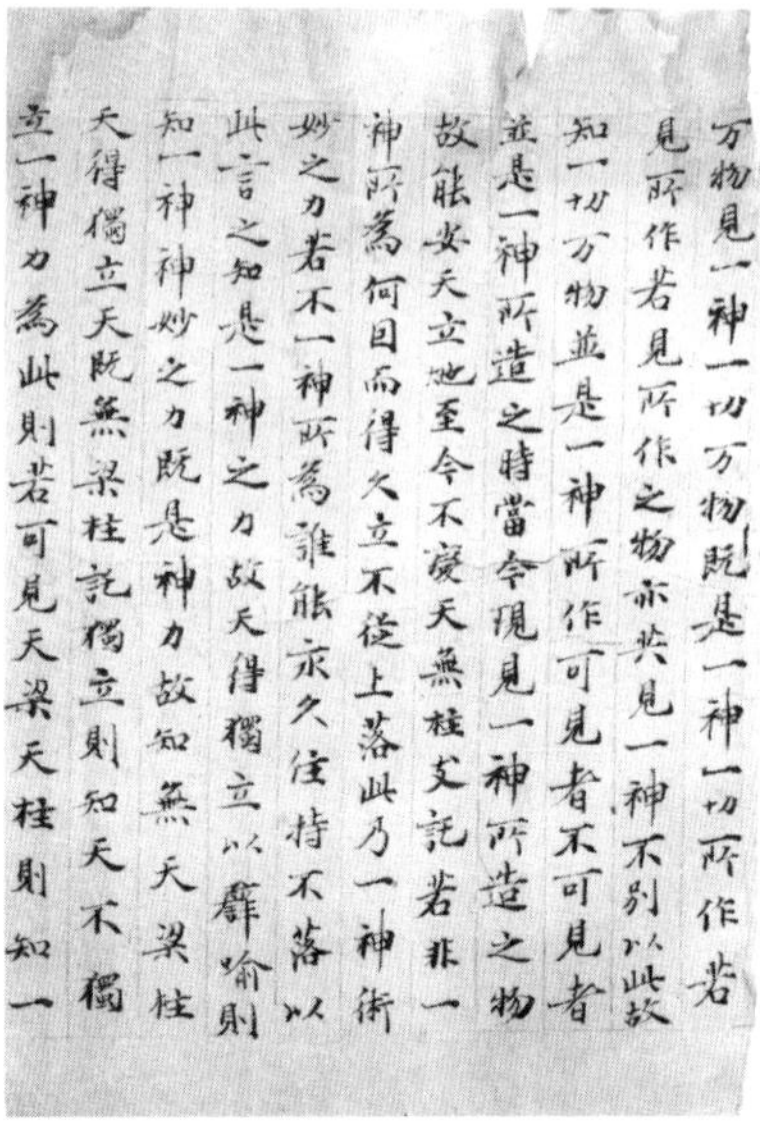
万物見一神一切万物既是一神一切所作若
見所作若見所作之物亦共見一神不別以此故
知一切万物並是一神所作可見者不可見者
並是一神所造之時當今現見一神所造之物
故能安天立地至今不變天無柱支託若非一
神所爲何因而得久立不從上落此乃一神術
妙之力若不一神所爲誰能求久住持不落以
此言之知是一神之力故天得獨立以譬喩則
知一神神妙之力既是神力故知無天梁柱
天得獨立天既無梁柱託獨立則知天不獨
立一神力爲此則若可見天梁天柱則知一

図１『一神論』巻首（注６複製より）

本書は、一九一七年（大正六）、富岡鉄斎の息で、古鏡の考古学的研究で知られる富岡謙蔵氏の所蔵するところとなったが[6]、その入手事情は明らかでない。謙蔵氏の子、益太郎氏のもとにあった一九三三年（昭和八）に、国宝（国宝保存法による）に指定された[7]（文化財保護法のもとでは無指定）。杏雨書屋の部内文書によると、一九三六年九月に益太郎氏が、五代武田長兵衛氏から資金提供を受けた羽田亨氏に譲渡している。またこの間、一九三一年に、全文のコロタイプ複製が、羽田氏の解説を付して東方文化学院京都研究所から刊行された[8]。

B　『序聴迷詩所経』一巻（羽四五九）

縦二六・四センチ。墨界線を引いた料紙の巻首に「序聴迷詩所経一巻」とあり、以下一七〇行に亘って文字を記す。行当たりの字数は一七～一八字、末尾は文の途中で裁ち落とされている。羽田亨氏によって、「序聴」は「序聰」、「迷詩所」は「迷詩訶」の誤りで、それぞれヤソ、メシアの音に宛てた語であることが明らかにされた。内容は、イエスがメシア（救世主）であることを、新約・旧約の聖書に依りながら述べ、信徒に対する教訓や心構え等を説いたのち、末尾近くにはイエスの生涯が語られる。また忠孝の意義を強調するなど、儒教思想の影響が少なくない。

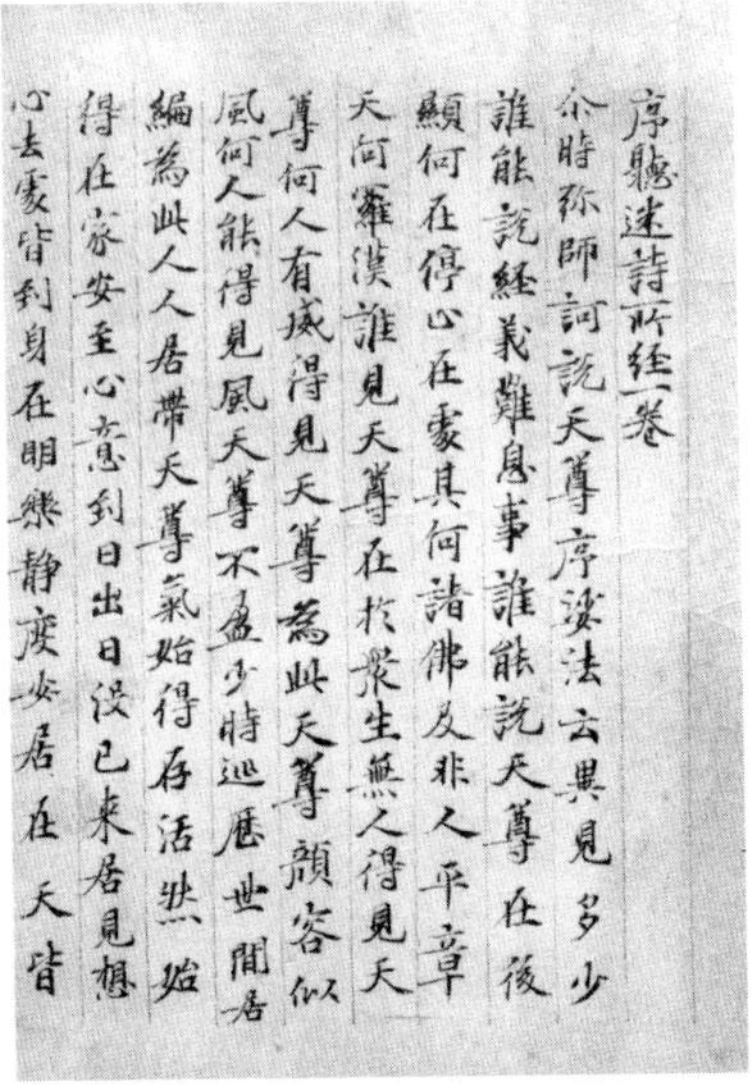

図2　『序聴迷詩所経』巻首（注6複製より）

後にも触れることになるが、先に取り上げた『一神論』とは料紙や書写形態、筆跡が同じであり、もとは一巻をなしていたと見られてきた。

本書の成立年代については、のちの景教文献に見られない「移鼠」「序聴」（いずれもヤソ）「迷詩訶」（メシア）などの音訳語を使用することから、やはり景教の中国伝来（貞観九年、六三五年）をあまり隔たらない時期の撰述とみる見解がある。

本書は大正末年ごろ、著名な仏教学者であった高楠順次郎氏の有に帰したらしいが[9]、それ以前の来歴は不明である。高楠氏の所有であった一九三二〜三六年の間に、「敦煌出土」として重要美術品の認定を受けた[10]。羽田亨氏の有に帰した年月は不明であるが、先述の『一神論』と併せて全文のコロタイプ複製が刊行されている事情から推して、ほぼ同時に羽田氏の所有となったと考えられる。

なお、杏雨書屋の部内文書によると、本書は前項の『一神論』とともに、太平洋戦争中、大阪市東区豊後町の武田邸にあって、一九四五年三月十三日の空襲で焼失したとされ、同年十二月に文部省へ焼失の届出がなされている。しかし後に無事であったことが確認され、一九九四年に当財団に改めて寄贈された。ただ種々の事情から、現在も両書は焼失文化財と位置付けられている[11]。

しかし、この経緯に関しては、大阪市内の武田邸での収蔵が果たして事実であったのかどうか、疑問がないわけではない。武田長兵衛氏が購入資金を提供した敦煌文献は、一括して羽田氏の研究に委ねられ、氏のもとにあった。近年公開された羽田氏の日記によると、太平洋戦争の敗色が濃くなった一九四五年七月、京都帝国大学の総長であった氏は、総長室にあった「武田氏の敦煌文書」が戦火に失われるのを恐れ、疎開させることとし、十三日と十五日の両日に亘り、武田氏の秘書山本寛一氏に託して全て搬出させている[12]。杏雨書屋に残る疎開時の荷造目録には、輸送用の函の一覧があり、番号順に経巻が収納されていた状態が判明する。番号のみで個々の書名までは記されていないものの、この番号は購入時に便宜的に付けられ、後の敦煌秘笈の目録に継承されたと見られるが、荷造目録では、四二一号から四六〇号までが第九号函に入れられていた。連番の中で抜き出された四五七号については、「但第四五七号ハ第十六号函ニ在中」と言うような注記があるので、それがない四六〇（『一神論』）と四五九（『序聴迷詩所経』）は、当然この函に納められ、最終的に京都府下に疎開されていた可能性が極めて高い。憶測すれば、敗戦に伴って進駐軍に接収されるのを危惧し、空襲により焼失と届け出たのではなかろうか。群馬県下の多胡碑が、接収への懸念から、一九四五年九月、地中に埋納して隠された事例もあり、[13]ありえないことではなかったと考えられる。この両書が対象となったのは、敦煌文献中この二点のみ国宝・重要美術品に指定されていたことに加え、欧米人に関心の高いキリスト教に関わる貴重資料であることも無関係ではなかったかもしれない。

C　『志玄安楽経』一巻（羽一三）

縦二六・四センチ。墨界線を引いた料紙の巻首に「志玄安楽経」とあり、以下、一行一七字、一五九行に亘って文字を記す。奥に「志玄安楽経」の尾題があって完結しているが、巻頭九行の下半は欠損している。内容は「弥施訶」（メシア）と弟子「岑穏僧伽」（シモン・サング即ちペテロ）との対話からなり、信徒としての心構えや見方を教え、これを修めれば解脱に至り、この経を広めれば護国の利益があると説く。道教の用語を使うばかりでなく、道教思想が強く影響しているのが特色とされる。

本書の名は、先述したペリオ将来の『尊経』に見え、盛唐から晩唐の景教僧、景浄の翻訳書中に含まれるので、その成立年代は、おおむね推定可能である。

本書の巻首の内題下には「木斎真賞」(方朱印)と「李滂」(白文方朱印)、巻尾には「木斎審定」(方朱印)と「慶嘉館印」(方朱印)が押され、末尾に跋文があって、その下に「李盛鐸印」(白文方朱印)が押される。清朝の顕官で敦煌文献の収集家でもあった李盛鐸の旧蔵にかかり、その子李滂に受け継がれたことが分かるが、一九三六年二月に京都の古書肆、佐々木竹苞楼を通じて、次項の『大秦景教宣元本経』とともに、羽田亨氏の購入するところとなった。

D『大秦景教宣元本経』一巻(羽四三一)

縦二六・五センチ。墨界線を引いた料紙の巻首に「大秦景教宣元本経」とあり、以下一九行があって、そのあとを欠失している。一行の字数は一八~二一字を数え、夙に指摘されているとおり、文中の「民」字(五行目)に欠画がある。内容は那薩羅(ナザレ)にあった景通法王が説いた教えを記したものであるが、欠損のため詳細は不明である。

本書は、やはり『尊経』に見える景浄訳述の「宣元至本経」と同一書とみられ、『志玄安楽経』と前後して成立したものとみられる。

本書も、巻首内題上に「敦煌石室秘笈」(方朱印)、内題途中に「木斎真賞」(朱方印)、内題下に「李盛鐸印」(白文方朱印)、「李滂」(白文方朱印)、「両晋六朝三唐五代好墨之軒」(方朱印)が押され、李盛鐸の旧蔵書で、その子李滂に受け継がれた書であるが、前述のとおり一九三六年二月に、京都の古書肆、佐々木竹苞楼を通じて、羽田亨氏が『志玄安楽経』とともに購入している。

なお、C・D二つに共通して、「景」の字に特殊な異体が使われていることに注意しておきたい。即ち「景」の上部に置かれた「日」が、いずれも「口」になっていることである。この字が避諱の対象として欠画される理由は見出せない。同様な異体字は、顔真卿の多宝塔碑など、例がないわけではないが、この欠画が、真偽に問題のない大秦景教流行中国碑にも見られることからすれば、何か教義上の意味が込められているのではなかろうか。今後の検討に期待したい。

さてBの項でも少し触れたが、A『一神論』とB『序聴迷詩所経』については、早くから用紙・書写の体例・筆跡とも同一と見る見解が有力で、そう考えて誤りはなかろう。紙質調査報告書では、『序聴迷詩所経』の後半に関して、異筆の可能性も付記されているが、[14]若干字粒が大きくなる傾向が看取されるものの、同一筆者の手になると見て間違いない。そうなるとこの両書は、本来どのような関係にあったのかが問われるわけであるが、意外にも、この両書は『一神論』、『序聴迷詩所経』の順に、脱行なく連接することが判明した。この結論に至る上にヒントとなったのが、『一神論』に見られる染みの存在である。

『一神論』の表紙は、別の紙で補われており、明らかに後補であるが、[15]その表面についた水染みは、本紙にも透り、巻子の奥に行くにつれて形を小さくしながら、巻末まで連なっている。[16]興味深いのは、巻子を巻いた場合、染みの場所は通常重なり合うはずであるにもかかわらず、この巻子では、染みの場所が重ならず、ことごとくズレていくことである。染みは奥の方向にズレて現れることからすると、この巻子の末尾には、染みの生じた時点で、まだ何ほどかの紙数があったとみてよいであろう。もっとも『一神論』の巻子は軸木をとどめていないから、それがあれば、なお少し太巻きとはなろうが、ズレの幅を考慮すると、よほど太い軸木を想定しない限り、染みの場所が一致するほどにはなるまいと思われる。

そこで念頭に浮かんだのが、『一神論』の奥に『序聴迷詩所経』が連接していたのではないかという憶測である。この着想は、先に述べた染みを追跡することで、事実と証明できる。即ち『序聴迷詩所経』にも、巻頭から十行目前後にかけて、上辺に約九センチ間隔で、小さな染みが生じているが、これに注目しながら、『一神論』の最終紙と『序聴迷詩所経』の第一紙を突き合わせてみると、上辺の染みは明らかに連続している。『一神論』の末尾も『序聴迷詩所経』の巻頭も、直線的に切断されているので、他に接続を示唆する点はないように見えるが、子細に観察するとそうではなく、両紙の下方に、切断時に生じた微妙な出入りがあり、また横方向に生じた紙の皺もあって、これらもまた一致する。ただ、『一神論』の末尾下端は、『序聴迷詩所経』の巻首下端より極僅か長いが、これは『一神論』の末尾が紙継目で切断され、料紙が二枚重ねで残っているため、特に強度があるのに対し、『序聴迷詩所経』の巻首下端は若干のほつれ（劣化）を生じていて、ここが巻頭になっていたこともあり、僅少ながら失われたからであろう。これらの点を踏まえて判断すれば、『一神論』の末尾と『序聴迷詩所経』の巻頭は、元々接続していたと考えるほかない。両写本の一紙の長さはほぼ同一であり、『一神論』の末尾は、先述のとおり紙継目で切断されているので、寸法的にも問題はない。

『序聴迷詩所経』末尾の紙は、巻頭から切り離して軸付けに転用されたものとの伝えもあるが[17]、それが事実である確証はなく、むしろ単なる推測である可能性は否定できない。また紙質調査で、『序聴迷詩所経』の冒頭に、いわゆる端継ぎのなされた形跡のないことが指摘されているが[18]、それが本来の巻頭でないならば当然のことで、むしろこの箇所が巻の途中であったと見る想定を支証することとなろう。かくて改めて『序聴迷詩所経』を軸に、その外側に『一神論』を巻いてゆくと、染みはほぼ重なる形で巻き重ねられ、表紙に至って一致することが確かめられた。

以上のことから導かれるのは、この両巻が、分断されるまでのかなり長い間、首尾を欠いた一巻として、表紙には本文と異質の紙を付け、巻尾に料紙と同じ紙を付して伝わってきたという事実である。末尾の紙の形からして、恐らくもとは軸木を伴っていたであろう[19]。それがどのくらいの期間にわたるかは、もとより確言はできないが、染みや表紙の状態、巻頭から数紙に亘って特に顕著に見られる料紙上下端のほつれなどは、手の加えられていない他の敦煌写本と比べても違和感はない。これらを総合的に勘案すれば、千年以上の長期間、ほぼこの状態にあったと見て不自然ではないように思われるが、この点については、写本そのものの書写年代を無視することはできないので、次節で改めて取り上げることとしたい。

なお『一神論』と『序聴迷詩所経』が、本来一巻をなしていたという事実は、この巻子の性格を考える上にも意義深い。従来、『一神論』については、本文中に「喩第二」「一天論第一」「世尊布施論第三」の題が見えることから、これらを抄出して集めた書とされてきたが、その後に「序聴迷詩所経一巻」が続くことによって、その『一神論』に関しても、完本を書写したものではなく、巻第三のみが抜き出されて写されていると判断されるであろう。即ちこの巻子は、ある景教経典の全体を写したものではなく、写す側の関心に基づいて、いくつかの経典から要所を集めた写本と考えるべきように思う。従って、全体として更に大きな書名が付いていた可能性も否定できないが、今は便宜上、旧名をそのまま踏襲して、以下『一神論・序聴迷詩所経』と呼ぶこととする。

三 『一神論・序聴迷詩所経』の書写年代

第二節で見た四種の経典の内、C『志玄安楽経』とD『大秦景教宣元本経』の二書は、一見して仏典の写本風の雰囲気を持ち、Cは一行当たり一七字の規格を守るなど、仏典と見まがうばかりの姿を示しているので、書写したのは写経生と判断され、その年代も唐代写経に準じて考えてよかろう。そうなると衆目の見るところ、唐代後期の書写に落ち着くことは明らかで、事実、Dには前記のように唐諱の欠画がある。この年代推定は、内容が景浄の訳述にかかることとも矛盾しない。

これに対して、『一神論・序聴迷詩所経』の場合は簡単ではない。この二つをめぐっては、従来、様々な推定が行われてきた。あるいは初唐期のものといい、あるいは時代を降った宋代のものなどという考え方もあったが[20]、さらに厄介なのは、先述のように、これを後代の偽物とする説まであることである。その解決には、内容の検討が重要なことは論を俟たないが、写本としての検討も、また疎かであってはならない。なぜなら、この写本がモノとして唐代のいつの時期の写本かを確定できるなら、逆に内容的な疑点こそ再考されなければならないからである。モノとしての検討は、内容の検討に優先すると言っても過言ではない。そこで紙質調査の結果なども踏まえ、この写本を見る場合、注目される点をまず列挙してみよう。

1　料紙は双方とも同一と見てよいが、紙の表面を叩いて滑らかにする打紙加工がなされていないのが特徴的である。

2　一行の字数に厳密な規格はなく、行頭近くで字間が詰まり、下半では開く傾向が多くの行で看取される。

3　縦の界線は、しばしば天地の界線をはみ出して引かれ、界幅にも広狭のばらつきや歪みがある。

4　Aの第一二六行目に「乙」の形に近い倒置記号が見られる。

5　Bの第一六二行目に「臣」の則天文字（一の下に忠を置く形）が見える。

これらの諸点を念頭に置いたうえで、全体の書風を見て行くことにする。

さて、この写本を通観して、まず目に付く特徴は、既に『敦煌秘笈』目録冊（二〇〇九年）にも指摘があるが、書写にあたって「无」字を全く使わず、「無」を使用していることである。相当な字数があり「無」が頻出する仏典などの場合、画数の多い「無」を書かず「无」を以て替えることは、決して珍しくない。むしろ写経を見慣れた目からすれば、この写本のように、律義に「無」を書く写本は、一見して異様に感じられるというのが実感であろう。この点と上記1、2、3を併せ考えれば、

図3『一神論』の倒置符

図4「僧参寥手札」の倒置符（『停雲館帖』第三）

この写本は通常の職業的な写字生の手になる写本とは考えられないと言うべきである。紙質調査報告書が、これを清書本ではなく、草稿的なものと考えようとしたのは、誤字・脱字の多さからすると転写本と見るべきで、従いにくいが、そのいわば素人臭さに着目したものとすれば、理解できないことはない。

写字生の筆ではなかろうという推測は、4の倒置記号の形とも関連する。即ち『一神論』の第一二六行目に「無量食種」という語句が見え、これは前後の同様な表現から見て、明らかに「無量種食」の誤りであるが、この写本の筆者もそれに気づき、「食」の右下に「乙」のような記号を書いて、「食」と「種」を入れ替えるべきことを示した[21]（図3）。その筆致や墨色からすると、この記号が本文と同筆であることは疑いを入れない。このような倒置符には、元来「乙」字が使われ、その例はすでに漢代の書跡に見いだされる。ただ時代が降ると、「乙」字の崩れた「レ」のような形に変化してゆく。中国の書でたどると、その変化は概ね南北朝時代の末ごろに起こったと見られ、日本の写経や木簡では、それより遅れて、八世紀初頭ごろに「レ」の形が現れる[22]。C『志玄安楽経』に一箇所現れる倒置符（第五九行目）がこの新しい形である。こうした変化を念頭に置けば、この写本での倒置符は、一応、六、七世紀以前の古い形態と言えるであろう。ただ、この記号の形から、簡単に書写年代を推し量るには問題がある。文字を入れ替える記号として、それより降った時代にも「乙」に近い例が見えるからで、市河米庵が挙げた『停雲館帖』に見える僧参寥手札の例がそれである(23)(図4)。翻って考えると、先に時代変遷を述べた用例は、写経生や下級官人によるもので、いわば多量の文字を書記する場合のものである。知識人が通常書記・書写する場合には、時代が降っても、なお幾分古い形の倒置符が用いられていた可能性がある。即ち唐代であっても、職人的な写字生ではなく、一般的な知識人であれば、こうした形の倒置符を用いたことも十分あり得るであろう。

その点でさらに注目されるのが、この写本のやや特異な書風である。この写本の書風は、写経一般を見渡しても、にわかに類例が見いだしにくく、いわゆる写経体に当てはまらない独特の雰囲気を備えている。その原因は、この写本の筆者が、褚遂良の書の影響を強く受けていることに求められよう。この点を明らかにするために、ここで若干の文字を抽出し、褚遂良の書との比較を試みることにしたい。ただ、褚遂良の書と確実に断定できる肉筆は存在しないので、以下の比較では、褚遂良の書法を忠実に習った聖武天皇直筆の書を中心に、碑刻資料を参照する形をとることとした。

褚遂良の特徴を見るのに、聖武天皇の書を持ち出すのは唐突と思われるかもしれないが、正倉院に残る聖武天皇宸翰の『雑集』について、かつて内藤乾吉氏は、その書風を詳細に観察、検討され、各種の法帖や碑刻などから帰納した褚遂良の書の特徴に、天皇の書法が極めてよく合致することを明らかにされた(24)。一般に書風の特徴を論ずることは、大局に終始すれば抽象的となり、主観的になりやすい難しさがあるが、内藤氏は、客観的に識別できる細部の特徴を捉え、それを全体的な特徴と併せて分析されていて、単なる印象的な比較の域を超えた説得力に富む。褚遂良書風の典型として、聖武天皇の『雑集』を取り上げることは、肉筆同士の比較として十分に有効と考える。この観点に立って、『一神論・序聴迷詩所経』の文字と、『雑集』の文字とを対比したのが、別掲の図である（図5）。この図には、別に褚遂良の書として有名な房玄齢碑に見える字も、対比して掲げた。また褚遂良の書の源は王羲之に求められるところから、王羲之の字を行頭に置いた。(25)

ところで内藤氏は、褚遂良の書の特徴を次の四点にまとめられている。

一　肥痩が強調されている

二　遒勁な筆画

三　遊糸を多用する

四　鉤形の点

『一神論・序聴迷詩所経』の文字に、一と二の特徴がみられることは、全体を通観して認められるであろうが、三もまた、『一神論・序聴迷詩所経』の文字に顕著である。筆画から筆画への移行に当たって、遊糸、即ち極めて細い線を用いて繋げるこの技法は、「者」「中」「生」「能」「勝」など、この写本の至る所に見いだされる。対比して挙げた王羲之の書には、こうした特徴は見られず、煩瑣なまでに遊糸を多用する『雑集』と強い類似を示すことは、一目瞭然であろう。四は、点を打つにあたって、一旦左横方向から筆を入れ、これを直角に下方向に曲げる書き方を指すが、この写本では

図 5　書風の比較
各段とも上は王羲之の字、中は『一神論』、下は『雑集』と房玄齢碑。

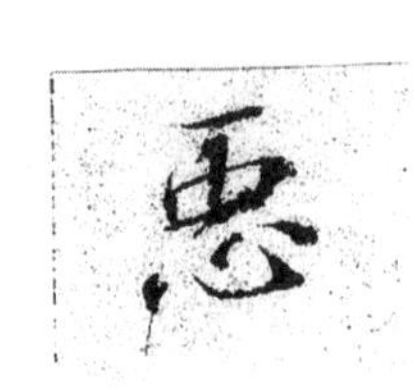

図6 『序聴迷詩所経』(上)と『文館詞林』巻346の則天文字「臣」

「主」に典型的に表れており、これもまた『雑集』の字に通じる一方、王羲之の書には著しくない。終始謹直な調子で貫かれている『雑集』の書に比して、この写本の書は、やや柔らかく、鉤型の点が統一して現れるわけではないが、基本にこの書き方があることは確かである。このように『一神論・序聴迷詩所経』の書風は、『雑集』と似通うところが多く、これは全く褚遂良風の書と称して差し支えないであろう。褚遂良の書風は、七世紀後半から八世紀前半にかけて、多くの人々に迎えられるところとなっていたから、この写本の年代も、おおむね八世紀半ばを降らないころと見てよいと考える。

もっともそうは言っても、書風からする年代推定は絶対ではない。一旦規範ともなった書風は、後代にそれを踏襲する人が現れてもおかしくないからである。現に写経においても、東大寺所蔵の『虚空蔵経』『華厳経』[26]や杏雨書屋所蔵の『大般涅槃経集解』[27](いずれも唐写本)などは褚遂良風の特徴を見せる。しかし『一神論・序聴迷詩所経』には、書写年代がさほど降らないことを示すもう一つの徴証がある。それは先に5として挙げた点で、『序聴迷詩所経』の一六三行目に見える、「一」の下に「忠」を書いた特殊な異体字に関わる(図6)。この字は、所謂武周新字(則天文字)の一つで、「臣」を表す。この写本では、夙に羽田氏が指摘されたとおり「悪」の意で使われており、字体の類似から、誤って使用したと見られるが[28]、このような誤用は、武周新字の記憶がまだ生きていた時期のこととしなければ理解できない。武周新字は、則天皇帝が没した直後、七〇五年に新たな使用がとどめられており（『唐大詔令集』巻二、神龍元年二月四日中宗即位詔）、実際にそれまで多数用いられていた墓誌においても、その用例が消えてゆくことが指摘されている。(29) 前述のような誤用が起こりえたのは、降っても八世紀の半ばごろまでと見るのが妥当であろう。先に推定した書写年代は、この点からも、中らずと雖も遠からずと言えるのではあるまいか。

以上、この写本の特徴を、モノとしての側面から見てきたが、その結果、この写本は専門的な写字生ではない、一般の知識人によって写されたもので、書写年代は八世紀半ばをあまり降らない頃という結論が得られた。その筆者は、僧俗いずれの場合も考えられようが、どちらにせよ、これでこの写本が偽物や後代のものでないことを明らかにできたと思う。

最後に、従来の研究を参照して、この写本の性格について一言すると、内容に含まれる不統一や誤脱からは、これが複数回の転写を経た写本であることが分かり、原本は七世紀代に遡ってもおかしくはない。その意味では、転写本とはいえ、景教伝来後まもなくできた教義書の内容を伝えたものとして、きわめて貴重な意義を有することは確かであろう。

この写本がいつから分断前の状態になったかに関しては、書写された八世紀半ばごろ以降と言えるだけで、特に時期を限定できる材料はない。ただ、巻子上下端のほつれ具合などは、敦煌発見の経巻類に通常よく見かけられるものと大差はないから、前に推測したとおり、分断前の状況になった下限は、敦煌文献の下限、五代から宋初あたりを想定してよいと考える。当初、八世紀前半に書写された段階では、勿論、巻首巻末を具備していたはずで、それが何らかの事情で、巻首尾に損傷を受けるなどし、現在の形に整えられて、なお利用された後、埋もれるに至ったというのが、考えられる伝来過程ではなかろうか。[30] もっとも、この写本に纏わる敦煌からの請来という伝えも、何ら確実な根拠を持つものではないが、このような写本が伝来した場所を他に考えにくいことや、写本の状態を総合的に勘案すると、格別疑うべき点は見出せず、信頼してよいと考える。

なお、この写本が分断されたのは、近代になって、商品として売却する際の利点を考えた結果であろう。現在『一神論』末尾左端の上下と『序聴迷詩所経』冒頭右端の上下に、各二箇所の極めて小さな穴が開けられている[31]（『序聴迷詩所経』の下端では、紙の劣化のため一方の穴は不完全にしか残っていない）。これは恐らくここで写本を切り離す際、写本を固定するために用いた針などの痕跡であろう。一旦切り離された両本を、再び連接させてみた時の穴とも考えられないことはないが、両本の接続に気づいた先行研究は管見に入らず、切断前の仕事と解するのが自然である。

四　おわりに

本稿で新たに論じたところを今一度要約して掲げれば、次のようになる。

イ　景教経典四種の内、『一神論』と『序聴迷詩所経』は、元一巻の写本であり、現状でそのまま連接する。

ロ　『一神論・序聴迷詩所経』は、料紙、書写形態、書風、使用された文字・記号などから、八世紀半ば頃の写本で、筆者は職業的な写字生ではなく、世俗の知識人か、僧侶などと判断される。

ハ『一神論・序聴迷詩所経』は、書写後、何らかの事情で首尾を失い、現在の状態に装潢し直されて一定期間使用された。敦煌発見の写本と考えて不都合はない。

ニ『志玄安楽経』と『大秦景教宣元本経』は、料紙、書写形態、書風や倒置符の形などから、写経生による唐代後期、八世紀末～九世紀の写本と見られる。

留意されるのは、この結論が、写本の内容とは無関係に導き出されたことである。内容の検討が重要なことは初めにも述べたが、それはこのような写本自体に即した事実の上に立ってなされなければならないであろう。本書に提示した事実をもとに、他に類のないこれらの景教経典の価値が、再評価されることを願ってやまない。

注

（1）蓋佳択・楊富学「唐代両京、敦煌景教写本文献研究述評」（『唐史論叢』第二四輯、二〇一七年）。
（2）例えば、岩本篤志「敦煌景教文献と洛陽景教経幢―唐代景教研究と問題点の整理―」（『唐代史研究』一九号、二〇一六年）など。
（3）蓋佳択・楊富学「唐代両京、敦煌景教写本文献研究述評」（注1前掲）。
（4）杉本一樹「敦煌秘笈景教経典紙質調査報告書」（杏雨書屋編『敦煌秘笈　景教経典四種』武田科学振興財団、二〇二〇年）。以下、本稿で「紙質調査報告書」というのは、この報告書を指す。
（5）羽田亨『羽田博士史学論文集』下、言語・宗教篇（東洋史研究会、一九五七年）。
（6）東方文化学院京都研究所編『一神論巻第三　序聴迷詩所経一巻』（一九三一年）解説（羽田亨氏執筆）、神田喜一郎「支那学者富岡桃華先生」（『敦煌学五十年』二玄社、一九六〇年）。

（7）黒板勝美編『国宝建造物宝物目録』〔追補〕（岩波書店、一九三五年）四七九頁。
（8）東方文化学院京都研究所編『一神論巻第三　序聴迷詩所経一巻』（注6前掲）。なお、『敦煌秘笈』目録冊（武田科学振興財団、二〇〇九年）は、羽四六〇と羽四五九の項に、この複製本を、誤って「羽田亨『敦煌遺書・一』」としている。
（9）羽田亨「景教経典序聴迷詩所経に就いて」（注5前掲）。
（10）章華社編集部編『文部省認定重要美術品目録』（章華社、一九三七年）一四九頁。
（11）たとえば、文化庁編『戦災等による焼失文化財：昭和・平成の文化財過去帳新訂増補』（戎光祥出版、二〇一七年）。文化庁の藤田励夫主任文化財調査官の御教示によれば、文化庁が発行した『美術工芸課資料集』（一九九四年）にも、『一神論』が「戦災解除」として記載されており、従って公的には指定解除されたものと認識されている。ただ、両書とも、二〇一九年八月、文化庁による調査を経て、消滅していないことは確認済みである。
（12）羽田亨『羽田亨日記』（京都大学大学文書館、二〇一九年）。
（13）松田猛『上野三碑』（みやま文庫、二〇一七年）一〇一頁以下。
（14）杉本一樹「敦煌秘笈景教経典紙質調査報告書」（注4前掲）。
（15）紙質調査報告書で、表紙の横界は、本文第一紙に跨る可能性が指摘されているが、仔細に観察すると、断絶している。なお表紙の上部に墨付きがあるが、これはあるいはアラビヤ数字の「11.」で、新しいものか。
（16）勿論、染みの中には、巻子が開かれているときに生じ、前後に染み跡のないものも存在する。
（17）羽田亨「景教経典序聴迷詩所経に就いて」（注5前掲）。
（18）杉本一樹「敦煌秘笈景教経典紙質調査報告書」（注4前掲）
（19）紙質調査報告書で、糊の痕跡は裏面の端で確認されているが、軸付き部には、部分的にあとから紙が貼られており、これは軸が剥離した後、薄くなった料紙を補強する意味があるのかもしれない。
（20）岩本篤志「敦煌景教文献と洛陽景教幢—唐代景教研究と問題点の整理—」（注2前掲）。
（21）この倒置符の存在は従来気付かれておらず、紙質調査の際に飯田剛彦氏が指摘され、杉本一樹氏によって確認された。
（22）東野治之「抹消符と倒置符」（『書の古代史』岩波人文書セレクション、二〇一〇年）、小林芳規『平安時代の仏書に基づく

漢文訓読史の研究』九（汲古書院、二〇一九年）。

(23) 市河米庵著・中田勇次郎校注『米庵墨談』（平凡社、一九八四年）巻三。

(24) 内藤乾吉「正倉院古文書の書道史的研究」（正倉院事務所編『正倉院の書蹟』日本経済新聞社、一九六四年）。

(25) 文字の抽出には、東方文化学院京都研究所編『一神論巻第三　序聴迷詩所経一巻』（注6前掲）、宮内庁正倉院事務所編『正倉院寶物』北倉Ⅲ（毎日新聞社、一九九五年）、『唐　褚遂良房玄齢碑』（二玄社書跡名品叢刊、一九七〇年）、飯島太千雄編『王羲之大字典』（東京美術、一九八〇年）を用いた。

(26) 奈良六大寺大観刊行会『奈良六大寺大観』十一（東大寺三）図版一八四参照。この両経の存在については、京都芸術大学専任講師加藤詩乃氏の教示を得た。

(27) 武田科学振興財団杏雨書屋編『新修恭仁山荘善本書影』（一九八五年）八〇頁。同書の解説では「平安鈔本」とするが、明らかに唐写本である。

(28) 羽田亨「景教経典序聴迷詩所経に就いて」（注5前掲）。

(29) 蔵中進『則天文字の研究』（翰林書房、一九九五年）。同書では、神龍元年二月二十日に没した元簡の墓誌が、則天文字を一掃していることを取り上げ、詔から僅か二十日ばかりで詔の趣旨が貫徹されたとするが、墓誌の制作には相当の時日を要したはずで、その解釈には従えない。東野治之「書評　蔵中進著『則天文字の研究』」（『和漢比較文学』二二号、一九九九年）参照。

(30) 因みに、巻尾の軸付き紙と本文の最後の紙は、他の紙継目のように、大豆糊で接着されてはいないようで、褐色の糊跡が看取できない。本文の最後の紙は、横幅が他の紙の三分の一ほどしかなく、憶測すれば、本来巻尾の紙と一紙を形成していたものが、近代になって、この箇所で何行かの切り取りが行われ、継ぎ直されたことも想定される。その場合、約一六センチ、一〇行分ほどが切除された計算になる。ただ、たとえ切り取りがあったとしても、その程度の分量では、現状を大幅に変えるようなものではなかったと考えられる。

(31) この穴の存在は、杏雨書屋学芸員瓢野由美子氏の指摘による。

トルファン出土の『列子』張湛注と『遺教経』有注本の断簡

一　はじめに

杏雨書屋は、巷間、医史学・薬学関係書の専門図書館と見られがちであるが、五代武田長兵衛氏が、貴重書とみれば、保全を図るのに資力を惜しまなかった結果、それ以外に、和漢の広い分野にわたる古典籍を収蔵している。国宝、重要文化財に指定された典籍を擁する内藤湖南の旧蔵書、いわゆる恭仁山荘善本も、その好例の一つといってよいであろう。その全貌は、かつて当館から刊行された『新修恭仁山荘善本書影』（一九八五年。以下『書影』と略称）に、ほぼ尽くされている。この書は、長く武田長兵衛氏の側近にあって、杏雨書屋の管理運営に尽力した山鹿誠之助氏の労作を、第二代館長の羽田明氏が補訂の上、刊行したもので、湖南旧蔵書の書誌は勿論、内容に関しても全幅の信頼を置かれてきた。ただ、何分にも山鹿氏の原稿自体は、第二次世界大戦前の執筆になり、新修本の刊行も、三十余年前のことに属する。今日の目から見れば、正すべき点や、加えるべき事実もないわけではない。本稿は、その補訂の試みの一つである。適宜『書影』の関係個所を参照下さるようお願いしたい。

二　『列子』張湛注

『論語鄭注断簡並経籍叢残』の一巻は、湖南自筆の題簽の角書に「吐魯番出土」とあり、典籍の小断簡六片を個別に貼り込んで巻子としたものである。トルファン出土という伝承は、他に同様な類例があることから、信頼するに足りるであろう。『書影』の解説では、「本巻ハ巻初ニ経籍叢残五片ヲ、最後ニ論語鄭注断簡一片ヲ貼布シ」として、論語鄭注は子路篇の一部であることを述べるが、他の断片に関しては「各片トモ二行乃至三行ヲ存シ、而シテ毎行下半ノ大部ヲ佚シタルガ故ニ、存分ハ二三字ニ過ギズ」とあって、題名不詳とする。しかし論語鄭注断簡を除く五片は、書風の違いによって明らかに一片と四片の二群に分けられ、一片は、本節で取り上げる『列子』の断簡である。刊行当時、こうした零細な断片の同定は、まず不可能であったと思われるが、今日では各種データベースの整備が進み、それも可能になった。まずその中から、四番目に貼付されている断片に注目し、その釈文を掲げる（〈　〉内は双行注の文。図1）。

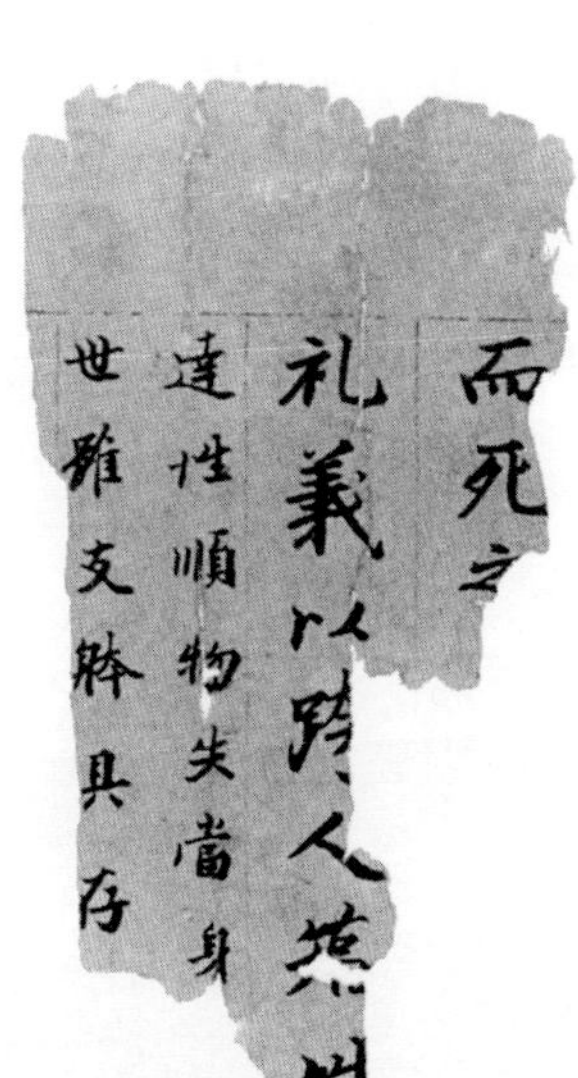

図1　『列子』張湛注断簡

而死之
礼義以跨人矯性
〈達性順物失当身／世雖支躰具存〉

これは『列子』楊朱篇の一部で、二行割の文字はその張湛注である。四部叢刊本の『列子』張湛注に依拠して、関係部分を掲げると以下のとおりである。(1)

凡生之難遇而死之易及、以難遇之生俟易及之死、可孰念哉、而欲尊礼義、以夸人矯情性、以招名吾以此為弗若死矣〈達哉此言、若夫刻意従俗、達性順物、失当身之暫楽、懐長愁於一世、雖支体具存、実隣於死者〉

問題の断片は、書風から見て唐代の写本として誤りない。四部叢刊本の『列子』張湛注と比べると、字句に次のような相違がみられる。

跨―夸
矯性―矯情性
躰―体

これらの異同は誤写や誤脱とみなすべきものではなく、四部叢刊本に加わっている「情」も文義を

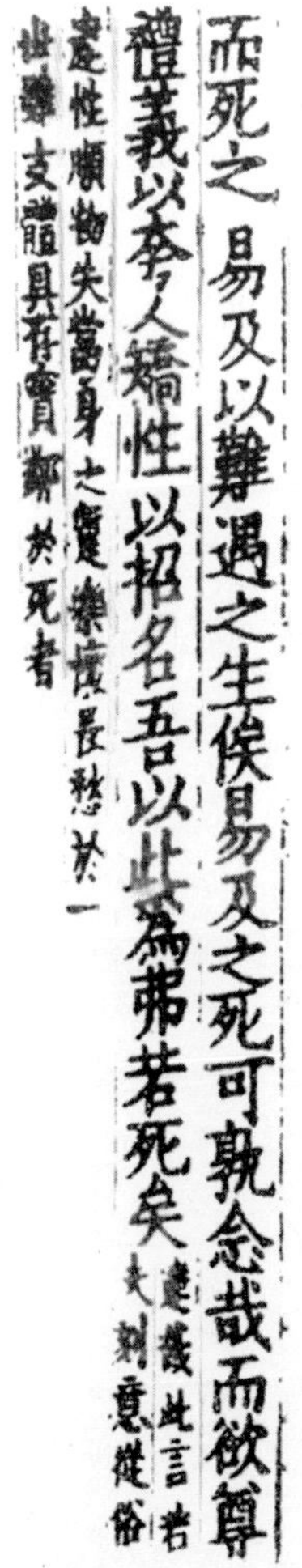

而死之易及以難遇之生俟易及之死可孰念哉而欲尊
禮義以夸人矯性以招名吾以此爲弗若死矣（達哉此言若夫刻意從俗違性順物失當身之暫樂懷長愁於一世雖支體具存實鄰於死者）

図２『列子』張湛注断簡行款復原図

図３　旅順博物館蔵の『列子』張湛注断簡

分かり易くしておりこそすれ、意味は同じであって、断片は唐代のテキストの面影を伝えたものと判断してよかろう。試みに現存する行頭の文字から、原本の行取りを推定してみると、図２のようになる。原本は一行二二字で書写されていたとみてよい。「礼儀」で始まる行も、「矯情性」の「情」は、本来なかったと思われるので、それを除くと一八字となり、行末の注は残りの四字分に収まっていたであろう。

なお、トルファン出土の断簡ということで注意されるのは、現在、中国の旅順博物館に蔵される一断簡である。その写真と釈文が、游自勇氏によって紹介されており（図３）、以下のような内容を持つ。(2)

□文□
〈遵法度□／唯取□〉

極めて小さな残片であり、紙質等について比較の手立てもないが、同じ楊朱篇の張湛注であるだけでなく、書風にも共通点が見いだせるように思われる。即ちこの残片の「唯」の隹は、その第一画が右上から左下に長く引かれているが、同じ特徴が、恭仁山荘本の「雖」にも見いだされ、字の大きさも恭仁山荘本と、ほぼ合致する。(3) おそらくもとは同一場所から発見され、伝来を異にするに至ったのであろう。実物に就いて確認される日が来ることを期待したい。

三　『遺教経』断簡

『論語鄭注断簡並経籍叢残』の巻頭から貼り込まれている五点（仮に第一〜第五片とする）の断片の内、前節で取り上げた『列子』（第四片）を除く四点は、一見して明らかに同筆であり、唐風の見事な書風を示す（図4〜7）。『書影』はこれらを含め「経籍叢残」とし、外典と考えているが、第一〜第三片の三点は仏典『遺教経』の残欠である。ただ第五片は、本文の文字としては「也」を存するだけであり、他の典籍でも「也」は多数使われるから、書名の確定は困難のようにみえる。しかし、「也」の右行の残画を注視すれば、それが第三片の最終行にある「令」の左に連接する偏であることに気づくはずである。実際、写真を用いて繋げてみると、この字は「冷」であることが判明し、「冷」の下

図 6 『遺教経』断簡 3

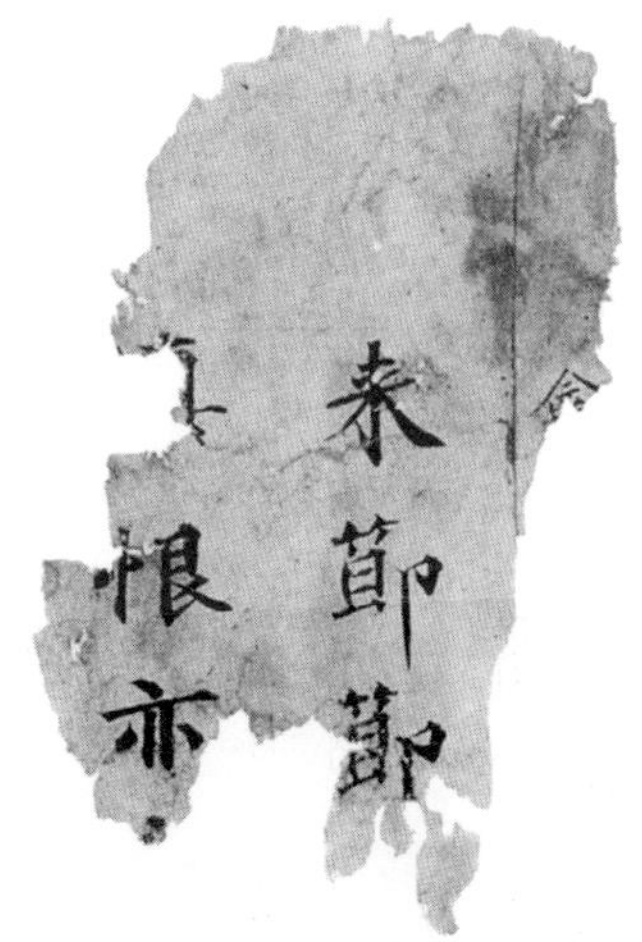

図 4 『遺教経』断簡 1

図 7 『遺教経』断簡 4

図 5 『遺教経』断簡 2

の字は、表具の際に歪みを生じているものの、本来は「雲」であったことがわかる。即ち第一～第三片と第五片は、全て『遺教経』の一部ということになる。

『遺教経』はまた『仏遺教経』ともいい、釈迦が入滅の時に説いたことを収録したとされる経典で、鳩摩羅什らによって漢訳され、全体の分量が少ないこともあって広く流布した。問題としている断簡の本文も、この羅什訳に合致し、一般的な科段に従えば、二、修習世間功徳分の内、五、誡瞋恚の一部である。その関係部分を次に引用しておく。

有愧之人、則有善法、若無愧者、与諸禽獣無相異也、汝等比丘、若有人来、節節支解、当自摂心、無令瞋恨、亦当護口、勿出悪言、若縦恚心、則自妨道、失功徳利、忍之為徳、持戒苦行、所不能及（中略）白衣受欲、非行道人、無法自制、瞋猶可恕、出家行道、無欲之人、而懐瞋恚、甚不可也、譬如清冷雲中、霹靂起火、非所応也

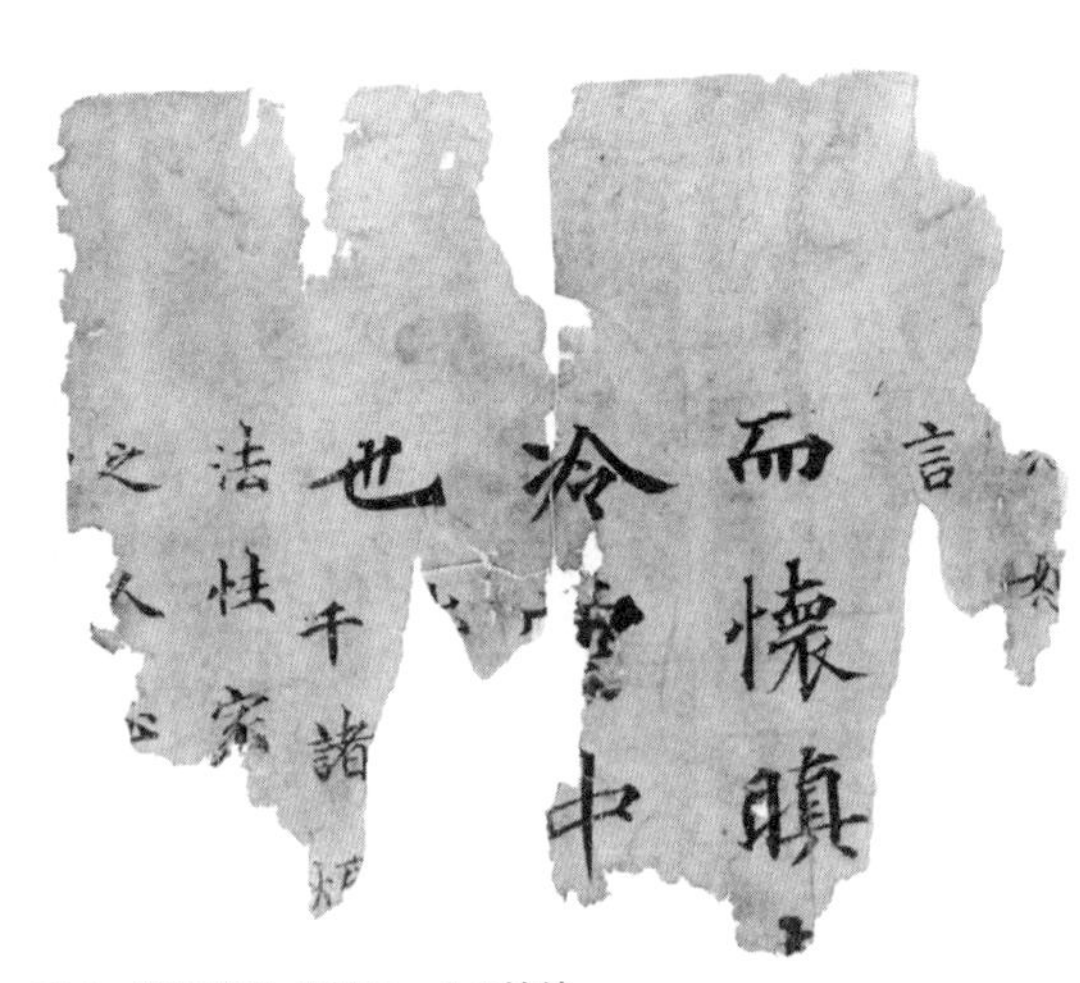
図8 『遺教経』断簡3・4の接続

従って断簡の排列は、第一、第二、第三、第五の各片となるのが正しい。

このように整理してみると、これらの断簡について、改めて二つのことが注目される。一つはこれが『遺教経』の本文だけではなく、注の付いたテキストを書写していることである。『遺教経』の注としては、陳の真諦が訳した馬鳴撰の『遺教経論』が有名であるが、この断簡の注はそれとは合致しない。一方、唐代以前に遡る他の注も存在したことは確かであるが、今みることはできない(4)。この断簡は、その筆跡からすると、たとえ降ったとしても盛唐初期のものであり、断片的ながら、それ以前の亡逸した注をうかがわせる貴重な史料といわなければならない。

注目される第二の点は、本文の字粒が通常の写経より大きく、いわゆる大字経であることである。『列子』の場合と同様に、行頭の文字を手掛かりとして、注を省いた字詰めを復原してみると次のようになり、一行が原則一一字から成っていたと分かる。

来節節支解当自摂心無令

瞋恨亦当護口勿出悪言若縦

恚心則自妨道失功徳利忍

之為徳持戒苦行所不能及

而懐瞋恚甚不可也譬如清
冷雲中霹靂起火非所応
也

いうまでもなく写経は通常一行一七字で書写されるので、これに注が挿入され、一七字詰めの規格になっていたとも一応考えられるが、そうなるとこの字の大きさからして、巻子の幅がきわめて長大となってしまう。使用語彙から判断すれば、さほど多くの注が必要とは思えないから、注を含んだとしても、全体がこの規格で書写されていたとみるべきであろう。注を含む同様な規格の写本としては、同じくトルファン出土の経典で、『維摩経僧肇注』の例がある。[5] これは一行が一三字から成る。また日本の写経ではあるが、無注で一行一二字詰めを原則とする大聖武（『賢愚経』）や、有注で一一〜一二字詰めの『註楞伽経』など、奈良朝写経の類例も想起されよう。[6] ただ、この断簡の書風は、日本のそれら八世紀半ばから後半の重厚なものに比して、『維摩経僧肇注』に通ずる細身の秀麗な感覚を示す。『維摩経僧肇注』は初唐の書写と推定されている。『遺教経』断簡の書写年代も、やはり初唐ないし盛唐初期と考えるべきである。料紙も精良で、たとえ一紙分でも完存していたならば、おそらく中央で写された、優品と呼ぶにふさわしい写本であったろう。

このような大字による書写がなされた理由としては、第一に有注であることが挙げられよう。前述の『維摩経僧肇注』は勿論有注本であり、日本の写経では、先に挙げた『註楞伽経』や、伝嵯峨天皇筆、平安時代前期書写の『金光明最勝王経』（通称「飯室切」）なども、やはり有注の大字経である。『註楞伽経』は字詰めまで近似する。双行の注を経本文と合体させた会注本の場合、本文一行の字数が少なく、界幅の広い方が見やすいことは言うまでもない。

ただ、『遺教経』の写本という条件を加味すると、理由はそれだけでなかったかもしれない。見事な書風で調製された大字経には、当然調度としての価値も生じる。かつて論じたように、『遺教経』は唐の太宗が天下に流布させようと、「施行」を命ずる詔を下した経典であった。その政策が影響力を持ったらしいことは、流布を図ろうと、日本の遣唐使にこの経を託した唐人のあったことでも推測される。[7]こうした『遺教経』の性格を考えれば、調度本としての書写が行われても不思議ではないであろう。『遺教経』の遺品は、現にトルファンからも、別の一本が出土しているが、それは全文を、整った独草体の草書で写している。[8]これなども調度的な性格を感じさせる例である。恭仁山荘本の断簡に関して、そうした可能性を含んだ上で、今後の検討に備えることも無駄ではあるまい。

注

（1）　四部叢刊初編所収『沖虚至徳真経』（列子）巻七。

（2）　游自勇「唐写本《列子・楊朱》（張湛注）的文献価値―从旅順博物館蔵残片談起」（孟憲実・王振芬主編『旅順博物館蔵新疆出土漢文文書研究』中華書局、二〇二〇年）。

（3）　王振芬・孟憲実・栄新江主編『旅順博物館蔵新疆出土漢文文献』下編三十一（中華書局、二〇二〇年）に原寸大のカラー写真が収められている。この断簡の編号はLM二〇‐一五二三‐一九‐一八一である。図3はこれによる。

（4）　隋の霊祐の『遺教経義疏』、唐の懐素の『遺教経疏』が知られている。奈良時代の日本にも、『遺教経論』と並んで、撰者不明ではあるが、『遺教経疏』の伝来していたことが、東大寺写経所の文書から判明する。木本好信編『奈良朝典籍所載仏書解説索引』(国書刊行会、一九八九年)。

(5) 朝日新聞社『トゥルファン古写本展図録』(一九九一年)、藤枝晃編『トルファン出土仏典の研究 高昌残影釈録』(法藏館、二〇〇五年)など。前者の解説は藤枝晃氏の執筆で、後者とほぼ同文である。

(6) 大聖武はじめ、これ以下に言及する日本古代の写経については、便宜、京都国立博物館編『古写経―聖なる文字の世界―』(二〇〇四年)参照。

(7) 東野治之「「施行」された書物」(岩波人文書セレクション『書の古代史』岩波書店、二〇一〇年)。典籍の施行については、その後、榎本淳一「秘書の制と書籍の施行」(木本好信編『古代史論聚』岩田書院、二〇二〇年)も出て、さらに研究が深められている。

(8) 朝日新聞社『トゥルファン古写本展図録』(注5前掲)No.二八、藤枝晃編『トルファン出土仏典の研究 高昌残影釈録』(注5前掲)一五一頁。

付章　史料と人

杏雨書屋と法隆寺佐伯定胤管長

武田科学振興財団杏雨書屋のコレクションのなかでも、著名な東洋学者、内藤湖南の旧蔵書は非常に大きな存在である。杏雨書屋では「恭仁山荘善本」と称していて、宋・元などの版本や唐代の写本、日本の古代、中世の写本など、その中身を全て紹介することはとてもできないほどの量と質を備えている。杏雨書屋の国宝三点（『説文解字』木部残巻、『毛詩正義』、『史記集解』）は、いずれも恭仁山荘善本に含まれる。ここでは、その内藤湖南旧蔵書にまつわる二つのエピソードを紹介したい。

一つは、恭仁山荘善本が杏雨書屋に入ったことに関わる話である。杏雨書屋の蔵書は医史学、薬学関係というイメージがあるが、それ以外に多くの漢籍、敦煌文献、日本の古典籍等が含まれている。先にも簡単にふれたとおり、恭仁山荘善本はそのうちの一つで、京都大学名誉教授で後に帝国学士院会員にもなった内藤虎次郎（湖南：一八六六―一九三四）の旧蔵書である。

医史学、薬学に関係のない書物が杏雨書屋へ収蔵されるに当たっては、京都大学の東洋学の学者達と武田家との縁故が働いているように思われる。五代目及び六代目の武田長兵衛氏との関わりである。内藤湖南の旧蔵書が購入されたのは昭和十年（一九三五）である。「恭仁山荘」というのは、内藤湖南が晩年を過ごした家がそう呼ばれていたことから来ている。京都府相楽郡加茂町（現在の木津川市加茂町）という奈良に近い南山城にあった家である。恭仁山荘善本は五代目の武田長兵衛氏（隠居名・和敬）が購入したが、内藤湖南の蔵書は一括してどこかへ入ったわけではなく、武田家以外に大阪市立大学、京都大学、関西大学等にも入っている。しかし、杏雨書屋では「恭仁山荘善本」と呼んでいるとおり、まさに「善本」と称するものは杏雨書屋にまとめて入った。内藤湖南のコレクションの中核部分は杏雨書屋にあるといってよい。ただ、その一部が杏雨書屋から法隆寺に移っていて、第一のエピソードはそれに関する話である。

法隆寺には玄奘三蔵の伝記、『大慈恩寺三蔵法師伝』の巻七と巻九が所蔵されているが、杏雨書屋で編纂された『新修恭仁山荘善本書影』(1)の最後に、もと「内藤蔵書であった」この書が載せられている。現在、『大慈恩寺三蔵法師伝』は法隆寺に入っているので、そこには写真だけが載せられた。しかし内藤蔵書を一括して購入しながら、なぜ法隆寺に移ったのかということに関する詳細は書かれていない。

『大慈恩寺三蔵法師伝』は、もともと法隆寺に伝来した書物で、「法隆寺／聖霊院」という印が捺されている（図1）(2)。これは古い印で、聖徳太子を本尊とする聖霊院の蔵書だったことがわかる。その印の上には内藤湖南の蔵書印も見え、もともと法隆寺にあった『大慈恩寺三蔵法師伝』を湖南が入手し、もう一度、法隆寺に納めたことになる。

その経緯を語るのが正木直彦の日記である。あまり一般には知られていないかもしれないが、正木直彦は明治、大正、昭和と長年にわたって東京美術学校（現東京藝術大学）の校長を務めた人で、昭和

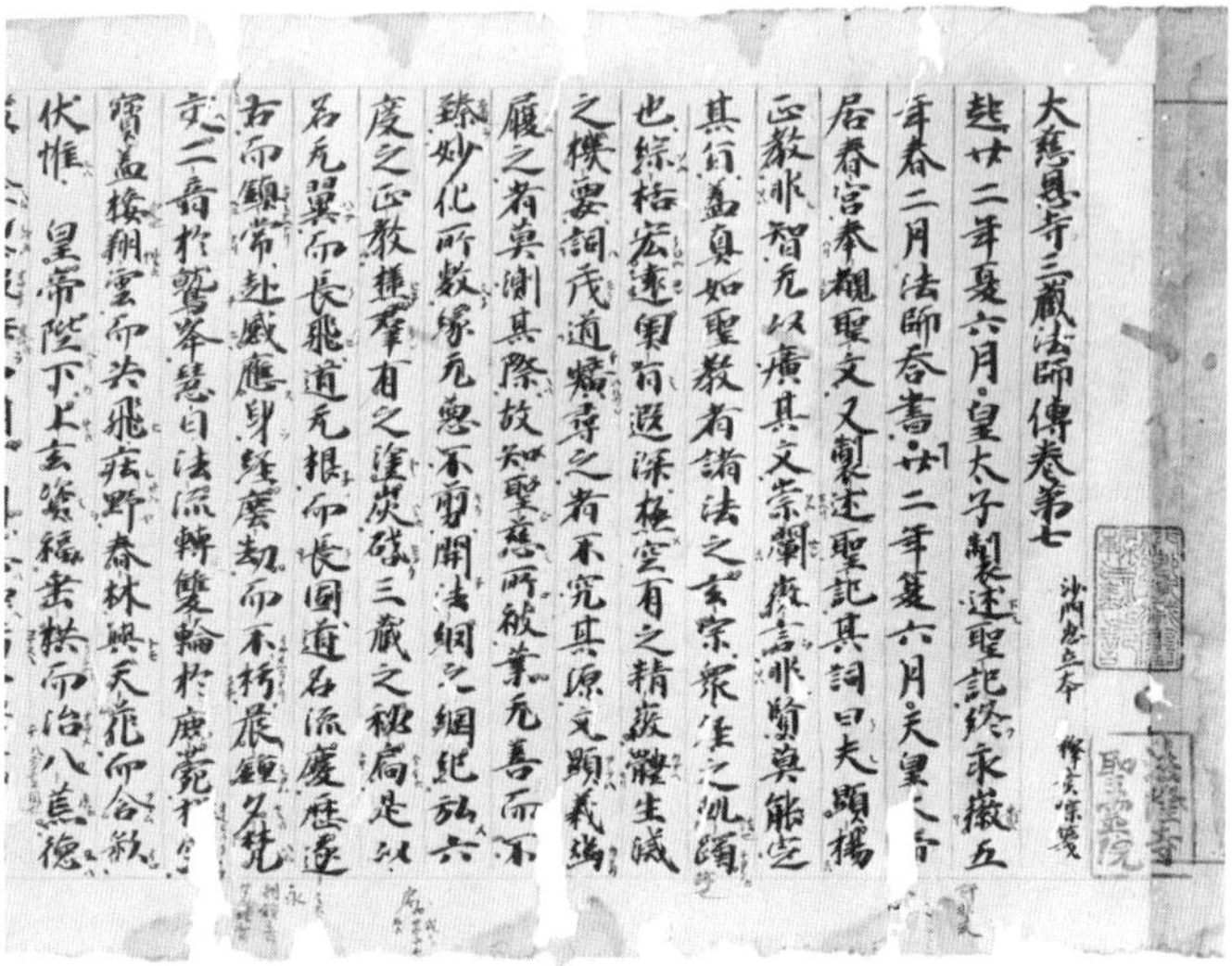

図１　『大慈恩寺三蔵法師伝』巻九巻首（法隆寺蔵）
（奈良六大寺大観刊行会編『奈良六大寺大観』四、法隆寺四、岩波書店、1971 年）。

十五年（一九四〇）、大戦の始まる直前に亡くなった。その日記の昭和十四年三月十六日の条に、当時の文部省で文化財の仕事をしていた荻野仲三郎と一緒に、東京から法隆寺に行って泊まることになり、そこで佐伯定胤管長から次のような話を聞いたことを書き留めている(3)。

荻野（荻野仲三郎）と余は寺（法隆寺）に泊る。此時、武田長兵衛氏の陰徳の話を聞きたり。内藤湖南の蔵書は全部引取りて武田文庫に入れたり。武田文庫は本草書に於ては海内第一也といふ。内藤本の内に藤原時代抄写の慈恩伝二冊あり。湖南在世中に法隆寺和上（佐伯定胤）所望せられし時、湖南は死後は必ず寺納すべきやう遺言すべしと申されたれど、内藤氏は実行せずに過ぎたるに、今度武田氏は全部引取られ、慈恩伝は壱万円の評価なりしが、此本は湖南先生の志なればとて、寺納することとなりしが、内藤氏の名を以てして、武田氏の名は顕さずということ也。実に陰徳の君子といふべき行為なり。今夜三人鼎座、夜闌に至る。

（括弧内注記及び濁点・句読点は筆者）

これを見ると、その頃、武田文庫はすでに本草書の収集で聞こえていたことがわかるが、内藤本の内に藤原時代（平安時代）書写の慈恩伝（『大慈恩寺三蔵法師伝』）が二冊（正しくは巻七と巻九の二巻）があり、湖南在世中に法隆寺和上（佐伯定胤）が所望した時、もともと法隆寺のものであったということがあるからであろうが、湖南は死後は必ず寺に納めるよう遺言しようと約束をした、しかし湖南はそれを実行せずに亡くなったという。

その後、武田氏はその旧蔵書を全部引きとったが、慈恩伝は当時の評価で壱万円もしたのに、この本は故人の志だからということで、寺に寄進することを申し出る。しかも自分が寄進したという形ではなく、内藤湖南の寄進という形で寺納したという。そして日記の最後には「実に陰徳の君子といふべき行為なり」と書き、自分の功績をひけらかすのではなく、非常に奥ゆかしく善行をする方だと称えている。この時点で正木直彦は和敬翁と面識はなかった、その後もなかったと思われるが、正木はこの話を興味深く聞いて日記に書き留めたということであろう。

これで『大慈恩寺三蔵法師伝』巻七と巻九が、内藤蔵書として一旦は杏雨書屋に入りながら、法

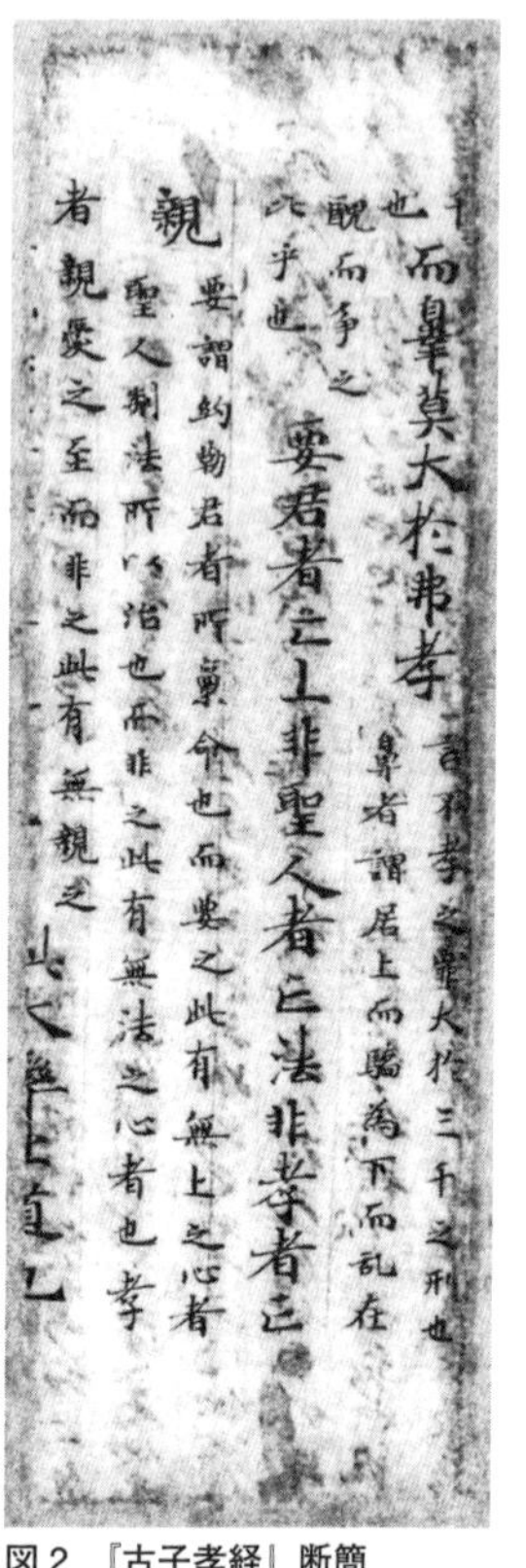
而辠莫大於弗孝
要君者亡上非聖人者亡法非孝者亡
親

図2 『古子孝経』断簡
（注5文献より）

隆寺に渡った事情が明確になる。内藤湖南の旧蔵書は、湖南が亡くなった後、東洋法制史の碩学であった子息の内藤乾吉氏が管理していたと旧版の『恭仁山荘善本書影』[4]に出てくるので、和敬翁が実際に購入したのは内藤乾吉氏からであったと思われる。

私は晩年の先生にお目にかかったことがあり、内藤湖南の全集を編集・刊行されている時であったが、自分で著書を残すことが少なかった父上の仕事を、受講生のノートなどから復原して残すのだと話されていた。湖南の子息は他にもおられたが、蔵書は乾吉氏に受け継がれたのであろう。

実はいま一つ、恭仁山荘善本から分かれたものではないかと思われる所蔵品が杏雨書屋にある。それが『古文孝経』の短冊状の断簡である（図2）。奈良時代に写された『古文孝経』（五刑章）の一部で、五行ほどをとどめる。その断簡の裏面は弘法大師筆と伝える仏典で、むしろこの裏側の文字が弘法大師筆であるということで、手鑑に貼られて伝来したものと思われる。表面の『古文孝経』は貼り付けられていたために字が薄れているが、それでも非常に謹直な書風の字が残っており、奈良時代の写経生の筆になると考えられる。

この『古文孝経』の断簡は、もと六代目の武田長兵衛氏の所蔵品であった。実は第二次世界大戦の前に大阪府立図書館で『孝経』の善本ばかりを集めた展覧会があり『孝経善本集影』[5]という図録が刊行されているが、その時この断簡も展示され、図録には「大阪　武田鋭太郎蔵」として載っている。武田鋭太郎とは六代目の武田長兵衛氏のことである。

この断簡が内藤蔵書であると詳しく指摘した資料は未見であるが、『古文孝経』の研究をされた慶応義塾大学の故阿部隆一氏の論文[6]にこの断簡が取り上げられていて、「内藤湖南博士旧蔵武田長兵衛氏現蔵」と紹介されている。これがどういう根拠によるのか確かめられないが、大変珍しい断簡であり、その可能性は低くないと思われる。まとまった本の形をなしていないため、六代目の武田長兵衛氏が留め置き、同氏の文庫、洗心文庫に入り、その後杏雨書屋に入るという経過を辿ったと考えるのが妥当であろう。

さて、もう一つのエピソードは、五代目の武田長兵衛氏、和敬翁と、先ほど出てきた法隆寺の佐伯定胤管長との交わりについてである。佐伯定胤氏は戦前から戦後にかけて法隆寺の管長であったが、戦後、法隆寺金堂の一層目が焼け、壁画が焼損するという大事件に遭遇し、その後、しばらくして亡くなった。佐伯管長は仏教学者でもあり、交際は諸方面にわたった。先の正木直彦の日記に「今夜三人鼎座、夜闌に至る」と書かれているが、荻野仲三郎、正木直彦と佐伯管長の三人で話をしたときに和敬翁の話が出てきたわけで、佐伯管長は和敬翁とも親しかった。

杏雨書屋の特別展示会で配布される展観図録の扉には、いつも「杏雨書屋」の扁額の写真が載っ

図3　杏雨書屋扁額（杏雨書屋提供）

ている。現在は、展示室正面に複製の額がかかっていて、中に入ると本物の額がある（図3）。達筆過ぎてわかり難い字であるが、これは佐伯管長の筆跡に他ならない。この扁額は、武田家のコレクションが杏雨書屋という形でまとめられたとき、和敬翁が佐伯管長に頼んで書いてもらったようにみえるが、そうではなかった。

この額の字をよく見ると末尾に「鵤衲書」と署名がある。鵤寺（法隆寺）の衲（僧侶）である佐伯定胤が書いたという意味である。その下には「定胤」と「不東」という印があり、「杏雨書屋」の「杏」の字の右上にも「癡心未了」という四字を入れた印がある。ところが扁額とほぼ同じ文字を墨で書いた肉筆本が、現在も武田家に所蔵されている[7]。扁額とは印が異なり、「癡心未了」の印は両方とも同じであるが、肉筆本末尾の印は「鵤寺／定胤」と「三無／道人」となっている。従って扁額は、肉筆本ではなく別のものから彫ったことがわかる。

実は法隆寺に佐伯管長の日記が伝わっており、法隆寺史編纂所の山内都氏に調べていただいたところ、その昭和十年（一九三五）十一月二十九日の条に、杏雨書屋の題字を揮毫したとあり、昭和十一年三月二十日には、武田家に持参、贈呈したと出てくることが確かめられた。十一月二十九日の記事は、『武田和敬翁追想』[8]にも指摘されている。

図4　杏雨書屋扁額裏面の文字（杏雨書屋提供）

一方、扁額の裏側には次のように作られた日付が刻まれている（図4）。

以
法隆寺金堂
桧古材作之
昭和三十六年夏
渓哉（花押）

この渓哉という人物は法隆寺に出入りした大阪の工芸家松下渓哉であると、これも山内氏から教示を受けた。渓哉は昭和三十六年夏、法隆寺金堂の檜の古材で額を作ったわけである。この扁額が作られた昭和三十六年は、大阪の十三（じゅうそう）に書庫が新設され、そこに杏雨書屋が移った年である。しかし、この年には佐伯管長も和敬翁もすでに亡くなっていた。おそらく佐伯管長は、生前にこの額字を複数枚揮毫していて、書庫の完成時に、その一枚を利用して扁額が作られたのではないかと思われる。

ところで私は文化財関係の研究をしており、法隆寺金堂の古材ということに興味をひかれ、杏雨書屋での講演の機会に扁額の他の部分の写真も撮っていただいた。そうすると、たとえば渓哉の刻銘の上には、ぼんやりと文字のようなものを見ることができる。右を上にして四字ぐらい、文字が針書されており、最初の一字は「中」と読むことができた。また「中」の下の字は「次」と読める。「中」の右の字は二字とすれば「五十」などの可能性がある。その下の字は「仏」ではなかろうか。「次」の偏と傍のアンバランスな形からみても、これらは決して新しい時代の文字ではない。この木が金堂の造営時点で建築部材として使われる時、工人などの書いた字が残ったのであろう。金堂創建時の材かどうかはさらに調査が必要であるが、古代の建築部材である可能性は否定できない。佐伯管長との縁で、貴重な材を、法隆寺としても武田家に譲ることになったのであろう。扁額の裏には「法隆寺印」という焼印が二つあるが、これは戦前からの解体修理事業で、古材であることを証明する意味で捺されたものである。法隆寺には佐伯管長の日記とは別に、寺としての日記も残っているので、そのような資料をさらに調査すれば、古材が武田家に譲られた経緯が判明するかもしれない。

以上、二つの話題をとりあげたが、以前、杏雨書屋の研究講演会で講演されたこともある河野昭昌氏[(9)]が、法隆寺と武田家との関わりを詳しく調べて書いておられるので[(10)]、この小文はその落穂拾いに過ぎない。杏雨書屋の蔵書あるいは文化財について知識を深めていただく一助になれば幸いである。

注

（1）杏雨書屋編『新修恭仁山荘善本書影』（一九八五年）。
（2）同右書による。
（3）正木直彦『十三松堂日記』（中央公論美術出版、一九六六年）。
（4）大阪府立図書館編『恭仁山荘善本書影』（一九三五年）。
（5）同右『孝経善本集影』（小林写真製版所出版部、一九三七年）。
（6）阿部隆一「天理図書館蔵　奈良朝旧鈔古文孝経零巻について」（『阿部隆一遺稿集』二、汲古書院、一九八五年）。
（7）法隆寺編『定胤長老遺墨』（一九六六年）。
（8）武田和敬翁追想録編纂委員会編『武田和敬翁追想』（一九六〇年）三三九頁。
（9）河野昭昌「法隆寺と武田家―和敬翁の太子信仰を中心に―」（『杏雨』一〇号、二〇〇七年）。
（10）同右「倒叙太子信仰史　近・現代編二　法隆寺「大壇越無名氏」武田和敬翁」（『聖徳』一八〇号、二〇〇四年）。

法隆寺壁画模写の巨匠・入江波光の修業時代

一　はじめに

大正から昭和にかけて活躍した入江波光は、その孤高の画風が今も高く評価されている日本画家である。長らく京都市立絵画工芸専門学校（現在の京都市立芸術大学）の教授を務め、古画の模写に熱意と高い技術を有したことでも知られる。とりわけ昭和十五年（一九四〇）から始まった法隆寺壁画の模写事業において、第六号壁阿弥陀浄土図を担当する幸運に恵まれ、その中尊の模写に迫真の妙技を見せながら、遂に全体の完成を見届けることなく逝った画家としても有名である。法隆寺壁画に関心のあった私は、昭和四十年（一九六五）に国立近代美術館京都分館（現在の京都国立近代美術館の前身）で開催された「入江波光」展に、その模写が展示されているのを知り、これを見るために訪れた会場で大きな感銘を受けるとともに、以来、波光という画家に注目するようになった。

波光の画業は、今日『入江波光画集』（講談社、一九七八年）その他で主要作品を見ることができ、また遺著となった『画論』（北大路書房、一九四九年）から、そのやや狷介な人柄や主張をうかがうこともできるが、波光の若き日については、京都市上京区御前通丸太町上ルに生まれて、京都市立美術工芸学校、さらに京都市立絵画専門学校に学び、大正二年（一九一三）研究科修了とともに母校の嘱託になったという以外、語られることが少なく、絵画専門学校の教員となって、自らの画風を確立してゆく以前の活動は、取り上げられることがなかった。したがって専門学校本科及び研究科前後の修業に関しては、ほとんど具体的に知られるところがないといってよいであろう。しかし専門学校研究科修了の歳に発表された「振袖火事」など二、三の作品には、初期の肉筆浮世絵的な画風が現れており、波光がそれ以前、この方面の絵に学んでいたことは確実と見られるが、実際、画風からの推定にとどまらず、その事実があったことを裏付ける史料が二つ存在している。この小文では、その二つを紹介して、波光の青年時代を肉付けする材料としたい。

二　大槻さゝ舟と『風流祇園桜』

まず第一は、京都市中京区高倉通夷川上ルに住んでいた大槻さゝ舟との関係である。この人物が、大正五年（一九一六）に私家版百部限定で刊行した『風流祇園桜』は、波光の若いころを考える上に注目すべき史料である。この人物は、大正十年、遺著として刊行された『艶色京紅』（私家版、二〇〇部限定）の記事なども併せ考えて、後述のように京都の清文堂印刷所を営みつつ、自ら好色本や絵本、一枚刷の版画などを熱心に収集するコレクターであった。『風流祇園桜』の次のような跋は、その独特の人柄をよく表している。

伊勢や源氏の物語を今様に作り、小倉百首を俗謡に歌へば、今の法規は許すまい。只何事もうはべさへ飾れば大平無事なり。我れ斯様の絵本を刊行せば、馬鹿な色気違の沙汰とも思はれん。されど生れて未だ女郎屋の二階も知らねば、芸者買いの味も知らず、たまに用向きありて色町を通り、呼びとめられて逃げ出したり、袂引かれて怒鳴るほどの野暮天なり。四十面さげて妻もなければ、今にヤモメの一人暮し、能く〳〵女に縁の無い人間なり。されど生きた女に縁こそなけれ、昔しの女に縁ありてか、己が部屋に集まりたるは遠き寛文の頃より明治の初めに至るまで、都女は云はずもあれ、江戸紫の恋衣、浪速の芦のかぎりなき、数多の美女に繞囲せられ、六宮三千の美女そこのけにて、唐の玄宗の色男もはだしで逃げる位、亦盛んなりと云ふべしだ。其中より艶なるものを選り出し、今の法規に触れぬ様、醜き所は衣をきせ、数多く写す面倒さに、版に彫らせて巳[三]が刷り、同じ仲間の人たちに、たゞで進んぜまいらせん、にがい顔したおつさんも、万ざらいやでもおへんやろ。これを自跋とす。

花街に不通の道楽もの

大正丙辰の初春

右の跋にもあるとおり、『風流祇園桜』は木版印刷による復刻に特色があり、奥付によるとその製作は、明治四十四年十二月初刻、大正三年十月刻了、同四年六月印刷、同五年一月製本と進んだらしい。そこで注目されるのは、この書の凡例に見える左のような謝辞である。

本書の版行に就きましては、京都の考古家小山暁杜氏、山口松青及佐々木華月氏、入江波光氏、宮島春斎氏、井上和雄氏等の秘本を借覧するを得たるを感謝致します。

図１　『風流祇園桜』表紙絵（入江波光画）（縦 9.4㎝）

さらに奥付には「表紙画　入江波光」ともある。これらの入江波光こそ、本稿の主題とする画家その人であろう。もとより同名異人という可能性も完全には否定できないが、「波光」という号は決してありふれたものではない。この書が準備、刊行された時期は波光二十四歳から二十九歳に当たり、すでに京都市立絵画専門学校本科から研究科を経て同校嘱託となった時期で、現存作品に拠ると、すでに「波光」を名乗っていた。大槻さゝ舟とは、同じ嗜好を共有する親しい関係があったと推察できよう。初期の画風の拠って来るところが、この種の趣味にあったことはほぼ間違いない。その意味で『風流祇園桜』の表紙画（挿図）は、作品として貴重である。ちなみに波光等と並んで名が見える「井上和雄」は、後年、浮世絵や書誌学の研究で名を成したその人に相違なかろう[1]。

大槻さゝ舟は『風流祇園桜』の刊行後、さらに同種の書物を私家版として企画し、作業を進めていた。しかし完成を見ることなく、大正九年（一九二〇）に逝去する。さゝ舟の妹、清水薫葉が、これを継承して刊行したのが、先にふれた『艶色京紅』であった。さゝ舟が撰しておいた「本書の刊行に就て」と題する序には、刊行の経緯とともに次のような一項があるが、文中の「入江氏」もまた波光であろうし、作業を援助したことが推定できる。「入江氏」のみならず、一連の協力者について名前が省かれているのは、書物の性質上、迷惑が及ぶことを慮った結果であろう。

本書発行に就ては其材料を給せられた、京都の吉川、秋田、小山、大阪の水田、木村、橋本諸氏の厚意と入江氏の努力の尤も深きを感謝いたします。

私が波光と初期浮世絵の関係に注目する契機となったのは、二十年以上も前、ある古書籍即売会で偶然手にした『艶色京紅』にある。当時は、艶本の挿画に似つかわしくない晴朗で和やかな気分に引かれただけであったが、数年前、たまたまその前身となる『風流祇園桜』に遭遇し、はからずも「入江波光」の名を見出すことになった。両書とも部数限定の私家版であり、波光の伝記史料として紹介しておくのも無意味ではないと思う。

三　新古版画展覧会の目録

波光の青年時代を知る史料として、第二に挙げられるのは、同好者の間で配布された版画展覧会の目録である。「新古版画展覧会」のために用意された一枚刷りで、これに出会う契機となったのは、平成二十一年（二〇〇九）、兵庫県西宮市にある辰馬考古資料館で開かれた秋季展「浪華文人蒐集家」である。この展示では、主に同館や学校法人甲陽学院、肥田皓三氏などの所蔵にかかる旧三宅吉之助コレクションが展示され[2]、その実現には、当時、甲陽学院高等学校教諭であられた山内英正氏の尽力があった。陳列品の中で私が注目したのは、展示パンフレットに下記のように記される二点の内の一つである。

各種趣味の会 出品目録　（時代）大正～昭和　（所蔵）肥田皓三氏

その資料は、縦一八センチ、横三五・五センチの活版印刷で、冒頭は次のようになっている（句読点は原文のまま）。

新古版画展覧会

日時　五月十四日午前十時より薄暮まで

場所　八坂神社境内　松本家に於て
木版趣味会の第三次会合として古代版画の展覧会を開く、良いもの斗りを陳列して自慢する会でもありませんが、煙草でも呑んでゐる暇があったら御覧ください。珠も瓦も一つ棚に列べてある処が値打です
六年五月中の二日
木版趣味会
当番　西川純二
大槻三八郎

これに続いて以下「出陳目録」となり、十六名の出品が二段組みで記載される。その名を順に列挙すると、入江波光、紅葉谷楠一、甲斐荘楠音、桂華庵、相沢賢次、田中美風、郡山経堂、阿部中春、宮島春斎、那須刷仏、大槻さゝ舟、西川純二、寺松国太郎、黒田、西繁、藤沢文次郎の諸氏である。波光の出品が最初にきており、二十五点と最も多く、これに次ぐのは大槻さゝ舟の十七点で、この会での二人の立場が推し量られる。

ちなみにこれらの人物に関しては、調査の手掛かりが見当たらないものも少なくないが、ある程度履歴の判明する例や、著名人物も含まれる。たとえば紅葉谷楠一は、京都市立絵画専門学校の出身で、後述する甲斐荘楠音の一級下、田中美風は、昭和十年に『田中美風遺詠集』が出版されている

人物であろう。明治四年（一八七一）の生まれで、この前年に没している。宮島春斎は、落語好き連に属した劇評家であった。当番として最初にも名が見える西川純二は、のちに西川純として活躍した洋画家と考えられる。[3]鹿子木孟郎や浅井忠に師事し、関西美術院に学んだ。彼は歌麿の版画一点の他、墺国（オーストリア）の新版画の作家、カベラリーの作品四点を出すという異色の出品をしている。寺松国太郎（一八七六―一九四三）は、倉敷市生まれの洋画家で、やはり関西美術院を中心に活動した。また藤沢文次郎は、広重の木版絵葉書を出版したことが知られる。後年有名になった人物としては、甲斐荘楠音（一八九四―一九七八）を挙げねばならない。甲斐庄楠音として知られるが、甲斐庄を名乗るのは昭和六年以後なので、ここに甲斐荘とあるのは誤りではない。波光より年齢は若いが、同じ京都市立絵画専門学校出身であり、その壮年期まで、国画創作協会などでともに活動した。異色の画風で有名である。[4]波光、紅葉谷楠一、甲斐荘楠音の三名は、ほぼ同世代の日本画家仲間であった。

いまさら言うまでもないが、この新古版画展覧会の目録によって、前節まで述べてきたことが改めて裏付けられる。目録の年代は「六年」とあるばかりであるが、前節で指摘したとおり、大槻さゝ舟は大正九年（一九二〇）に没しているから、それに先立つ大正六年以外にはありえない。即ち前節で取り上げた『風流祇園桜』刊行の翌年に当たり、波光は三十代前半であった。目録に挙げられた作品は、彼がそれまでに入手していたものに相違なく、コレクションの一端をうかがう意味で、以下にそれを掲げておこう。作品名と順序は目録のままである。

文七路考舞台姿（二枚続）	初代豊国
菊之丞伊三郎舞台姿	同
団蔵白猿舞台姿	同
八百蔵嵐三八舞台姿	同
忠臣蔵五段目六段目	同
雛形若菜の花模様	湖龍齋
女達と関取	春潮
俳優と女達	初代豊国
両国橋納涼（浮絵）	同
俳優舞台姿（小板）	春好
彦山権現誓助劔（三枚続）	春亭
俳優舞台姿（小板）	清経
当世風俗美人合	英山
当世美人合	同
恵比須講	栄昌
夕立の景（二枚続）	国貞
炬燵の女	同

幸四郎団十郎半四郎立廻り姿（三枚続）　同
幸四郎三日月おせん　国直
役者（三枚続）　同
大井川（三枚続）　同
雪中の女（大板）長画　春扇
忠臣蔵五段目　房種
小女と若衆　栄深
征北　支那板画

磯田湖龍斎・勝川春潮・勝川春好・鳥居清経と中国版画などを除くと、作家は江戸時代後半から幕末明治の人々で、芝居絵の多さが目立つが、これがコレクションの全貌ともいえないであろう。むしろ波光は幅広く浮世絵版画を収集していたのではなかろうか。ともあれ波光初期の画風の背景に、このようなコレクションがあったことが具体的に知られるのは、興味深いと思う。

四　大槻さゝ舟と三宅吉之助

本稿を草した目的は以上に尽きているといってよいが、この機会に、関連して判明する事実に言及することを許されたい。一つは波光の盟友であった大槻さゝ舟のことである。この人物については先に簡単にふれたが、断片的であるものの、貴重な情報が集古会の会誌（はじめ『集古会誌』『集古会記事』、のち『集古』）に掲載されている。集古会は明治末年から太平洋戦争末期まで活動した趣味の集まりで、趣味家、文化人の集まりとして独自の存在感を持つ団体であった。(5) その『集古』辛酉四号（大正十年四月）の会報欄に、次のような会員死去の情報が載っている（原文に句読点を補った）。

会員大槻三八郎氏は、十一月十六日逝去、京都市外田中村千菜山光福寺に葬る。法号月晃笹舟居士。さゝ舟は氏の雅号なり。享年四十七歳の由。令妹より報知あり、謹て哀悼の意を表す。

これによって大槻さゝ舟の本名が三八郎であったことや、前年十一月に没したこと、享年が明らかである。死亡を知らせた「令妹」は、『艶色京紅』の後書を「故さゝ舟妹」として記した清水薫葉に相違ない。先の新古版画展覧会目録に当番の一人として見える大槻三八郎が、出品者のさゝ舟であろうことは容易に推察がついたが、それはこれで確かに証明されるわけである。目録冒頭の言葉も、その口吻が『風流祇園桜』の跋に通じるものがあり、大槻三八郎の筆であろう。なお、この会告に先立って、『集古』庚申一号（大正九年二月）所載の会員名簿に大槻三八郎が出ており、住所が京都市の「高倉通夷川上ル福屋町」とあるが、宮武外骨氏が主宰した雑誌『此花』第二枝（一九一三年）を見ると、カレンダーの話題に関連して、「京都市高倉通夷川北へ入る印刷所清文堂活版所」が、顧客に贈った浮世絵カレンダーを取り上げていて、その「清文堂主人大槻三八郎氏は浮世絵の好者であるそうな」とある。これらを総合すれば、大槻三八郎は自宅で印刷所経営を業としながら、浮世絵の収集と覆刻に打ち込んだ人物であることが明らかである。『風流祇園桜』巻頭の例言末尾に、「京都清文堂印刷所参考部笹舟文庫　大槻さゝ舟誌」とあるのは、単にそれを飾った表現に過ぎまいと思われる。社名の清文堂は、妹の姓が「清水」であることと、あるいは関係しているかもしれない。

付け加えておきたい第二の点は、三宅吉之助のことである。本稿で紹介した新古版画展覧会の目録には、その右下に三宅吉之助の所蔵を示す「宇津保文庫」の印が捺してあり、三宅吉之助が生前入手していたことが推察される。実は三宅吉之助も、同じころ集古会の会員であった。『集古』庚申三号（大正九年六月）の会告に、且水木村助次郎の紹介で入会したことが見えている。木村且水は、大阪の有名な古書肆だるまやの主人である。

入江波光の青年時代が、このような収集と多彩な直接間接の人脈に彩られていたことは、後年の謹厳で禁欲的な波光の言動からは想像も及ばない。波光の埋もれた側面を垣間見せてくれる点で、片々たる新古版画展覧会の目録も貴重な意義を有するというべきである。

注

（1）井上和雄については、服部清道『井上和雄の生涯』（かながわ・まめほん第一集、かながわ豆本の会、一九六七年）参照。

（2）三宅吉之助（一八八四～一九四三）は大阪の海産物商。古典籍や版画、拓本、考古遺物、古貨幣、人形、玩具、番付等の収集家で、住地の靭に因み自宅を「宇津保文庫」と称した。甲陽学院校史資料室（室長山内英正）編『甲陽学院所蔵　旧「宇津保文庫」考古資料目録』瓦編（学校法人辰馬育英会、一九九八年）参照。なお本稿の第四節に若干の知見を追加している。

（3）西川純二については、島田康寛氏の御教示による。西川純の略歴は、京都市美術館『京都の洋画　資料研究』（叢書　京都の美術Ⅱ、一九八〇年）参照。島田氏は、西川純二、寺松国太郎に続いて見える「黒田」は、同じ関西美術院系の黒田重太郎である可能性も示唆された。また確証はないが、「桂華庵」は、美術記者であった山田桂華かも知れないとされている。

（4）京都国立近代美術館他編『大正日本画の異才――いきづく情念　甲斐庄楠音展』（日本経済新聞社、一九九七年）。

（5）集古会については、山口昌男『内田魯庵山脈』（晶文社、二〇〇一年）に詳しい。会誌は『集古』として覆刻されている（思文閣出版、一九八〇年）。

銅版師・岡田春燈斎の逸事

幕末の銅板師岡田春燈斎については、早く西村貞氏が、その著『日本銅版画志』（全国書房、一九四一年。一九七一年復刻）に「松田緑山と岡田春燈斎及び春燈斎門人」と題して業績を論述されている他、森登氏の近業『江戸・明治の視覚　銅版・石版万華鏡』（日本古書通信社、二〇一七年）でも、しばしば論及されており、斯界での評価は揺るぎないものになっている。実際、春燈斎の描く風景には、壺中の天とも言うべき充足感を持つものが少なくない（図1）。しかし、その履歴など、この人物に関わる情報は十分明らかになってはおらず、なお今後に俟つべき点が多い。ここに偶々気づいた史料を紹介し、後考に役立てたいと思う。

それは新史料と言えるようなものではなく、松田清氏によって『近世京都』第四号（二〇二一年）に翻刻されている史料である。ただ、松田氏は山本亡羊の伝記史料の一部として翻刻されており、春燈斎の研究史料としての意義は説かれていないので、これを紹介しておくのも美術史的に無駄ではないであろう。内容は次のとおりで、引用は松田氏の翻刻に従う。なおふりがなは紙面の関係で省略した。

図１　岡田春燈斎「長崎丸山」（画面縦 8.8㎝、著者蔵）

> 又銅版師岡田磯七郎と云者あり。其母蔦子なる人、少き時、予家の下婢たり。数十年を経て、偶来訪す。家母時々往きて話す。磯七郎、形寝なるも、母を奉ずる孝順なるを見る。彼、婦を求むる意あるを見、喜多川幸女の言により、井上家の乳婢、某の賢なるを聞き、媒酌す。後、時を過ぎ子なきを以て、或家の一幼児を貰受。愛育、所生の如し。先妣没する後、磯七死し、御一新に際し、往く所を知らず。

これは京都の儒医・本草家、山本亡羊（一七七八〜一八五九）の子息で、私塾山本読書室を継承した章夫（一八二七〜一九〇三）の著になる『先人言行録』の一段である。章夫は「家母慈愛の心浅からざるを見るに足」るとして数段を挙げた、その一部がこれである。文中の「家母」「先妣」は、山本亡羊の妻で章夫の母であった玲を指す。春燈斎の通称が磯七郎であったことはすでに西村氏が指摘されているが、彼の家族については従来全く不明で、山本家や特に玲との親しい交流も知られていなかった。春燈斎は、その母の縁で、数十年ぶりに山本亡羊の家を訪ねたのである。翻刻者の松田氏は、磯七郎が春燈斎であることを述べ、山本読書室所蔵の資料中に、「亡羊山本先生考、春燈斎岡田義房刻」の『嘉永二年己酉名花七十二候』が在ることを指摘されている。しかしこの記事はそれのみにとどまらず、春燈斎が醜男でありながら、母に孝行な好人物であり、玲の媒酌で得た妻との間に子がなく、もらい受けた子を実の子のように愛したことなど、その人物像をうかがう上に、またとない貴重な記述と言うべきであろう。

春燈斎の生没年はこれまで不詳で、万延年間までの作例が知られるのみという（西村氏前掲書）。先の引用でも死没の事情や年月、またその子の行く末が分からないのは遺憾であるが、玲の死没は嘉永五年（一八五二）のことである。彼の没年はまず文久初年（元年は一八六一年）ごろと見て大きな誤りはないであろう。先の文中の「数十年」は、「数」に二、三と五、六の両義があるが、五、六十年では長きに失する。仮に二十五年とみれば、縁談の話とも整合的であって、そのあたりが妥当と思われる。西村氏によれば、天保八年（一八三七）生まれの松田緑山より年長であったらしく、天保末年には木版絵図類の作品もあるので、誕生は文政年間であったのではないか。しかし文政初年（元年は一八一八年）の生まれと仮定しても、没年まではそう長くない。おそらく享年は四十歳前後で、その諸作品は二十代から三十代に成ったと推定しておこう。

斑鳩と私

二〇一九年四月、ふとした御縁で、斑鳩町文化財活用センターに、その長として呼んでいただくことになった。このセンターは、藤ノ木古墳の展示や学習がきっかけとなって設立された文化財の拠点施設ではあるが、「斑鳩」は、私の研究とは切っても切れない地域でもある。後でも述べるとおり、早くから法隆寺に関心を持った私には、斑鳩町が行った若草伽藍跡の発掘調査は大変刺激的だったし、史跡整備の事前調査で明らかになってきた中宮寺の古代の姿も、まことに興味深かった。しかもそれらの遺蹟の時代を僅々三十年ほどしか遡らない藤ノ木古墳の遺物が、法隆寺の工芸品とは異なる古様な迫力に満ちているのは、いまも新鮮な驚きである。

顧みると、私が斑鳩に興味を持った最初は、もちろん法隆寺とその周辺の寺々からで、もうかれこれ六十年前に遡る。故郷の兵庫県西宮から、初めは古建築が好きだった父に連れられ、のちには一人でも訪れるようになったころの斑鳩は、すでに日本が高度成長期に入り、開発が進行しつつあったころと重なるが、まだ會津八一の『鹿鳴集』に詠われ、和辻哲郎の『古寺巡礼』に記された面影を、色濃くとどめていた。真夏や真冬の法隆寺は、春秋の賑わいがまるで嘘のように、静まり返っていたのを覚えている。古寺巡りなどと言うこと自体、まだ一般的ではなく、まして若い人は珍しかったから、現地で「このお子さんが、お寺参りとは感心な」と言われたことさえあった。

それほど年寄りじみた好みの持ち主だった私は、仏像や古代人の残した筆跡を見るのが好きで、中学時代には美術史を勉強したいという大それた望みを持っていた。しかし、当時は大学進学すら一般的ではなく、まして文学部などへ行くのは、金持ちの子弟の贅沢でしかない。また仮に卒業しても、満足な職業に就ける時代ではなかった。おまけに入学した学校は六年一貫の進学校だったので、文科系でも法学や経済学を目指すのが常識である。受験勉強そっちのけで美術史や古代史の本を読むうち、古本屋で會津八一全集の端本を見つけて、その法隆寺研究を読み、なぜ自分は、八一の生前に物心つく年齢ではなかったのか、そうだったら早稲田大学に行ったのにと、悔やんだことすらあった。親にも学校にもずいぶん反対された上、やっと文学部に進めたのは、史学科なら、卒業後、社会科の先生になれるからと、両親を説得した結果である。

進学先として、美術史ではなく、史学を選ぶ動機になったのは、高校一年の初夏、福山敏男先生の仕事に出会い、文字で書かれた史料が古美術研究に果たす役割の大切さを知ったことが大きい。中学三年ごろから、私は神戸のセンター街や元町にあった古書店を覗きに出かけていたが、かねてから書名を目にしていた、福山先生の『日本建築史の研究』を、老舗の後藤書店で見つけて手に入れた。今でも覚えているが、値段は六百円、かろうじて小遣いで買える価格である。しかし、會津八一の論文とは大違いで、正倉院文書研究の先駆として有名なこの本の内容には、残念ながら全く歯が立たなかった。そこで古文書というものを一から勉強するしかないと思い、相田二郎『日本の古文書』二冊を高校の図書館から借りだし、これを読んでみることにした。

当時、わが高校には、大学教授になられても全くおかしくない高井悌三郎や宮川秀一といった諸先生がおられた結果、日本史や考古学の専門書が、よく揃っていたのである。相田氏の本には、古文書の読み下し文などはほとんど付いていないが、根気よく本文を読んでいくと、おのずから古文書の読み方が分かってくる。それに力を得て、卒業までに何とか上下二冊を読み切った。ただ、これで奈良時代の文書が分かったかというと、そうではない。ただ、大学に入って受けた史料講読や古文書学の授業が、大変楽だったことは確かである。古文書は筆文字のマスターが第一と思われがちだが、むしろ使われている用語や文体を知っている方が、解読に役立つのである。そのほか、中高時代の読書といえば、高校の社会科準備室にあった春山武松『法隆寺壁画』という大著を、買えそうもないので、初めから終わりまで筆写したことなどが今も思い出に残る。

大学に入ったら、日本古代史をやろうと決めていた私だったが、入学後は、国文学や江戸時代史に興味が動いたこともあった。ただ結局は初心に戻り、大学院に進んだ。もともと古代の人が残した生のモノに触れたいという望みが強くあったから、大学に長く居て人間を相手にするより、早くモノに接する職場で働きたいと思っていたところ、アルバイト先だった当時の奈良国立文化財研究所で試験があり、無事に採用していただいた。ここで二十代の内に、木簡はもちろん、古代の在銘金銅仏や墓誌のほとんどに触れ、発掘調査まで経験できたのは、なにものにも替えられない幸せな体験である。新人研修で奈良の諸大寺を回り、法隆寺で若草伽藍跡の塔心礎を初めて見た印象は、今も鮮やかである。大学院に籍はあっても、大学紛争で授業をほとんど受けられなかった私には、奈文研こそが大学院であり、私の研究者としての土台ができた。そこで得られた多くの人とのつながりも、本当にありがたいと思う。畏敬する福山敏男先生の御厚誼を頂くことになったのも、数多い出会いの一つであった。

こういう取り留めもない昔話を書いていけば切りがないが、斑鳩ではこれからも、まだまだ新しい発見があるだろうし、それに立ち会えることを楽しみにしている。私のこれまでの経験が、センターの運営に少しでも役立つなら幸いである。

奈良学が結ぶ縁

年を重ねると、出会いの不思議さやありがたさが、ますます実感される。星山さんとの出会いも、まさにその例の一つだ。星山さんとは、早稲田大学名誉教授で、私より八歳年長の星山晋也氏である。私たちは、約半世紀前、奈良国立文化財研究所にほぼ同期で採用された。私が昭和四十五年（一九七〇）十月、星山さんは翌年四月の入所である。私は兵庫県西宮市の育ち、東京っ子の星山さんとは専門も違い、同じ所に勤めなければ、会うこともなかっただろう。

四月から始まった新人研修などで話すうち、會津八一や安藤更生といった、私の敬愛する奈良学の人々の話題で、まず意気投合した。星山さんは安藤門下の美術史研究者、私は中校生のころから會津八一の大ファンで、その結果、古代史を学ぶことになったからだ。

本当は美術史に進みたかったが、それでは食っていけないと言われて、社会科教員にもなれる史学科を選んだ私にとって、星山さんの経歴は羨ましかった。入所して間もなく、五月の連休前、星山さんの先導で、八一の足跡を尋ねて新潟に行き、帰りに花盛りの信州、残雪の八ヶ岳を見た旅は、今も記憶に鮮やかだ。

研究所では、ともに飛鳥資料館の開設準備に当たり、昭和五十一年の開館を挟んで苦労を共にすることにもなった。星山さんは大の日本酒党で、その時代、経験不足の私は酒の飲み方も教わった。どことなく熊谷守一にも通うユニークな人柄で、それにふさわしく本領の研究テーマは水墨画だが、関心の広さと深い造詣は、ちょっと類がない。先日も復元された漱石山房を案内してもらったが、その健脚ぶりにはいつも感心し、幾分かでも見習わねばと思うこのごろである。

今泉隆雄君と私

出会いというのは不思議なものである。彼は奈良国立文化財研究所の史料調査室に、私より少し遅れて赴任し、まだ木簡研究の草創期に一緒に机を並べた。生まれ年は違うが学年でいえば同じである。やがて私は新設要員として飛鳥資料館へ移り、彼は平城宮の研究と発掘という本道を歩むことになる。史料調査室のメンバーで、入所当時から発掘作業への参加を義務付けられたのは彼が最初だったが、発掘現場に対する彼の熱意は考古室の人たちに引けをとらなかった。本当に発掘もできる国史出身の研究者として、彼は数少ない先駆けの一人といっていいだろう。彼の都城・木簡研究が重厚な存在感を持つのも偶然ではない。

その後、お互いに研究所を離れたが、私が大阪大学から私立の奈良大学へ移った翌年、母校の東北大学に帰っていた彼から、集中講義に来るよう招きを受けた。これも昔の好かと、すぐに承諾したことは言うまでもない。仙台では色々と行き届いた配慮をしてもらい、久しぶりに彼と飲む機会もあったが、そのとき彼が初めて語った思い出話に仰天する羽目になった。彼は大学を卒業する年の早春、奈良へ一人旅に出たが、帰りの列車で東京の大学に進学する学生と乗り合わせ、たまたま言葉を交わすことになった。「それが君の高校の同級生だった」というのである。その同級生は、東野という奈良や仏像の好きな変ったやつがいて、偉い先生方が居られるからといって、国立進学優先の受験校なのに公立大学に進んだ、と話したらしい。

東北の震災があった年の暮れ、私は論文集『大和古寺の研究』を出したが、その礼状の中で彼は震災後の憂鬱な心境を綴るとともに、私の本について「大和の古寺と仏教のテーマは貴兄が若年に古代史の研究を志したころからめざしていた研究テーマ」であり、この本の「上梓は嬉しくも羨ましくも感じ」たと書いてくれた。もちろんこれは彼が打ち明けた奇縁を踏まえてのことである。口の重い彼は高校時代の終りに聞いた話を秘めたまま、ずっと私を見ていてくれたわけで、これこそ知己の言というべきだろう。私立大に移った直後に集中講義の依頼を受け、なぜ国立を去ってからと、そのときは正直不審な気がしたが、あとから思えば私の奈良への転進を祝う意味があり、彼はその機会に奇縁を語ろうとしたのに違いない。生粋の東北人だった彼の思いやりを感じること切なるものがある。

彼が東北歴史博物館の館長に就いたと知らされて、打ってつけの人を得たと喜びの返事を送ったのであったが、そのあまりにも早い長逝は自身も不本意であったろう。永年の交誼を偲びつつ、改めて御冥福をお祈りする。

奈良大学二十二年

満七十歳を迎え、四十六年余に及ぶ通常の勤めから解放されることになった。振り返ると、私は定年に至るまで、四度就職し三度転職している。さほど珍しくはないかもしれないが、普通の歩みでないことは確かで、当人が変わっていることの表れと言えそうである。最初、奈良国立文化財研究所（当時。以下では奈文研と略称）から奈良大学史学科に移り、その後転じた大阪大学から、もう一度、学科こそ違え、奈良大学の文化財学科に赴任、総計すると奈良大学には二十一年六か月の長きにわたり、お世話になった。私の職歴としては、客員になって三十年に及ぶ東京国立博物館を除き、今のところ最も長い。大学教員になった初めが奈良大学、中断期間をはさんで、定年をまたそこで迎えるというのも因縁であろう。

それだけに思い出も多いが、そもそもの縁は、奈文研から派遣されて、史学科の非常勤講師を務めておられた鬼頭清明先輩が、所内の勤務の都合で非常勤講師を退かれ、その代役に採られたことにある。まもなく史学科で日本古代史を担当されていた井上満郎先生が転出されるので、専任のお誘いを受けた。もちろん学舎がまだ宝来にあった時代である。赴任した時は三十一歳、相手は十歳しか年齢の違わない四回生たちであった。先日、退職祝賀会に来てくれた初期の卒業生によると、あの頃は先生が緊張しているのがわかり、講義を聞いている方も緊張したとのことである。当時は若者の人口が多く、三浪して来たというような猛者もいて、すこぶる活気にあふれていた。ゼミのコンパで大飲は当たり前、指でふさいだ土鍋の蓋に、なみなみと注がれた酒を飲み干すというような荒業ができたのも、若かったからである。

史学科在任は四年半であったが、ここで出会った水野正好先生との縁で、大阪大学に移ってからも、ほぼ毎年、非常勤講師に呼んでいただいた。先生は文化財学科の初代教授となるため、私より半年遅れで史学科に着任された。早くから私の書くものを評価して下さっていて、阪大への転出が決まった時、ゼミで涙ながらに転出を惜しんで下さったと、当時の受講生から後年うかがったことがある。

阪大に移ってからも、お会いすると「また奈良大に帰ってきて下さい」と声をかけていただくことがしばしばであったが、実際に学科主任の西山要一氏を通じて文化財学科にお招きを受けたのは、平成九年（一九九七）の秋であった。その二年前、阪神大震災の現場を当夜から連日目の当たりにし、ただ一度限りの命を悔いなく生きねばと痛感した私にとって、研究に志した原点である奈良に回帰するよい機会である。私自身の気持ちはそのお誘いで決まったが、年度の後半であったこともあり、返事は暫く待ってほしいと引き取って、二週間ぐらい後の出講日に正式にお答えすることにした。その日、「一年先の着任でよければ、阪大のほうの了解を得られたので、お受けします」と西山氏に伝えて研究室を出ると、水野先生が廊下を行きつ戻りつしておられる。結果はどうかと気にかけておられたのであった。直接話を持ちかけて、気を遣わせてはいけないと考えられたのであろう。

先生はそういう気配りの人であると同時に、人を見る目の的確さも驚くばかりであられた。それを自分自身のことで気づかされたのは、お話していて何かの拍子に「東野さんは一匹狼やからね」とおっしゃった時である。本人は全く考えてもみなかったことだが、なるほど通常の基準からすれば、そうなのかと、思い知らされたことであった。勝手な生き方をしてきた私を、先生は暖かく見守っていて下さったのである。

奈文研から史学科に移ったとき、「なぜそんなところに」と言われることが多かった。阪大からのときは益々である。世間的な尺度で測れば、それは無理もない。しかし私自身にすれば、両度の奈良大学在職中に納得できる仕事をできたのであるから、これに優る幸いはない。史学科の時代、その後の非常勤講師の時代、そしてまた文化財学科に来て以降、常に感じてきたことであるが、奈良大学のよさは、これまでも耳にするとおり、小さいことに尽きると思う。学生諸君とのアットホームな関係、たいていのことは立ち話で通じる教職員間の意思疎通、雨天でもほぼ傘なしで移動できる構内、必要にして十分な図書を擁するユニークな図書館等々、勤め先として、あるいは非常勤先として経験した多数の大学、機関の中で、どこにも引けをとらない。しかし、これからの時代、この小ささが色々な意味で弱点ともなる。去る者がとやかく言うことではないが、このよさが有効なうちに、次の手が打たれることを願ってやまない。

故尾藤正英会員追悼の辞

日本学士院会員、東京大学名誉教授、文学博士、尾藤正英先生は、御病気療養中のところ、平成二十五年（二〇一三）五月四日、八十九歳をもって逝去されました。ここに謹んで追悼の辞を述べさせていただきます。

先生は、大正十二年（一九二三）九月一日、大阪府でお生まれになりました。その後、当時の満洲国に移られ、新京中学校を経て、昭和十五年（一九四〇）に第三高等学校理科乙類に御入学になり、三年後の昭和十八年には文科乙類に転科、その十月に東京帝国大学文学部国史学科に入学されました。しかし戦局が悪化する中、いわゆる学徒出陣によって入営し、はじめ通信隊に配属され、翌年には見習士官として旧満洲の第二航空軍教育隊に転属されましたが、そこで敗戦を迎えソ連軍の捕虜となられました。幸い昭和二十一年六月に帰国され、東京帝国大学に復学し、昭和二十四年三月に御卒業になっています。

その後先生は、国史学科特別研究生、東京大学教養学部助手を経て、名古屋大学に移られ、昭和三十七年には助教授となり、文学博士の学位を受けられました。そしてこの年、東京大学に戻って文学部助教授に任じられ、昭和四十五年には教授に昇任、御定年まで、二十二年にわたって在職されました。定年後は千葉大学と川村学園女子大学で文学部教授を歴任され、平成十四年に本院会員に選ばれておられます。

この他先生は、史学会や東方学会など主要な学会の役員を歴任され、各種の審議委員や運営協議員を勤められるなど、幅広い御活躍をされました。本院にあっても、国際学士院連合関係事業特別委員会の委員を平成十五年の発足時から勤められ、同二十年から御逝去までは委員長の職にあって国際交流に貢献されました。平成十五年には、それまでの御功績により瑞宝重光章を受けておられます。

先生の卒業論文は、有名な江戸時代の本草博物学者、平賀源内を主題とするものであったとお聞きしますが、先生がそこから発展して主要な研究テーマとされたのは、江戸時代の儒学思想史でした。学位論文である『日本封建思想史研究』（青木書店、一九六一年）は、朱子学の受容に焦点を当て、山崎闇斎、佐藤直方、中江藤樹、熊沢蕃山ら、近世の主な儒学者を取り上げて、その思想を分析しながら、近世に受容された朱子学は日本的に変容されたものであり、俗に言われていたように、官学として幕藩体制の思想的裏付けとなっていたわけではなかったこと、儒学思想の実践は、中国とは社会的条件の異なる幕藩体制下では極めて困難であり、武士社会から逸脱した藤樹や蕃山の生き方も、そこに原因があったことなどを明らかにされています。先生はまた、古学派や水戸学・国学の研究にも尽力され、それらについての論文を発表されるとともに、主要な儒学者の著作の校訂と注釈にも努められました。これらの業績は、日本史学からする近世思想の研究成果として、今なお新鮮で意義深いものとなっています。

先生が研究者として本格的に出発された敗戦直後の時期は、日本史研究者の関心が、主として社会経済史や制度史に向かい、思想史は敬遠される傾向にありました。同様な状況はその後も長く続きます。それは戦前の体制を支えた思想への反発や、思想史研究における実証の困難さなどによるところが大きかったと考えられますが、先生があえて戦後まもなく、幕藩体制下の思想を研究テーマに選ばれたのは、自らの戦時体験を踏まえ、思想が社会や歴史に果たす役割を解明する必要を痛感されていたからではなかったかと思います。後年、著書の中で昭和天皇の戦争責任の問題に積極的に言及され、本院における最後となった論文報告でも、天皇機関説事件の意義を再論されましたが（内容は「天皇機関説事件のトリック」として『日本歴史』七六九号、二〇一二年に公表）、それらのことからしても、先生の御研究に戦争体験が大きく影を落としていたことは間違いないと思われます。

先生の思想史研究は、このように思想と社会の関係に力点を置くものでありましたから、先生が進んで近世社会の性格や、さらには日本社会全体の歴史的展開について発言されるようになったのも当然のことと思われます。近世を幕府権力による単なる封建支配の時代とせず、社会の各層が家の制度を基礎に、「役」を負担して奉仕する安定した社会であったこと、またその上に成立した国家が、共同体的な性格を色濃く備えており、その性格は近代以降も本質的に変化しなかったこと、通常は宗教の堕落期とされる近世が、実は仏教と神道を融合した国民的宗教が確立し、仏教の日本的受容が完成した時代であったことなどを明らかにし、このような社会が成立してくる起点を応仁の乱以降の社会変動に求められたことは、日本歴史の本質に迫る鋭い捉え方として、一般読者をも対象とする御著書『江戸時代とはなにか』（岩波書店、一九九二年）や『日本文化の歴史』（岩波新書、二〇〇〇年）を通じ、今後も広く大きな影響を与え続けることと思います。

最後に私事にわたりますが、私は会員に選定されるまで、先生のお教えを直接受けた経験は残念ながら持ち合わせておりませんでした。しかし幸い平成二十二年九月に開催されました日韓学術フォーラムに参加する機会を与えられ、先生と共に韓国を訪れることが出来ました。今となっては貴重な思い出ばかりですが、先生と第三高等学校での同級生であられた韓国学術院会員の方を紹介していただき、親しく食卓を囲んだことがとりわけ印象に残ります。お二人は久しぶりの再会に親しく打ち解け、お互いの学生時代の体験を聞かせてくださいました。その方が、自分の父は当時「不逞鮮人」とされていたため、自分は召集を免れたと明かされた時、それは知らなかったと微笑まれた先生の温かい表情が目に浮かびます。

先生は昨年九月以降、御病気のため本院の例会を欠席されていましたが、本年二月末に御電話でお話しする機会がありました。普段どおりの明晰な口調で、昨年の夏、先生を囲んで行われた東方学会の座談会「学問の思い出」の校正を進めているとおっしゃっておられましたので、それから二ヶ月余りで御長逝になるとは考えも致しませんでした。満九十歳を目前にして不帰の客となられたのは、まことに残念でなりません。

改めて生前に賜りました御厚誼に深く感謝致しますと共に、その御業績を偲び、謹んで御冥福をお祈り申し上げます。

（平成二十五年十月十五日　日本学士院総会において）

上野の春のワーグナー

東京・春・音楽祭との縁は、前身の東京オペラの森の時代からだから、ずいぶん長くなった。私の場合、ワーグナーの実演に接したいという動機からなので、上京できるときに、もっぱらワーグナー物を聞いてきた。この間、上野の花見風景もすっかり様変わりし、時代の急な変化にとまどうこのごろである。

私がワーグナーに打ち込むようになった始まりは、「大阪バイロイト」である。一九六七年（昭和四十二）、大阪国際フェスティバルに来日したヴィーラント・ワーグナー演出二本のうち、ヴァルキューレを学生券で体験した。その四年前、ベルリンドイツオペラの引っ越し公演をテレビで見て、イタリアオペラで感じていたオペラアレルギーが吹き飛んだのだが、ヴィーラント演出で実際に見たヴァルキューレには、まさに打ちのめされた。劇と音楽が一体になっていて、なんの違和感もない、新しい世界がそこに開かれていた。A・シリアの演じた金髪の戦乙女は、五十年以上を経た今も、私にとって理想のブリュンヒルデである。

一九七四年に、バイエルン国立歌劇場が来日して、東京と大阪で公演した時も、ヴァルキューレに出かけた。東京では不調で歌わなかったというJ・キングが、場内を貫いて響く声を聞かせ、それに引けを取らないリッダーブッシュと、役柄を情感豊かに演じるK・ワトソンが登場した第一幕は、特に圧巻だった。重厚なF・ライトナーの指揮も忘れられない。

その後も、当時の東独からベルリン国立オペラが何度か来日して、アンサンブルオペラの良さを味わわせてくれたが、思えば当時の近畿圏には、力があったものである。大阪国際フェスティバルでは、一九六九年、K・リヒター率いるミュンヘンバッハ合奏団のマタイ受難曲を体験し、初めての曲だったにもかかわらず、配られた対訳を見ながら聞き進むうち、形容できない感動に襲われ、ついに「本当にこの人は神の子だったのだ」というくだりでは、涙が止まらなかった。カイルベルトとバンベルク響による、素晴らしいハイドンの時計に接したのも、そのころである。

現在では、こうした大規模な引っ越し公演を、関西で経験することは、ほとんどできなくなってしまっている。これは単に経済力の問題だけではないだろう。当時は、一般の人々にも、生の音楽への強い希求や、芸術への真面目な尊敬があった。大阪バイロイトの少し前、冬の旅を歌ったH・ホッターの楽屋に、サインをもらいに並び、まさに小山のような彼の偉容を目の当たりにすることができたが、それも大衆を巻き込んで当時盛んだった労音運動のおかげである。

七十年代半ば以降、本業の仕事に邁進する日々を経て、私が再びワーグナーを見るようになったのは、一九八九年（平成元）のウィーン国立歌劇場によるパルジファルからだった。その年、たまたま東京大学の集中講義に呼んでいただき、時期はいつでもよいというお言葉に甘えて、講義の最終日を公演の日に合わせたのである。指揮はH・ホルライザーだったが、床を這ってくる低音の響きに魅了され、この作品に取りつかれてしまうことになった。

かくしてワーグナーを見るためだけでなく、上京の機会を利用するだけでなく、それを目的に出かけることにもなったが、私にとってその頂点になったのが、二〇〇二年のベルリン国立歌劇場によるリング四部作の上演だった。音響が馴染めないNHKホールは避け、泊りがけで横浜に通った。リングを通して聴くのは苦行のようにいわれることもあるが、確かに大変であっても、そうして聞くと、あの冗長と思われるような回想の独白などが、不思議に必然性をもって響いてくる。一年経って次の一作という公演では、かえってこの効果はない。名歌手たちが勢ぞろいし、クッパーの出しゃばらない演出に支えられたこのリングを経験したことで、私は、それまでためらっていたバイロイト行きを決心して実行に移した。

この時の印象は、日本ワーグナー協会の季報『リング』九〇号に書いたことがあるので省略するが、私の心づもりとしては、初演出から五年、もう終わるであろうヴォルフガング・ワーグナー演出のマイスタージンガーを、この目で見ておきたいということがあった。この予想は的中し、最終年に間に合ったのだが、この年限りでヴォルフガングが演出から引退することは、その後で初めて知った。この年の音楽祭が、ティーレマン指揮するマイスタージンガーで千秋楽となった八月二十八日、終演後に舞台に現れたヴォルフガングを、聴衆は歓呼して何度も呼び戻していたが、それはヴォルフガングへの惜別の思いからだったのである。かくて私は、偶然にも大戦後再開された「新バイロイト」の節目に、二度立ち会うことができた。ヴィーラントの演出は、一九六六年のヴィーラント没後も部分的には残されたが、翌年の大阪バイロイトが実質的な終焉であったし、ヴォルフガング演出は、あの壮麗なマイスタージンガーで局を結んだからである。

ヴォルフガング総監督については、とかくの評価があるが、実験劇場を標榜する傍ら、穏健な演出にも出番を与え続けた運営は高く買いたい。彼が演出ばかりでなく、総監督を引退した後のバイロイトは、いまや周知のとおり読みかえ演出一色となった。頭が固いといわれるだろうが、私は特にワーグナー物の読みかえ演出を好まない。ワーグナーが抱いていた思想や主張がどうであれ、彼はそれを生な形で見せようとせず、楽劇の舞台を、好んで神話その他の古伝説、あるいは中世のドイツに求めた。その衣裳を完全に剥ぎ取ってしまっては、作曲者の意図に叛くのは明らかだ。台本が同時代への訴えかけだとしても、それを裸でぶつけることを、ワーグナーは考えてはいなかったのである。先ごろ、滋賀県のびわ湖ホールで、「保守的」なリングを演出しているM・ハンペが、毎日新聞のインタビュー記事で、台本と違ったストーリーを演出で見せるぐらいなら、自分で別の作品を書くべきだ、と批判していたが、まことにもっともである。

ドイツオペラ、なかでもワーグナー物で読みかえが競われているのは、民族主義やナチスとの腐れ縁が関係していることもあろうが、一番の原因は、聴衆の変化にあると私は思っている。台本や音楽がほとんど頭に入ったドイツ語圏の熱心な聴衆を相手にしていた時代は過去のものとなった。世界中の一般的な音楽ファンを対象に、収益を上げていくことが求められる現代では、公演は派手な話題性に富み、退屈させないものでなければならない。長々しい音楽だけでは飽きてしまう聴衆に、舞台上で展開する過激な演出の意味を考えさせるのは、その要請にかなっている。歌舞伎や文楽などのセリフや語りが、昔よりわかりやすく聞こえるようになったのも、見巧者の減少という点で、似た流れであろう。そういう事情の中で、演出抜きの演奏会形式が注目されるのは当然であるが、東京・春・音楽祭でのワーグナー上演は、名歌手が揃い、落ち着いて感動に浸れる点で、まさに一服の清涼剤である。歌手たちの最小限の演技や、映像による簡単な演出も、この上演形式とよく調和している。これは現代のワーグナー上演として一見識たるを失わない。

思えば上野は、西洋音楽受容の発祥の地であり、それはワーグナーについても例外ではなかった。初期のワーグナー受容にとって忘れられないのは、明治三十年代に、台本の哲学的、宗教的な意義を称揚した姉崎正治と、その師ケーベルの存在である。姉崎やその友、高山樗牛による「ワーグナーブーム」の高揚は、単なる観念的な受容だったとする見解もあるが、決してそうではなく、不完全ではあっても、音楽的感動に裏付けられていた。姉崎の著作を繙けばわかるが、彼はドイツ留学中に実演にも接し、楽劇全曲を聞きこんで始めて可能な言及をしている。彼が留学前に、ワーグナーの音楽と出会っていたことは確かだろう。その手引きができた音楽家は、上野の東京音楽学校で教師を務めたケーベル以外には考えられない。彼はドイツから招かれ、東京帝国大学で哲学も講じたが、その弟子が姉崎である。ケーベルは、少年時代の徳川頼貞にしたように、姉崎にも、ピアノ編曲のワーグナーを弾いて聞かせ、その音楽にいざなったのだろう（本書付章所収「ワーグナー受容事始」参照）。ショーペンハウワーだけでなく、ワーグナーの紹介者でもあったケーベルの役割は、もっと注目されてよい。

今年もその上野で、東京・春・音楽祭の幕が開く。ワーグナーに限らず、音楽の醍醐味は、奇跡のような時間に出会うところにある。上野の春が、これからもそのような場であり続けることを願ってやまない。

ワーグナー受容事始
―ケーベルと姉崎正治―

一　はじめに

ワーグナーの研究といえば、その作品や伝記が主な対象であることは言うまでもないが、ワーグナーが音楽以外の文学、芸術に及ぼした影響が、ドイツ以外の地域に波及したその状況もまた、重要な研究テーマである。アジアで極めて早くワーグナーの作品を受け入れた日本の場合も、たとえそれが音楽的には貧しいものであったにせよ、興味深い一事例たるを失わないであろう。この分野には、すでに中村洪介氏による手堅い研究があり、拠るべき見通しが示されているが[1]、最近、竹中亨氏が一書をまとめ、幅広い資料の上に立って、中村氏の説き及ばれなかった事柄にふれ、議論を深められた[2]。これより先、私も随筆の形でではあるが、初期のワーグナー受容に大きな役割を演じた嘲風姉崎正治（一八七三～一九四九）について、一文を草したことがある[3]。ここでは竹中氏の新著も視野に入れつつ、姉崎以前の段階も考慮しながら、改めて初期の受容について考えを述べてみたい。

二　姉崎正治のワーグナー理解

姉崎正治が、明治期のワーグナー受容に極めて重要な役割を果したことは、中村洪介氏の説かれたとおりである。中村氏は日本へのワーグナー紹介が、明治三十年代の姉崎正治を先駆けとすること、姉崎の影響を受けた高山樗牛、石川啄木らが、楽劇のテキストや著作から、その思想を熱心に受容したこと、国内で実演に接する条件が全くないか、極めて不完全であった明治大正期の日本では、ワーグナーの新しい芸術思潮も、専ら文献を通じて採り入れられたことを明らかにしている。実際、ワーグナーは、自らの抱く芸術観、哲学、政治思想等々を著述で発表した特異な作曲家であり、曲に接しない人にも、その主張が革新的な芸術論、演劇理論として理解できた。彼が自身で書き下ろした楽劇台本は、大正期にかけて新劇運動が勃興してくる中、近代劇の作例として翻訳紹介されることとなる。このような動向を導いた姉崎は、日本におけるワーグナー受容のキーパーソンといってよい。仏教学者という印象が強い姉崎ではあるが、本来宗教学者として出発した人であり、ケーベル（いわゆるケーベル先生）の影響の下、ショーペンハウアーに関心を持ち、その主著を『意志と現識としての世界』（博文館、一九一〇～一一年）として全訳した最初の研究者でもあった。

姉崎の主張は、一九〇〇年（明治三十三）以降の欧州留学中、親友の高山樗牛に当てた書簡として続々と公表され、それらは後に『文は人なり』（博文館、一九一八年）に再録された一方、単独の論説としては著書『美の宗教』（博文館、一九〇七年）に収録された。姉崎はワーグナーが楽劇でテーマにした男女の愛は、単なる恋愛や性愛を超えた、愛による他者への同情であって、彼はそれを拠りどころに、我執我欲のぶつかり合う現代社会を救おうとしたと見る。ただその主張は、ワーグナーの音楽そのものよりも、主に著作内容から出たものであったことは否定できない。竹中亨氏のような、姉崎の主張はワーグナーの著作に基づく観念的なものとする評価が出てくるのも故なしとしないのである。竹中氏は、姉崎が渡欧後、楽劇の実演に接しながら、その筋書きを紹介し、思弁的な評を述べるのみで、当夜の歌手、楽団、演出などに全く言及していないとして、姉崎がワーグナーの音楽そのものを真に愛好したのかどうか、疑問を投げかけられている。(4)

しかし姉崎の傾倒が、文字面だけの観念的なものであったと考えるのは、妥当ではなかろう。確かに姉崎は歌手、楽団、演出などに言及していないが、当時の音楽家ではない渡欧者に、それを求めるのは適切であろうか。今日の愛好者にとって当然でも、圧倒的に音楽環境を異にする彼らには、実演に接するだけで十分だったと考えるべきである。滞欧中体験した演劇やオペラを丁寧に記録した穂積重遠の場合でも、現代の演奏評のような形にはなっていないことが参考になる。(5)自身ピアノ演奏に堪能で、名演奏家を聞く目的を持っていた大田黒元雄などとは、滞欧時期はさほど変わらなくても、そこが全く異なっている。(6)姉崎がワーグナーの音楽そのものを愛好したことは、『花つみ日記』（博文館、一九〇九年）や『停雲集』（博文館、一九一一年）などに収めた紀行文の随所によく表れていて、楽劇の細部を知悉していなければ出てこない表現が多い。『停雲集』（四五〇頁）からロンドンでの一挿話を挙げておこう。路傍で物乞いする楽人について記したくだりである。

彼れが音楽はトリスタンが古塞の外に響く失望の胡角にさも似たり。（中略）一片の銅銭が彼れの立てる敷石の上に落つれば、彼れは静に奏楽の手を止めて之を拾ふ。拾ひて後彼れの楽が稍その調を早むる時、彼れの楽はワルトブルヒの林、木の葉緑に鳥歌う間に帰りてタンホイゼルがきゝし春を迎ふるシヤルマイの曲を想はしむ。

ワーグナーの音楽に通じた人なら、誰もが知るトリスタン三幕とタンホイザー一幕場面転換後の印象的なフレーズであるが、決して単独でよく演奏されるような有名な楽曲ではない(7)。

竹中氏は疑問点として、姉崎の自伝(8)に、明治期のワーグナー・ブームに対する言及がないことも挙げておられるが、そもそも自伝には、高山樗牛との交友が一切抜け落ちている。それははしがきで長女の三世氏も触れられたように、別に補う意図があったからであろう。姉崎はそれを遂げずに亡くなったが、これには晩年にさしかかった一九四五年（昭和二十）五月、空襲のため小石川の自宅が全焼、疎開せずに自宅にあった思い出の品を含む家財全て失ったことが、心理的にも物理的にも影響しているのでなかろうか。従って姉崎の自伝は極めて不完全なものであり、これを根拠に、姉崎の若い時代を論じることは適切でないと考える。

むしろ竹中氏の疑いとは逆に、姉崎の音楽に対する関心を示す資料があることに注意しなければならない。それは姉崎が旅先で詠じた短歌を私家版として出した『たびまくら』六（一九三九年）に見出される。そのいくつかを左に引用しておこう（表記は原文のまま）。いずれも姉崎が万国学士院連合会（現在の国際学士院連合）に出席のため、一九三九年に渡欧した時のものである。

五月初旬、学士院に通ひて会議の準備を整へ、間にはアカデミイの展覧等を看、家に帰りては太子の維摩義疏を読む、仏国品に感特に深く、今年此地にての講演の基礎を得たるを覚ゆ、

一夕、コベント園にてワインガルトネルが指揮のパーシハルをきく、

そのらにも　かうがうしくも　すみわたる　ねいろはそらに　ひかりとやてる

（そのら—sonorous の和様）

うつけとも　いはんすなほの　心にぞ　かみのみたまの　やどるなりける

又一夕、ラヂヨにてベートンヱンが第五コンセルト（帝王曲）をきく、

ふかくしみ　たかくかけりつ　又つよく　そらにみなぎる　ねいろけだかき

あめがした　ひろくゆたけく　しろしめす　こころのねいろ　ちからあるかな

又一夕、その第五シンホニヤ、トスカニニの指揮になりひびく、

むねのそこ　なやみくやみの　あときえて　かちもほこれる　ねいろなみうつ

月（五月）の中旬、陰鬱の天気つゝき、冷気湿潤、聖徳太子に関する稿を進めつつ、間に度々名曲を聞く、十四日はオランダより第九シンホニヤの放送あり、

あまつ神　みたまのほのほ　花火して　みそらはるかに　たちのぼるかな

はえさかえ　わきついさみつ　糸たけの　かちどきあげて　ゆるぐおおぞら

十六日、コベント園にタンホイゼルをきく、

べき色の　みだらの国を　ぬけきては　みどりのこのま　笛さやかなり

かなしくも　いのりささぐる　たをやめの　声しみわたる　あきのゆふかぜ

十七日、ロンドンの放送にて第七シンホニヤ、

あこがれつ　のぞむ力の　そこふかく　心さやかに　いさむををしさ

（六月）一夕、ラヂヨにてビーチャーが指揮のワルキューレをきく、

あまかけり　あぐるをたけび　いさましき　ゆくてやいづこ　そらのはやりめ

一、二蛇足を加えれば、最初のコヴェントガーデンにおけるパルジファルは、前奏曲、聖金曜日の音楽など、オーケストラ曲の演奏であろう。コヴェントガーデンにおけるタンホイザーは、短歌の内容からみて全曲の公演であり、姉崎がその場に臨んだことがわかる。ここでも第一幕の場面転換直後のシャルマイが詠まれているのは、姉崎のお気に入りのシーンであったからであろう。最後のワルキューレの放送は、いうまでもなくトマス・ビーチャムによる公演で、これもコヴェントガーデンにおけるものであろう。これらの記事や歌は、姉崎が後年に至ってもワーグナーやドイツの古典音楽に抱いていた愛着を証明するばかりでなく、三十年あまりを経て、日本の一般知識人のクラシック音楽趣味が、主としてレコードによったとはいえ、演奏者を視野に入れるところまで進んだことを示す点

で興味深い。

三　ケーベルと姉崎正治

前節で述べたところにより、姉崎のワーグナーへの傾倒が、もっぱら著作に基づく観念的なものであったとする解釈が当たらないことは、明らかにできたと思う。何よりも彼は、音楽の専門家ではなかったのであり、ワーグナーの紹介といっても、哲学者・宗教学者として、音楽よりも思想が中心になったのは当然といえよう。姉崎が病のためドイツ留学を切り上げて帰国する滝廉太郎に、自署を入れた楽劇ジークフリートのピアノ連弾用編曲譜を贈った事実[9]は、その一方で、ワーグナーの音楽に、知識人として大きな愛着を持っていたことを裏付ける。ではその音楽への関心は、どのようにして生れたのであろうか。

注意されるのは、大学での師、ラファエル・フォン・ケーベル（一八四八～一九二三）の存在である。ケーベルについては、彼が東京帝国大学文科大学で主として哲学を教授し、その教え子に著名人が輩出しているため、哲学者「ケーベル先生」として語られることが多い。しかし、来日した年一八九三年（明治二十六）以前の経歴を見れば明らかなように、彼は音楽の専門家であった。

ロシア系ドイツ人の枢密顧問官を父とする彼は、ロシア生まれではあっても、完全にドイツ的教養の世界で育ち、一八六七年にモスクワ高等音楽院に入学、優秀な成績で一八七二年に卒業した。ピアノの師はニコライ・ルビンシュタイン、作曲の師はチャイコフスキーであった。演奏家としての進路を、自らの性格から断念したケーベルは、ドイツのイエナ大学やハイデルベルク大学で哲学等を学び、一八八二年にショーペンハウアーの研究で哲学博士の学位を得ている。一八八四年、新設されたカールスルーエ音楽学校の教授となり、ピアノと音楽理論を教えたが、一年で退職、その後はミュンヘンで研究生活を送っていた。ケーベルが来日を決意したのは、師と仰ぐエドアルト・フォン・ハウプトマンからの要請と説得による。

このような経歴からすれば、彼が来日後、大学での講義の傍ら、一八九八年から一九〇九年まで、東京音楽学校でピアノを教授し、音楽史を講じたのも決して偶然ではないし、むしろ音楽学校での職が主であっても不思議ではない人物であった。彼のピアニストとしての技量は一流であったが、ただ人前での演奏に気後れする性格であったため、演奏家にならなかったに過ぎない[10]。

しかし欧州とは全く異なる、西洋音楽的には未開の地に来たためか、日本では演奏活動にさほど消極的でなかったことも注意されよう。ケーベルの演奏会活動は関根和江氏によって詳細に跡付けられているが[11]、単にピアノ独奏や伴奏にとどまらず、器楽曲のピアノパート、オペラの編曲物の演奏や、歌曲・合唱・オペラ「オルフォイス」の伴奏なども行った。ワーグナー物では、早くも来日して二年目の一八九五年に開かれた慈善音楽会で、リスト編曲の「和蘭人の糸とりの歌」を披露しており、その後も同曲や、タンホイザーからの演奏が記録に残る。ワーグナーの序曲等は、これ以前もジンタや軍楽隊などで聞かれたようであるが、本格的な演奏として注意されてよいであろう。

そもそもケーベルは、その生きた時代からも想像できるように、ワーグナー音楽の崇拝者であったといってよい。彼がワーグナーの楽劇理論への熱烈な賛同者であったことは、書評[12]からうかがえるし、バイロイト体験を有したことも「音楽雑感」[13]から推定できる。興味深いのは、モスクワ高等音楽院での師の一人にクリントボルトがいたことである。[14]この人物が、のちに英国人の孤児、ヴィニフレートを養女とし、ワーグナーの息子、ジークフリートに嫁がせたカール・クリントボルトであることは、その経歴から見て疑いない。彼を取り巻く音楽環境を示す一例である。

ケーベルを師とした姉崎は、そのケーベルを通じて、すでに渡欧前にワーグナー音楽の洗礼を受けていたのではなかろうか。これは単なる想像ではなく、徳川頼貞の体験から十分類推されることである。徳川頼貞は、大正昭和期の西洋音楽受容にパトロンとして大きな役割を演じた人物として聞こえているが、頼貞は学習院中等科二年の時（一九〇八年、十六歳）、指導を受けていた倫理学者中島力造に連れられて、ケーベルの駿河台の自宅を訪ねた。音楽好きの頼貞に対し、ケーベルはピアノで「月光の曲」と「タンホイザーの序曲」を演奏して聞かせる。頼貞はその時のことを後年まで印象深く覚えていて、次のように記している。[15]

それからリスト編曲のワグナーの「タンホイザーの序曲」を弾かれた。私はこの壮大な音楽に心から讃嘆した。博士は私にワグナーが音楽家としてまた芸術家として、如何に偉大な人であったかを教へて下さった。それは優しく諄々として話され、時には手を取らんばかりにして説いて下さった。

私は日頃、ワーグナーのピアノ編曲物を愛聴している一人である。先年、京都の音楽を愛する方の自宅で、数人の人たちと、リスト音楽院に学んだ若いピアニストの演奏を聞く機会に恵まれたが、練達した実演で聞くリスト編曲の威力は圧倒的であった。姉崎についても、頼貞と同様な機会があり、感銘を受けたとして何の不思議もないであろう。頼貞よりさらに年長で、ケーベルのもう一つの専門であるショーペンハウアーを学ぼうとしていた姉崎に、一層進んだこのような指導があったと考えるのは十分に許されると思う。

四　おわりに

こうしてたどってくると、姉崎のワーグナー賛美は、単なる観念的なものでなかっただけではなく、不完全ながらも学生時代の音楽体験に裏付けられていたと考えることができる。ケーベルの存在は明治のワーグナー受容を考える上に重要であり、ひいては近代の西洋音楽受容に果たしたケーベルの役割も、さらに検討されるべきであろう。ケーベルは自己主張するタイプの人物でなかったことも影響してか、音楽面で従来あまりにも過小評価されてきたように感じる。この小文が、ケーベルや姉崎正治の再認識に、いささかでも役立つならば幸いである。

注

（1）　中村洪介『西洋の音、日本の耳―近代日本文学と西洋音楽―』（春秋社、一九八七年）。

（2）竹中亭『明治のワーグナー・ブーム―近代日本の音楽移転―』（中公叢書、二〇一六年）。
（3）東野治之「明治日本のワーグナー受容と仏教」（『学士會会報』九〇七号、二〇一四年。のち同『史料学探訪』岩波書店、二〇一五年に再録）。
（4）竹中亭『明治のワーグナー・ブーム―近代日本の音楽移転―』（注2前掲）三二一頁。
（5）穂積重遠『独英観劇日記』（東宝書店、一九四二年）。
（6）大田黒元雄『華やかなる回想』（第一書房、一九二五年）、同『影絵　大演奏家の生活と芸術』（同上）その他。
（7）このほか『花つみ日記』（博文館、一九〇九年）二五一・三四五・四五一・四五六・四九三頁、『停雲集』（博文館、一九一一年）三六二頁など参照。
（8）姉崎嘲風『わが生涯』（養徳社、一九五一年）。同『私の留学時代』（生活社、一九四六年）は同一内容。
（9）小長久子『滝廉太郎』（吉川弘文館、一九六八年）。
（10）ケーベル「エドゥアルト・フォン・ハウプトマン（追懐）」（深田康算・久保勉共訳『ケーベル博士小品集』岩波書店、一九一九年）七八頁。
（11）関根和江「ラファエル・ケーベルの日本における演奏活動について」（皆川達夫先生古希記念論文集編集委員会編『音楽の宇宙―皆川達夫先生古希記念論文集―』音楽之友社、一九九八年）。この論文は奈良大学学生若林繁君から教示を受けた。
（12）ケーベル「ルービンシュタイン著「音楽及びその大家」日本訳序」（注10前掲）。
（13）久保勉訳、安倍能成編『ケーベル博士随筆集』（岩波文庫、一九二八年）。
（14）ケーベル「エドゥアルト・フォン・ハウプトマン（追懐）」（注10前掲）八四頁。
（15）徳川頼貞『薈庭楽話』（春陽堂書店、一九四三年）一二頁。同書復刻版（中央公論新社、二〇二一年）では四三頁。

後書

本書は「史料学」と冠した私の著書として、『史料学探訪』（岩波書店、二〇一五年）、『史料学遍歴』（雄山閣、雄山閣、二〇一七年）に続き、三冊目となる。いずれも雑多な論文やエッセイを集めた小著に、事々しく「史料学」と銘打ったのは、その内容を括るのに都合が良かったために過ぎない。私の考察の材料は、全体としてはまさに「史料」と言うほかないからである。私が一九九九年、大阪大学文学部から奈良大学の文化財学科に転じた時、専攻名として提案されたのが「史料学」であった。以来、通信教育部のテキストとして編んだ『日本古代史料学』（岩波書店、二〇〇五年）を筆頭に、私の学風と相性の良いこの用語を愛用している。本書が、様々な史料からの発見を楽しんでいただく機縁となるなら、これに過ぎる喜びはない。なお、付章には、個人的な回想や趣味に亙るものが少なくないが、これらは七十七歳を迎える老人の余談として読過して下さるようお願いする。

本書には一篇の新稿（Ⅱ－2）を含むが、他の論考や小文はすでに何らかの形で発表している。次にその出処を掲げておこう。本書で標題を変更した文章は、その原題も掲げてある。また全てにわたって修訂を加えたが、大きな修訂以外は特に言及しない。

第一章　史料が語る古代

一　ヤマトから日本へ——古代国家の成立と国号——

「ヤマトから日本へ―古代国家の成立」（東京国立博物館・奈良県・島根県編『特別展 出雲と大和』二〇二〇年）

二 『日本書紀』と古代史
『大美和』一三三号、大神神社、二〇一七年

三 初期の四天王寺と『大同縁起』
「初期の四天王寺と『大同縁起』―聖徳太子伝承との関りをめぐって―」（『斑鳩町文化財センター年報』一二号、二〇二三年）

四 平隆寺と施鹿園寺
『斑鳩町文化財センター年報』九号、二〇二〇年

五 聖武天皇の伊勢国行幸―遷都と大仏造立への一階梯―
中尾芳治編『難波宮と古代都城』同成社、二〇二〇年

六 称徳天皇はどこに葬られたか
「称徳天皇陵の原所在地」（白石太一郎先生傘寿記念論文集編集委員会編『古墳と国家形成期の諸問題』山川出版社、二〇一九年）

七 遣唐使に見る日本の対外交流
『文化財学報』三八集、二〇二〇年。本稿の本文は講書始の儀において奉読した原稿であるため、文体は当時のままとし、ふりがなと注の追加以外、本文には手を加えていない。なお、

本文だけは宮内庁のホームページから閲覧でき、『天皇皇后両陛下が受けた特別講義　講書始のご進講』（KADOKAWA、発行者 川金正法、二〇二〇年）にも転載されている。

八　遣唐使出発地の古代地名―美祢良久と美弥良久―

「美祢良久と美弥良久―遣唐使船出発地の古代地名をめぐって―」（『文化財学報』三六集、二〇一八年）

九　隋唐の離宮と古代日本の宮都

「隋唐の離宮と古代日本」（金子裕之編『古代庭園の思想』角川選書、二〇〇二年）

十　古代における真鍮の受容

「鍮石自然合金説と黄銅の輸入」（西山要一編『古代～中世の「鍮石」「真鍮」の研究―金に等しい価値があったころ―』日本学術振興会科学研究費補助金 二〇二一年度研究報告、二〇二二年）

第二章　金石文と典籍

一　庚寅銘大刀の銘文とその書風

「元岡G－6号墳出土大刀の銘文とその書風」（福岡市教育委員会『元岡・桑原遺跡群30』二〇一八年）

二　吉備真備書の李訓墓誌と楊貴氏墓誌

新稿。本稿は、ある論集への寄稿を依頼されて二〇二〇年夏に投稿したが、その後、刊行が遅延しているため、ここに発表することとした。

三　東京護国寺所在の安倍仲麻呂塚の碑

角谷常子編『古代東アジアの文字文化と社会』臨川書店、二〇一九年

四　忘れられた法律書『古律書残篇』を訓む

「『古律書残篇』試訓」（『南都仏教』四六号、東大寺図書館、一九八一年）

五　信貴山寺資財宝物帳―翻刻と覚書―

奈良県立橿原考古学研究所編『橿原考古学研究所論集』第十七、八木書店、二〇一八年

六　模本から見た病草紙の伝本と思想的背景

「杏雨書屋所蔵　病草紙模本集成　解説」（『杏雨書屋所蔵　病草紙模本集成』武田科学振興財団杏雨書屋、二〇一七年）。標題にふさわしい形に大きく改稿したが、論旨は変わらない。

七　杏雨書屋の敦煌写本景教経典

「敦煌秘笈景教経典四種」（武田科学振興財団杏雨書屋編『敦煌秘笈 景教経典四種』二〇二〇年）

八　トルファン出土の『列子』張湛注と『遺教経』有注本の断簡

「トルファン出土の『列子』張湛注と『遺教経』有注本の断簡―恭仁山荘善本劄記（一）―」（『杏雨』二四号、二〇二一年）

付章　史料と人

一　杏雨書屋と法隆寺佐伯定胤管長

「恭仁山荘善本と佐伯定胤」（『杏雨』一八号、武田科学振興財団、二〇一五年）原文は講演筆記であるが、いま通常の論文体に改め、文中の飛鳥時代の刻書の読みを、再調査の結果をもとに

訂正した。

二　法隆寺壁画模写の巨匠・入江波光の修業時代

「法隆寺壁画模写の巨匠 入江波光の修業時代」（『文化財学報』二七集、二〇〇九年）と「入江波光の修業時代　拾遺」（同三九集、二〇二一年）を統合して改稿、補訂した。

三　銅版師・岡田春燈斎の逸事

「銅板師岡田春燈斎の逸事」（『日本古書通信』一一九号、二〇二二年）

四　斑鳩と私

「斑鳩と私―センター長に就任して―」（『斑鳩町文化財センター年報』九号、二〇二〇年）

五　奈良学が結ぶ縁

「交遊抄　奈良学が結ぶ縁」（『日本経済新聞』二〇一八年五月二十二日朝刊）

六　今泉隆雄君と私

今泉隆雄先生追悼記念行事実行委員会編『今泉隆雄先生を偲んで』二〇一四年（東北大学国史談話会『国史談話会雑誌』五六号〈今泉隆雄先生追悼号〉二〇一五年にも転載）

七　奈良大学二十二年

「奈良大学22年」（『文化財学報』三五集、二〇一七年）

八　故尾藤正英会員追悼の辞

『日本学士院紀要』六八巻三号、日本学士院、二〇一四年。本稿は、日本学士院議場で読み上

げた追悼の辞の原稿であるため、文体はそのままとした。

九　上野の春のワーグナー

東京・春・音楽祭実行委員会編『東京・春・音楽祭 2020 公式プログラム』二〇二〇年。関連する小文に、「《ローエングリン》に思う」（同上編『東京・春・音楽祭 2022 公式プログラム』二〇二二年）がある。

十　ワーグナー受容事始—ケーベルと姉崎正治—

日本ワーグナー協会編『ワーグナーシュンポシオン 2017』株式会社アルテスパブリッシング、二〇一七年

最後になったが、本書も前著『史料学遍歴』に引き続き、雄山閣編集部の桑門智亜紀氏のお世話になった。全般にわたり、変わらぬ御配慮をいただいた桑門氏に厚く御礼申し上げる。また奈良大学での元受講生、藤間温子氏（智積院展示収蔵庫宝物館学芸員）には校正で大変お世話になり、その周到な作業のおかげで、精度を大幅に上げることができた。あわせて感謝の意を表したいと思う。

二〇二三年十一月吉日

東野治之

※中韓の人名は日本語読みとした。

研究者索引

■著者略歴

東野治之（とうの　はるゆき）

1946年生まれ。大阪市立大学大学院修士課程修了。奈良国立文化財研究所文部技官、大阪大学教授、奈良大学教授を歴任。東京大学博士（文学）、日本学士院会員、斑鳩町文化財活用センター長、杏雨書屋館長、滴翠美術館館長、日本ワーグナー協会評議員。
おもな著書に『正倉院文書と木簡の研究』『日本古代木簡の研究』『長屋王家木簡の研究』（以上、塙書房）、『遣唐使と正倉院』『書の古代史』『日本古代金石文の研究』『日本古代史料学』『史料学探訪』『法隆寺と聖徳太子』（以上、岩波書店）、『木簡が語る日本の古代』『正倉院』『遣唐使』『鑑真』（以上、岩波新書）、『聖徳太子』（岩波ジュニア新書）、『上宮聖徳法王帝説』（校注、岩波文庫）、『史料学遍歴』（雄山閣）、『遣唐使船』『貨幣の日本史』（以上、朝日選書）などがある。

2023年12月20日　初版発行　《検印省略》

史料学散策（しりょうがくさんさく）

著　者　東野治之
発行者　宮田哲男
発行所　株式会社 雄山閣
〒102-0071　東京都千代田区富士見2-6-9
TEL　03-3262-3231 / FAX　03-3262-6938
URL　https://www.yuzankaku.co.jp
e-mail　info@yuzankaku.co.jp
振　替：00130-5-1685
印刷・製本　株式会社ティーケー出版印刷

ISBN978-4-639-02955-7　C0021
N.D.C.210　344p　19cm